AF389696

# MONNAIES

# POIDS, MESURES

ET

## USAGES COMMERCIAUX

DE TOUS

## LES ÉTATS DU MONDE

**HAVRE**

Imprimerie du Commerce ALPH. LEMALE. — Quai d'Orléans, 9.

—

**1866**

# AVANT-PROPOS



On doit distinguer dans les monnaies : 1° leur valeur légale, nominale ou courante; 2° leur valeur intrinsèque ou réelle ; 3° leur valeur variable.

Valeur légale. — La valeur légale d'une pièce de monnaie est l'expression de la comparaison rigoureuse de la quantité de métal pur qu'elle contient, d'après les lois qui régissent sa fabrication, avec la quantité de métal pur contenue dans une autre monnaie prise pour unité. L'unité que nous avons adoptée dans notre travail étant le franc de France, nous avons obtenu la valeur légale des monnaies que nous étudiions, en comparant leur poids légal, multiplié par leur titre légal, avec le poids légal multiplié par le titre légal des monnaies françaises du même métal.

Soit, par exemple, à déterminer la valeur, en monnaie d'or française, du souverain d'or anglais. On sait que le poids légal de ce dernier est de 7.9872 grammes, son titre de 916.66 millièmes, et que le poids d'une pièce de 100 francs est de 32.25805 grammes et son titre de 900 millièmes. On a la proportion :

$$32.25805 \times 900 : 100 :: 7.9872 \times 916.66 : x$$

On trouve que le souverain contient 7.321547 grammes d'or pur, la pièce de F. 100, 29.03225 grammes d'or pur, et que la valeur du souverain est de F. 25.21°87.

IV

On procèdera de même pour déterminer la valeur, en monnaie d'argent française, du shilling anglais en argent. Le poids légal de ce dernier étant de 5.6546 grammes, son titre de 925 millièmes; le poids d'une pièce de 1 franc en argent étant de 5 grammes et son titre de 900 millièmes, on a la proportion :

$$5 \times 900 : 1 :: 5.6546 \times 925 : x$$

On trouve que le shilling en argent contient 5.2305 grammes d'argent pur, que le franc en contient 4.5, et que la valeur du shilling en monnaie d'argent est de F. 1.16°23.

En résumé, pour trouver la valeur légale en monnaie française d'une monnaie étrangère, il suffit de diviser le produit de son poids légal multiplié par son titre légal, s'il s'agit de monnaie d'or par 0.2903225 (poids d'or pur valant un franc), et s'il s'agit de monnaie d'argent par 4.5 (poids d'argent pur valant un franc).

Valeur intrinsèque. — La valeur intrinsèque ou réelle d'une pièce de monnaie, est le plus souvent inférieure à sa valeur légale ; l'écart qui existe entre ces deux valeurs varie sous l'influence de différentes causes. D'abord le frai, c'est-à-dire la diminution de poids résultant du frottement dans la circulation, a produit un effet plus ou moins sensible (*). Ensuite il arrive rarement qu'une pièce de monnaie soit parfaitement droite de poids et de titre, c'est-à-dire qu'elle contienne, avec une exactitude mathématique, la quantité de métal pur prescrite par les lois qui régissent sa fabrication; ces lois autorisent une certaine différence entre les titres et poids légaux et les titres et poids réels ; c'est ce que l'on appelle la tolérance ou le remède (**). Enfin, la valeur légale ou

––––––––––––

(*) M. G. du Puynode évalue l'action annuelle du frai à $\frac{1}{800}$ sur la monnaie d'or et à $\frac{1}{200}$ sur la monnaie d'argent.

(**) Nous avons indiqué à l'article Turin les tolérances récemment adoptées par la France, la Belgique, l'Italie et la Suisse.

nominale comprend, presque toujours (*), une certaine somme destinée à couvrir les frais de fabrication. Ainsi en France, l'Hôtel des Monnaies ne paie actuellement le kilogramme d'argent, au titre de 900 millièmes, que F. 198.50, tandis qu'il produit au moyen de ce kilogramme un certain nombre de pièces de monnaie ayant une valeur légale de F. 200. Par conséquent la pièce de F. 5 qui, comme monnaie fabriquée, vaut légalement F. 5, ne vaut, comme lingot, que F. 4.96ᶜ25; les F. 0.03ᶜ75, auxquels s'élève l'écart entre la valeur nominale et la valeur intrinsèque, cessent d'être exigibles aux limites du territoire.

Considérée comme lingot, la pièce de F. 5 ne présente pas seulement cette différence en moins de 3 ³/₄ centimes ; les lois de fabrication autorisant encore un remède de 2 millièmes sur le titre et de 3 millièmes sur le poids, cette pièce peut, à la rigueur, n'être qu'au titre de 898 millièmes et ne peser que 24.925 grammes; il en résulte qu'elle peut présenter une nouvelle différence en moins de 1 ¹/₁₀ centime sur le titre, et de 1 ¹/₂ centime sur le poids ; mais nous devons ajouter que, très-généralement, lorsqu'il s'agit d'un certain nombre de pièces, les tolérances en moins sur le poids et sur le titre de quelques-unes d'entre elles sont compensées par les tolérances en plus des autres.

Les personnes qui s'occupent du commerce des monnaies, ne peuvent négliger ces diverses causes de moins-value. Celles qui achètent des monnaies avec l'intention de les revendre, doivent, il est vrai, considérer avant tout l'état de l'offre et de la demande

---

(*) En Russie et en Angleterre, l'État prend à sa charge les frais de fabrication. En France, l'Hôtel des Monnaies a retenu successivement les sommes suivantes, pour déchets et frais de fabrication, par kilogramme de métal, au titre de 900 millièmes :

| | par kil. d'or | par kil. d'argent |
|---|---|---|
| Du 6 Juin 1803 au 1ᵉʳ Juillet 1835 | F. 9.— | F. 3.— |
| Du 1ᵉʳ Juillet 1835 au 1ᵉʳ Octobre 1849 | » 6.— | » 2.— |
| Du 1ᵉʳ Octobre 1849 au 1ᵉʳ Avril 1854 | » 6.— | » 1.50 |
| Du 1ᵉʳ Avril 1854 jusqu'à présent | » 6.70 | » 1.50 |

sur leur marché, et il peut arriver qu'elles soient amenées à acheter des souverains d'or, par exemple, à leur valeur légale, soit à F. 25.22, et même au-delà, si elles espèrent les revendre à un prix plus élevé, par suite de la rareté momentanée de cette espèce de monnaie. Mais les personnes qui opèrent en vue de la refonte sont dirigées par des considérations différentes : pour elles, en admettant que le kilogramme d'argent à 900 millièmes vaille sur le marché F. 198.50, et le kilogramme d'or au même titre F. 3093.30, la pièce de F. 5 ne vaudra que F. 4.93°65, et le souverain anglais, dont les tolérances ramènent le titre à 915 millièmes, et le poids à environ 7.97 grammes, ne vaudra guère que F. 25.07 ; encore supposons-nous qu'il s'agit de pièces à peu près neuves. Sans ces déductions dont tiennent compte tous les hôtels de Monnaies, la refonte présenterait des pertes plus ou moins considérables.

Cependant le titre réel des monnaies n'est pas toujours inférieur à leur titre légal. Les procédés de fabrication n'avaient pas autrefois la perfection qu'ils ont atteinte depuis quelques années. En 1830, on s'aperçut que l'essai par la coupellation, seul en usage pour l'argent jusqu'à cette époque, accusait un titre inférieur au titre réel de 1.03 millième sur l'argent fin, de 4 millièmes sur l'argent à 900, et même de 4.75 millièmes sur l'argent à 700. L'essai par la voie humide qu'on adopta aussitôt, permit de titrer très-exactement les monnaies nouvelles ; il révéla en même temps la présence dans les monnaies d'argent frappées antérieurement, de plusieurs millièmes d'or qui leur donnaient une valeur réelle sensiblement supérieure à leur valeur légale. Ainsi les pièces de F. 5 frappées de 1803 à 1830 se trouvaient être en moyenne à 903 ou 904 millièmes au lieu de 900, ce qui représentait un excédant d'argent de F. 0.88 par kil., et contenaient en outre une certaine quantité d'or que M. Dumas estime à F. 3.50 par kil. Les changeurs, auxquels la refonte de ces pièces procurait un notable bénéfice, les ont retirées en grande partie de la circulation. Il en est de même de plusieurs monnaies étrangères, telles que les piastres mexicaines et espagnoles, les pièces turques, etc., dont la valeur intrinsèque s'est trouvée être supérieure à la valeur nominale, et dont la refonte s'opère, pour ce motif, sur une très-grande échelle.

N'oublions pas non plus une autre cause qui influe sensiblement sur la valeur des monnaies envisagée au point de vue de la refonte : c'est le prix auquel est coté le kilogramme de métal précieux sur le marché, prix nécessairement variable, puisque, comme toute marchandise, il est soumis aux lois de l'offre et de la demande. En France notre système monétaire fait ressortir le kilogramme d'or pur, c'est-à-dire au titre de 1000 millièmes, à F. 3444.44, et le kilogramme d'argent pur à F. 222.22, frais de monnayage compris; mais ces prix n'ont pas dans la réalité la fixité qu'ils ont en principe. Le kilogramme d'or est chaque jour coté à la Bourse, soit avec tant pour mille de prime, soit au pair, soit avec tant pour mille de perte; et de même du kilogramme d'argent. Ces variations réagissent nécessairement sur la valeur des monnaies considérées comme marchandise. Notons, en passant, que les prix courants indiquent encore pour le prix de l'or pur F. 3434.44, et pour celui de l'argent pur F. 218.89, avec tant pour mille de perte ou de prime, c'est-à-dire qu'ils déduisent de la valeur monétaire, non le tarif de retenue actuel, mais celui du 6 Juin 1803 (17 Prairial an xi).

Les données qui précèdent permettront de calculer facilement la valeur d'un certain poids de matières d'or ou d'argent à un titre quelconque, à 928 millièmes, par exemple. En effet, on a, s'il s'agit d'argent, la proportion :

$$900 : 198.50 :: 928 : x \qquad x = F.\ 204.67 \text{ le kil.}$$

Cette proportion apprend que, retenue déduite, le kilogramme d'argent pur ressort à F. 220.55°56, le kilogramme d'or pur à F. 3437.

Nous avons donné autant que possible, dans les pages qui suivent, la valeur *légale* des monnaies, telle qu'elle résulte des lois ou règlements qui régissent leur fabrication dans chaque pays. Lorsque ces renseignements nous ont manqué, nous avons dû nous borner à donner la valeur *réelle* constatée par les essais les plus précis.

VIII

Valeur variable. — La valeur variable des monnaies est celle qui diffère selon les temps et selon les lieux. La même somme de monnaie ne peut toujours s'échanger contre la même quantité de choses, dans des temps différents et dans des lieux différents. Ainsi F. 1000 au commencement de ce siècle, *valaient* beaucoup plus que F. 1000 aujourd'hui, c'est-à-dire permettaient d'acquérir beaucoup plus de choses qu'aujourd'hui. De même F. 1000 en Bretagne valent beaucoup plus que F. 1000 à Paris. La différence devient d'autant plus sensible qu'il s'agit de temps ou de lieux plus éloignés. Pour l'apprécier, il faudrait une commune mesure; mais il n'en existe pas; tous les efforts faits pour en trouver une ont été inutiles, et on doit renoncer à établir une comparaison entre les différentes valeurs d'une même somme à différentes époques et sur des points différents. Ce parallèle, a dit J.-B. Say, est la quadrature du cercle de l'économie politique.

## POIDS ET MESURES

La disposition nouvelle que nous avons adoptée pour les tableaux de conversion des poids et mesures, nous a paru plus claire que toutes celles qui ont été employées jusqu'ici; elle indique à la fois les différentes subdivisions d'un poids ou d'une mesure et sa valeur en poids ou en mesures du système métrique. Il suffit donc, le plus souvent, d'une seule multiplication pour transformer en unités d'une valeur parfaitement connue, des quantités exprimées en unités étrangères.

Les personnes qui s'occupent d'opérations commerciales savent quelle perte de temps entraînent ces conversions et les recherches qu'elles exigent; nous n'avons eu d'autre but, en publiant les pages qui suivent, que de rendre plus simple et plus facile cette partie de leur travail.

A.-G. L.

# POIDS, MESURES, MONNAIES

## ET

## USAGES COMMERCIAUX

### DES

# PRINCIPAUX ÉTATS DU MONDE

*N.-B.* — Pour indiquer les subdivisions d'un poids ou d'une mesure, nous avons employé le signe = (égale) ; ainsi : Pied = 12 pouces = 0$^m$ 33, signifie : le pied se subdivise en 12 pouces ou égale 12 pouces, et égale 0.33 cent.

Dans les tableaux de change, le signe ±(plus ou moins) précède la valeur soumise aux fluctuations du change et qu'on appelle l'*incertain* par opposition à la valeur fixe qu'on appelle le *certain* ; cette dernière valeur est précédée dans nos tableaux du mot *pour*.

## ABYSSINIE

Les *monnaies* en circulation dans ce royaume sont les sequins vénitiens, les piastres espagnoles et les thalers de convention allemands. Les paiements s'effectuent au moyen de barres d'or que l'on compte d'après le wakea, lequel vaut environ 61 francs.

La monnaie de compte est le sequin avec ses subdivisions comme suit :

| | Patakas | Harfs | Diwanis | Kibears | Borjookes | Valeur approxim. |
|---|---|---|---|---|---|---|
| Sequin = | 2 ¼ | 51 ¾ | 207 | 2070 | 6210 | F. 11.68 |
| Pataka = | ............. | 23 | 92 | 920 | 2760 | 5.19 |
| Harf = | | | 4 | 40 | 120 | 0.226 |
| Diwani = | | | | 10 | 30 | 0.0565 |
| Kibear = | | | | | 3 | 0.0057 |
| Borjooke = | | | | | | 0.0019 |

1.

*Poids*................ Rottolo = 12 wakeas = 120 drachmes = 312 grammes.
*Mesure linéaire*...... Pik (aune) = 686 millimètres.
*Mesure de capacité.* Cuba = 1.016 litre. A Gondar, l'ardeb de blé = 10 made-
gas = 4.4 litres ; à Massua, il vaut 24 madegas = 10.56 litres.

---

## ACHEM (SUMATRA)

La *monnaie* courante est le mace ou mænna, en or d'un bas titre, d'environ 27 millimètres de diamètre et du poids de 52 centigrammes ; sa valeur est de 1 fr. 35 c. La monnaie de billon est le cash en plomb ou en zinc, dont environ 1600 = 1 mace. Les piastres d'Espagne, les roupies et les autres monnaies des Indes orientales y ont cours et sont employées pour les paiements importants.

Dans le commerce de la poudre d'or, on a adopté des monnaies imaginaires, telles que le tale, le mace d'or ; cinq de ces pièces en valent 4 analogues de monnaie réelle ordinaire. L'or en poudre est évalué à 9 ¼ touch de Malabar, ou 925 millièmes.

Les comptes se tiennent en tales, pardows, maces et copangs.

|            | Pardows | Maces | Copangs | Valeur approximative |
|------------|---------|-------|---------|----------------------|
| Tale =     | 4       | 16    | 64      | F. 21.70             |
| Pardow =   |         | 4     | 16      | 5.43                 |
| Mace =     |         |       | 4       | 1.35                 |
| Copang =   |         |       |         | 0.34                 |

*Poids.* L'unité de poids usitée dans le commerce ordinaire est le catty.

|           | Cattys | Bunkalls | Tales | Pagodes | Maces  | Copangs | Rapports    |
|-----------|--------|----------|-------|---------|--------|---------|-------------|
| Bahar =   | 200    | 4000     | 20000 | 40000   | 320000 | 1280000 | 192.03 kil. |
| Catty =   |        | 20       | 100   | 200     | 1600   | 6400    | 960.16 gr.  |
| Bunkall = |        |          | 5     | 10      | 80     | 320     | 48.01 »     |
| Tale =    |        |          |       | 2       | 16     | 64      | 9.60 »      |
| Pagode =  |        |          |       |         | 8      | 32      | 4.80 »      |
| Mace =    |        |          |       |         |        | 4       | 0.60 »      |
| Copang =  |        |          |       |         |        |         | 0.15 »      |

*Mesures linéaires.* Etto (ou covid ou encore cubit) valant suivant les uns 0.457 mètre, suivant les autres 0.475 mètre, et le deppo valant 1.72 mètre.

Les *mesures de capacité*, dans l'Inde, étant généralement évaluées en poids, c'est en poids aussi que nous avons cru devoir exprimer leurs rapports.

|           | Gunchas | Nellys | Bamboos | Quarters | Chopas | Rapports en poids |
|-----------|---------|--------|---------|----------|--------|-------------------|
| Coyang =  | 10      | 100    | 800     | 1600     | 3200   | 1330.40 kil.      |
| Guncha =  |         | 10     | 80      | 160      | 320    | 133.04 »          |
| Nelly =   |         |        | 8       | 16       | 32     | 13.30 »           |
| Bamboo =  |         |        |         | 2        | 4      | 1.66 »            |
| Quarter = |         |        |         |          | 2      | 837.50 gr.        |
| Chopa =   |         |        |         |          |        | 415.75 »          |

Le maund de riz contient 21 bamboos et pèse 34.922 kilog. soit environ 45.8 litres.
Le parah de sel = 25 bamboos = 54.5 litres.
La loxa de noix de bétel se compose de 10,000 pièces et pèse, quand les noix sont bonnes, 76.2 kil.

---

## AKYAB, *voir* Calcutta

---

## ALEP

Pour les *monnaies* réelles et de compte, voyez Constantinople.

Le *poids* en usage est le rottolo dont la valeur varie suivant les marchandises qu'il sert à peser ; voici sa valeur la plus habituelle.

|            |     | Rottoli | Onces | Drachmes | Rapports |
|------------|-----|---------|-------|----------|----------|
| Cantaro    | =   | 100     | 1200  | 72000    | 231.40 kil. |
| Rottòlo    | =   |         | 12    | 720      | 2.31 » |
| Once       | =   |         |       | 60       | 192.83 gr. |
| Drachme    | =   |         |       |          | 3.214 » |

Le grand cantarò de Tripoli = 175 rottoli = 404.95 kil.
Le kola = 35 rottoli = 7 vesno = 80.99 kil.
Le zurlo = 27½ rottoli = 63.64 kil.
Le vesno = 5 rottoli = 11.57 kil.

*Mesure de longueur.* Pour les étoffes, le pick ou draa = 677 millimètres.

*Mesure de capacité...* Pour le blé, le mokuk valant environ 8 hectolitres.

---

## ALEXANDRIE (EGYPTE)

Les *monnaies* réelles égyptiennes sont les suivantes :

|              |   | Mahoub | Piastres | Griscio | Ducattello | Paras | Aspres | Valeur |
|--------------|---|--------|----------|---------|------------|-------|--------|--------|
| Zumabob      | = | 1 ⅓    | 3        | 4       | 12         | 120   | 360    | F. 0.780 |
| Mahoub       | = |        | 2 ¼      | 3       | 9          | 90    | 270    | 0.585 |
| Piastres     | = |        |          | 1 ⅓     | 4          | 40    | 120    | 0.260 |
| Griscio      | = |        |          |         | 3          | 30    | 90     | 0.195 |
| Ducatello    | = |        |          |         |            | 10    | 30     | 0.065 |
| Para ou médin | = |       |          |         |            |       | 3      | 0.0065 |
| Aspres       | = |        |          |         |            |       |        | 0.0022 |

La piastre est une monnaie d'argent du poids de 2.9 grammes ; elle contient 1.3369 d'argent fin, ce qui représenterait une valeur de F. 0.29 ; mais elle atteint rarement cette valeur. On distingue dans les aspres, les bons aspres et les aspres courants ; 1 bon aspre = 1 1/5 aspre courant.

On emploie également des sequins en or de 3 karats valant environ F. 6.72.

Les comptes se tiennent en piastres courantes à 40 paras ou médins.

Au Caire on divise la piastre en 80 aspres ou 33 médins, et dans d'autres contrées de la Haute-Egypte, en 30, 40, 50, 60, 70 et 73 médins. Le médin se divise encore en 8 barbi ou 6 forli.

Les paiements importants se font par bourses de 500 piastres. On en fait aussi en sequins-mahaboubs, qui valent environ 6 fr., ou en fonducli de la valeur de 7 fr. 25.

Les transactions ont généralement lieu en piastres d'Espagne appelées colonnati tallari ou en thalers d'Autriche nommés *talaris* ou *patakas*, et qui = F. 4.469.

### Changes.

| Trieste ........ | ± 118 | Kreusers................................... pour | 1 Piastre d'Espagne. |
|------------------|-------|--------------------------------------------------|----------------------|
| Livourne..... | ± 101¼ | Piastres d'Espagne à Alexandrie » | 100 Piastres d'Espagne à Livourne |
| Londres....... | ± 99 | Piastres d'Egypte.... ..................... » | 1 Livre sterling. |
| Paris...........<br>Marseille.... | ± 5 | F. 25 c. ..................................... » | 1 Piastre d'Espagne. |
| Amsterdam.. | ± 102 | Florins................................... » 40 | » |

Une ordonnance de 1836 a fixé comme suit la valeur des monnaies étrangères :

|        |                                        |   |        |                     |
|--------|----------------------------------------|---|--------|---------------------|
| Or     | Quadruple espagnole ...................... | = | 313.29 | piastres égyptiennes. |
|        | Guinée anglaise .......................... | = | 97.20  | » |
|        | Pièce de 20 francs française............... | = | 77.06  | » |
|        | Sequin vénitien........................... | = | 46.17  | » |
|        | Ducat hollandais.......................... | = | 45.26  | » |
| Argent | Piastre forte d'Espagne................... | = | 20.28  | » |
|        | Tallaro effectif.......................... | = | 20.—   | » |
|        | Pièce de 5 francs française................ | = | 19.10  | » |
|        | Dollar américain et méxicain ............. | = | 19.—   | » |

Dans le commerce entre particuliers, le cours réel de ces monnaies diffère quelquefois de 5 % du cours du tarif.

*Poids.* 1 cantaro = 100 rottoli. Le rottolo varie de poids suivant les marchandises qu'il sert à peser ; il y a quatre espèces de rottoli :

Rottolo forforo = 423.885 grammes.          Rottolo  mina = 756.929 grammes.
Rottolo zaidino = 605.404      »            Rottolo zauro = 938.547      »

Ces poids sont maintenant hors d'usage dans le commerce et l'on se sert de l'oque ou oka, dont voici le multiple et les subdivisions :

| | | Okas | Drachmes | Carats | Grains | Rapports |
|---|---|---|---|---|---|---|
| Cantaro | = | 36 | 14400 | 230400 | 921600 | 44.179 kil. |
| Oka ou oque | = | .................. | 400 | 6400 | 25600 | 1.227  » |
| Drachme | = | .................. | .................. | 16 | 64 | 3.068 gr. |
| Quirate ou carat | = | .................. | .................. | .................. | 4 | 1.917 déc. |
| Grain | = | .................. | .................. | .................. | .................. | 4.792 cen. |

*Mesures linéaires.*  Pik kendasi, pour les mousselines, indiennes et presque tous les tissus de coton = 630 millimètres.
Pik beledi, pour toiles = 560 millim.
Pik stamboul ou de Constantinople, pour draps = 677 millim.
L'aune de 44 pouces français, dont on se sert aussi pour les draps, s'évalue à 1 ¾ pik, ce qui fait pour le pik 680 millim.
Ces différentes mesures se divisent en 4 rub et 24 kirat.

*Mesures de superficie.*  Feddan ordinaire = 59.29 ares; feddan des contributions = 44.59 ares.

*Mesures de capacité...*  Ardeb avec son composé et ses subdivisions comme suit :

| | Ardeb | Webih | Queleh | Rub | Rapports |
|---|---|---|---|---|---|
| Darriba = | 2 | 12 | 24 | 48 | 542. — litres |
| Ardeb = | .................. | 6 | 12 | 24 | 271. —  » |
| Webih = | .................. | .................. | 2 | 4 | 45.166  » |
| Queleh = | .................. | .................. | .................. | 2 | 22.583  » |
| Rub = | .................. | .................. | .................. | .................. | 11.292  » |

Ardeb de lin, compté comme pesant 100 oken = 129 kil.
Ardeb d'orge = 91 ½ okas = 106 kil.
Ardeb de riz = 156 okas = 191.5 kil.
L'ardeb de Rosette qui est le plus usité = 284 litres; il est compté pour 168 okas = 206 kil. de blé ou maïs.
Kiloz ou quillot = 170 litres.
Les principales marchandises se vendent aux conditions suivantes :

Arsenic au cantaro de 54 okas = 65.27 kil.     Étain au cantaro de 36½ okas = 44.19 kil.
Café moka    »    37  »  = 44.73  »            Laine    »    78  »  = 94.30  »
Chanvre    »    44  »  = 53.20  »              Plomb    »    78  »  = 94.30  »
Coton    »    43⅔ »  = 52.78  »               Poivre    »    37  »  = 44.73  »

Les cotons et les cafés sont cotés en piastres d'Espagne, et les autres marchandises en piastres courantes. Le coton se vend au comptant rendu au Caire. Les frais de transport de cette ville à Alexandrie sont d'environ 13 piastres courantes par balle, et les frais d'embarquement à Alexandrie de 4 ou 5 %.
Le quintal de coton rend en France environ 52 kilog. net; l'emballage est compté brut pour net.
La commission de vente sur les marchandises européennes est de 2 %, et le courtage de 1 % ; la commission d'achat des produits du pays est également de 2 %, et le courtage de 1 %.

---

## ALGER

Le système métrique est maintenant en usage dans l'Algérie.

### ANCIEN SYSTÈME

L'ancienne *monnaie* d'or est le sequin ou soltani de 4 ½ boudjou, = F. 8.71 , le ⅓ et le ¼ de sequin en proportion.

Les anciennes monnaies d'argent sont les suivantes :

|  | | Rial-boudjou | Pataque-chique | Rebia-boudjou | Temin-boudjou | Mouz-zonnés | Valeur |
|---|---|---|---|---|---|---|---|
| Piastre algérienne (zoudi-boudjou) | = | 2 | 6 | 8 | 16 | 48 | F. 3.72 |
| Rial-boudjou | = | | 3 | 4 | 8 | 24 | 1.86 |
| Pataque-chique | = | | | 1 ⅓ | 2 ⅔ | 8 | 0.62 |
| Rebia-boudjou | = | | | | 2 | 6 | 0.465 |
| Temin-boudjou | = | | | | | 3 | 0.232 |
| Mouzzonné | = | | | | | | 0.077 |

Le karub, en cuivre, = ½ mouzzonné.

*Poids.* Rottolo ou rotl-feudi (rottolo à argent) pour certains articles précieux = 16 onces = 497.43 gr.

Rottolo-attari (rottolo d'épicier) pour drogueries et presque toutes les marchandises = 16 onces = 546.08 gr.

Rottolo-ghredouri (rottolo à légumes) pour fruits et légumes frais = 18 onces attari = 614.34 gr.

Rottolo-kébir (grand rottolo) pour miel, beurre, fruits secs, dattes, huile, savon du pays, etc., = 24 onces attari = 819.12 gr.

Cantaro ou quintal (attari, ghredouri, kébir) = 100 rottoli de chacune de ces dénomin.

Cantaro de fromage, amandes, coton, etc., = 110 rottoli attari = 60.069 kil.

Cantaro de beurre, miel, fruits, huile, savon, etc., = 166 rottoli attari = 90.649 kil.

Cantaro de lin = 200 rottoli attari = 109.216 kil.

Métical, pour l'or, l'argent et les pierres précieuses = 24 karoubes = 4.665 gr.

*Mesures linéaires.* Pick turc = 8 robi = 64 centimètres.

Pick arabe ou maure, ¾ du précédent = 48 centimètres.

*Mesures de capacité.* Pour les matières sèches : caffisc, pour blés et grenailles = 16 tarries ou terries = 3.174 hectol. Saâ = 58 litres.

Pour les liquides : metallo usité surtout pour l'huile et qui pèse 20 rottoli-kébir ou 30 rottoli-attari = 16.38 kil. = 17.90 litres.

Le khoull contient, d'après les évaluations françaises, 16 litres.

---

## ALICANTE

Les *monnaies* réelles sont celles qui ont cours dans toute l'Espagne. *Voir* Madrid.

Depuis le 1er Janvier 1859 le système légal des poids et mesures est le système métrique français. *Voir* également Madrid.

La monnaie de compte usitée dans la province de Valence est la piastre ou livre de Valence à 20 sous à 12 deniers, et valant F. 4.06. La piastre = 10 réaux de Valence = 8 réaux de plate. Le réal de plate = 64 maravédis de veillon.

Les anciens *poids*, non encore tombés en désuétude, sont le quintal à 4 arrobes = 51.168 kil.

L'arrobe se subdivise en 24 grosses livres à 18 onces ou en 36 petites livres à 12 onces.

La grosse livre = 533 grammes et la petite livre = 355 grammes. Voici les subdivisions de l'once.

| | | Quartos | Ochavas | Adarmes | Tomines | Grains | Rapports |
|---|---|---|---|---|---|---|---|
| Once | = | 4 | 8 | 16 | 48 | 576 | 29.61 gram. |
| Quarto | = | | 2 | 4 | 12 | 144 | 7.40 » |
| Ochava | = | | | 2 | 6 | 72 | 3.70 » |
| Adarme | = | | | | 3 | 36 | 1.85 » |
| Tomin | = | | | | | 12 | 6.17 déc. |
| Grain | = | | | | | | 0.51 » |

Pour le chargement des navires, le last = 2 pipes, ou = 80 arrobes de marchandises lourdes.

*Mesures de longueur.* Vara = 3 pieds = 4 palmes = 36 pouces = 48 doigts = 907 millim.

*Mesures de capacité.* Pour les matières sèches : ahiz ou cafiz et ses subdivisions.

|  |  | Barchillas | Celemines | Quarterones | Rapports |
|---|---|---|---|---|---|
| Cahiz | = | 12 | 48 | 192 | 2.493 hect. |
| Barchilla | = | | 4 | 16 | 20.775 litres |
| Celemin | = | | | 4 | 5.194 » |
| Quarteron | = | | | | 1.299 » |

Pour les liquides : cantaro ou arroba mayor avec les subdivisions suivantes :

|  |  | Cuartillas | Azumbres | Cuartillos | Copas | Rapports |
|---|---|---|---|---|---|---|
| Cantaro | = | 4 | 8 | 32 | 128 | 11.55 litres |
| Cuartilla | = | | 2 | 8 | 32 | 2.89 » |
| Azumbre | = | | | 4 | 16 | 1.44 » |
| Cuartillo | = | | | | 4 | 3.61 décilit. |
| Copa | = | | | | | 0.90 » |

Dans le commerce en gros on emploie le tonnel qui = 100 cantaros ; la pipe qui = 27 cantaros et le moyo qui = 16 cantaros.

La commission de vente ou d'achat de marchandises est de 2 ½ %.

---

## AMSTERDAM (HOLLANDE)

Les *monnaies* actuellement en circulation dans les Pays-Bas sont :

En or : la pièce de 10 florins, frappée depuis 1818, valant F. 20.86. La pièce de 5 florins en proportion. L'ancien ducat valait F. 11.78.

En argent : le gulden ou florin des Pays-Bas, à 20 stuivers ou 100 cents, valant F. 2.14. Pièces de 3 florins et de 50 cents en proportion. Pièces de 25 cents, valant F. 0.53. Pièces de 10 et de 5 cents en proportion. Nouveau florin, valant F. 2.10. Pièce de 2 ½ florins en proportion. L'ancien ducaton de 63 stuivers ou fl. 3.15, et le ryksdaalder ou rixdale de 2 ½ florins.

L'or vient d'être démonétisé en Hollande et n'a plus cours forcé.

Les écritures se tiennent en florins à 100 cents. Jusqu'en 1816 on comptait par florins à 20 stuivers à 16 deniers (pfenings), et le commerce comptait par livres de gros à 20 shillings à 12 grots.

Les vins et les effets publics sont encore quelquefois cotés dans les anciennes monnaies.

Voici les rapports des monnaies anciennes avec les nouvelles et leur valeur en monnaie française, en prenant pour base le florin effectif, à raison de 189 pour 400 francs = F. 2.11ᶜ 64.

|  |  | Rixdales | Florins | Shillings | Stuivers | Grots | Cents | Deniers | Valeur |
|---|---|---|---|---|---|---|---|---|---|
| Livre de gros | = | 2 ²/₅ | 6 | 20 | 120 | 240 | 600 | 1920 | F. 12.70 |
| Rixdale ou ducaton.. | = | | 2 ½ | 8 ⅓ | 50 | 100 | 250 | 800 | 5.29 |
| Florin | = | | | 3 ⅓ | 20 | 40 | 100 | 320 | 2.12 |
| Shilling (sou de gros) | = | | | | 6 | 12 | 30 | 96 | 0.63 |
| Stuiver | = | | | | | 2 | 5 | 16 | 0.10.58 |
| Grot (denier de gros) | = | | | | | | 2 ½ | 8 | 0.05.29 |
| Cent | = | | | | | | | 3 ⅛ | 0.02.12 |
| Denier | = | | | | | | | | 0.00.66 |

On cote encore à Amsterdam le prix de certaines marchandises en livre de Flandre de 6 florins = F. 12.76.

### Changes

| | | | | | | |
|---|---|---|---|---|---|---|
| Augsbourg | ± | 35 florins | 30 cents | | pour | 20 thalers ou 30 florins conv. |
| Bilbao | ± | 2 » | 40 » | | » | 1 piastre d'argent |
| Bordeaux | ± | 55 » | 70 » | | » | 120 francs |
| Cadix | ± | 2 » | 41 » | | » | 1 piastre d'argent |
| Francfort-s.-Mein | ± | 99 » | 80 » | | » | 100 florins au pied de 24 |
| Gênes | ± | 44 » | 88 » | | » | 100 lire nuove |
| Hambourg | ± | 35 » | 50 » | | » | 40 marcs banco |
| Lisbonne et Porto | ± | 41 » | » » | | » | 40 crusados à 400 reis |
| Livourne | ± | 37 » | 63 » | | » | 100 lire toscanes |
| Londres | ± | 11 » | 67 » | | » | 1 livre sterling |
| Madrid | ± | 2 » | 40 » | | » | 1 piastre d'argent |
| Naples | ± | 79 » | 75 » | | » | 176 lire ou 40 ducats |
| Paris | ± | 56 » | 40 » | | » | 120 francs |
| Pétersbourg | ± | 187 » | 10 » | | » | 100 roubles argent |
| Séville | ± | 2 » | 38 » | | » | 1 piastre d'argent |
| Vienne | ± | 27 » | 50 » | | » | 20 reichsthaler |

### NOUVEAUX POIDS ET MESURES

Depuis 1816 le système décimal français des poids et mesures a été introduit en Hollande, mais sous des dénominations différentes.

#### *Poids de commerce*

|         |   | Onsen | Looden | Wigtjes | Korrels | Rapports |
|---------|---|-------|--------|---------|---------|----------|
| Pond    | = | 10    | 100    | 1000    | 10000   | 1 kilog  |
| Ons     | = |       | 10     | 100     | 1000    | 100 gram. |
| Lood    | = |       |        | 10      | 100     | 10 »     |
| Wigtje  | = |       |        |         | 10      | 1 »      |
| Korrel  | = |       |        |         |         | 1 décig. |

Le korrel se subdivise en dixièmes et en centièmes.

*Poids de pharmacie.* La livre légale de pharmacie, depuis 1817, a été fixée dans les Pays-Bas à 375 wigtjes ou grammes; elle représente les ⅜ du pond ou kilogramme.

|          |   | Onces | Drachmes | Scrupules | Oboles | Grains | Rapports |
|----------|---|-------|----------|-----------|--------|--------|----------|
| Livre    | = | 12    | 96       | 288       | 576    | 5760   | 375.— gram. |
| Once     | = |       | 8        | 24        | 48     | 480    | 31.250 » |
| Drachme  | = |       |          | 3         | 6      | 60     | 390.625 centig. |
| Scrupule | = |       |          |           | 2      | 20     | 130.208 » |
| Obole    | = |       |          |           |        | 10     | 65.104 » |
| Grain    | = |       |          |           |        |        | 6.510 » |

#### *Mesures linéaires.*

L'unité de mesure en Hollande est le mètre, sous la dénomination de el ou aune, avec les multiples et les subdivisions suivantes :

|        |   | Roeden | Els  | Palms | Duimen | Strepen | Rapports |
|--------|---|--------|------|-------|--------|---------|----------|
| Myl    | = | 100    | 1000 | 10000 | 100000 | 1000000 | 1 kilomèt. |
| Roede  | = |        | 10   | 100   | 1000   | 10000   | 10 mètres |
| El     | = |        |      | 10    | 100    | 1000    | 1 mètre  |
| Palm   | = |        |      |       | 10     | 100     | 1 décimèt. |
| Duim   | = |        |      |       |        | 10      | 1 centimèt. |
| Streep | = |        |      |       |        |         | 1 millim. |

La chaîne d'arpentage = 2 roeden = 20 els ou mètres.

#### *Mesures de superficie.*

|             |   | Roeden carrés | Els carrés | Palms carrés | Duimen carrés | Strepen carrés | Rapports |
|-------------|---|---------------|------------|--------------|---------------|----------------|----------|
| Bunder      | = | 100           | 10000      | 1000000      | 100000000     | 10000000000    | 1 hectare |
| Roede carré | = |               | 100        | 10000        | 1000000       | 100000000      | 1 are    |
| El carré    | = |               |            | 100          | 10000         | 1000000        | 1 mètre carr. |
| Palm carré  | = |               |            |              | 100           | 10000          | 1 décim. car. |
| Duim carré  | = |               |            |              |               | 100            | 1 cent. carré |
| Streep carré | = |              |            |              |               |                | 1 millim. car. |

#### *Mesures de solidité.*

Pour le bois de chauffage, le wise a un el ou un mètre en longueur, en hauteur et en largeur; il égale donc 1 stère ou 1 mètre cube.

#### *Mesures de capacité pour les matières sèches.*

|         |   | Schepels | Koppen | Maatjes | Rapports |
|---------|---|----------|--------|---------|----------|
| Mudde   | = | 10       | 100    | 1000    | 1 hectolitre |
| Schepel | = |          | 10     | 100     | 1 décalitre |
| Kop     | = |          |        | 10      | 1 litre |
| Maatje  | = |          |        |         | 1 décilitre |

#### *Mesures de capacité pour les liquides*

|             |   | Kannen | Matjes | Vingerhoed | Rapports |
|-------------|---|--------|--------|------------|----------|
| Vat ou fass | = | 100    | 1000   | 10000      | 1 hectolitre |
| Kan         | = |        | 10     | 100        | 1 litre  |
| Matje       | = |        |        | 10         | 1 décilitre |
| Vingerhoed  | = |        |        |            | 1 centilitre |

### ANCIENS POIDS ET MESURES

#### Poids de commerce

| | Quintaux | Lysponds | Steenen | Livres | Rapports |
|---|---|---|---|---|---|
| Schippond = | 3 | 20 | 37 ½ | 300 | 148.225 kil. |
| Quintal ou centenaar = | | 6 ⅔ | 12 ½ | 100 | 49.408 » |
| Lyspond = | | | 1 ⅞ | 15 | 7.411 » |
| Steen = | | | | 8 | 3.953 » |
| Livre de commerce = | | | | | 494.085 gram. |

La livre de commerce ou pond se subdivise en 2 marcs, en 16 onces, en 32 loods, en 128 drachmes.

Le steen est compté quelquefois aussi pour 6 livres; il vaut alors 2.964 kil.

L'ancienne livre d'Anvers, usitée pour le mercure, la cochenille, la soie, le fil, etc., = 470.2 grammes.

#### Poids de troy

| | Marcs | Onces | Engels | As | Rapports |
|---|---|---|---|---|---|
| Livre de troy = | 2 | 16 | 320 | 10240 | 492.16 gram. |
| Marc = | | 8 | 160 | 5120 | 246.08 » |
| Once = | | | 20 | 640 | 30.76 » |
| Engel = | | | | 32 | 153.80 centig. |
| As = | | | | | 4.806 » |

Pour l'or et l'argent, le marc se divisait en 8 onces = 16 looden = 160 engels ou esterlins = 640 vierling = 1280 troyken = 2560 deusken = 5120 as.

Pour les diamants et les perles, on le divisait en 1200 carats dont 7 ½ = 1 engel; 1 carat = 2.051 décig.

#### Poids de pharmacie.

L'ancienne livre de pharmacie, avec les mêmes subdivisions que celles que nous avons données précédemment pour la nouvelle, était égale à 1 ½ marc ou ¾ de la livre de troy = 369.12 grammes.

#### Mesures linéaires.

L'ancienne aune = 687.8 millim. L'aune de Brabant = 700 millim. L'aune de Flandre = 694.4 millim.

| | Pouces | Quarts | Huitièmes | Rapports |
|---|---|---|---|---|
| Pied = | 11 | 44 | 88 | 283.1 millim. |
| Pouce = | | 4 | 8 | 25.7 » |
| Quart = | | | 2 | 6.4 » |
| Huitième = | | | | 3.2 » |

Pour mesurer les circonférences des mâts de navires et autres bois ronds, le pied se divise en 3 palmes; 1 palme = 94.3688 millim. La palme qui sert à mesurer le diamètre = 304 millim.

Le pied du Rhin = 12 pouces = 313.85 millim.

Le vaam ou vadem marin = 6 pieds du Rhin = 1.883 mèt.

La perche ou verge (*roede*) = 13 pieds = 3.680 mèt.

La perche du Rhin = 12 pieds du Rhin = 3.766 mèt.

La lieue de Hollande de 20000 anciens pieds d'Amsterdam (19.63 au degré) = 5.662 kilom. La lieue de 20000 pieds du Rhin (17.7 au degré) = 6.277 kilom. La lieue marine (20 au degré) = 3 milles marins = 5.557 kilom.

#### Mesures de superficie.

| | Jucharts | Roeden carrés | Pieds carrés | Rapports |
|---|---|---|---|---|
| Morgen = | 2 | 600 | 101400 | 81.2714 ares |
| Juchart = | | 300 | 50700 | 40.6357 » |
| Roede carré = | | | 169 | 13.5452 mèt. carré |
| Pied carré = | | | | 8.0149 déc. carré |

Le maat = 500 roeden carrés = 84500 pieds carrés = 67.7262 ares.

L'arpent du Rhin = 600 perches carrées du Rhin = 86400 pieds carrés du Rhin = 85.1075 ares.

*Mesures de capacité pour les matières sèches.*

| | | Mudden | Sacs | Schepels | Vierdevats | Koppen | Rapports |
|---|---|---|---|---|---|---|---|
| Last | = | 27 | 36 | 108 | 432 | 3456 | 30.038 hectolitres |
| Mud | = | | 1 ⅓ | 4 | 16 | 128 | 1.113 » |
| Sac | = | | | 3 | 12 | 96 | 83.442 litres |
| Schepel | = | | | | 4 | 32 | 27.814 » |
| Vierdevat | = | | | | | 8 | 6.953 » |
| Kop | = | | | | | | 0.869 » |

Le last de froment se comptait pour 4500 livres et celui de seigle pour 4000 à 4100 livres.

On admet les proportions suivantes pour le last de fret : froment 10 % de plus que le seigle ; seigle 10 % de plus que l'orge, et ce dernier 10 % de plus que l'avoine.

Le maat de sel faisait la 104ᵉ partie du hondert ou cent, et pesait environ 99 liv. ou 49 kil. = 61.41 lit. — 38 maten faisait le hoed de houille.

*Mesures de capacité pour les liquides.*

| | | Oks. | Amen | Anker | Steck. | Viertel | Stoops | Mengels | Pintes | Mutsjes | Rapports |
|---|---|---|---|---|---|---|---|---|---|---|---|
| Vat | = | 4 | 6 | 24 | 48 | 126 | 384 | 768 | 1536 | 6144 | 914.04 lit. |
| Okshoofd | = | | 1½ | 6 | 12 | 31½ | 96 | 192 | 384 | 1536 | 228.51 » |
| Aam | = | | | 4 | 8 | 21 | 64 | 128 | 256 | 1024 | 152.34 » |
| Anker | = | | | | 2 | 5¼ | 16 | 32 | 64 | 256 | 38.09 » |
| Steekan | = | | | | | 2⅝ | 8 | 16 | 32 | 128 | 19.05 » |
| Viertel | = | | | | | | 3 $^{1}/_{21}$ | 6 $^{2}/_{21}$ | 12 $^{4}/_{21}$ | 48 $^{16}/_{21}$ | 7.24 » |
| Stoop | = | | | | | | | 2 | 4 | 16 | 2.38 » |
| Mengel | = | | | | | | | | 2 | 8 | 1.19 » |
| Pinte | = | | | | | | | | | 4 | 59.51 centil. |
| Mutsje | = | | | | | | | | | | 14.88 » |

D'après l'évaluation de Kelly, l'aam = 155.20 litres, et les autres mesures en proportion.

La barrique (okshoofd) se comptait autrefois pour 180 mengels.

La pipe de vin d'Espagne et de Portugal était autrefois estimée à 340 mengels = 412.25 lit.

La cuve de bière = 6 tonnes ou men = 384 stoop = 9.14 hectol. La tonne de bière est égale à l'aam de vin du tableau ci-dessus et se divise comme lui.

Le legger arack = 15 ancres = 240 stoop = 571.29 lit.

La barrique huile de baleine faisait 2 tonnes ou 192 mengels, comme ci-dessus.

Le quardeel ou kwarteel d'huile de baleine contient de 18 à 21 steekannen (343 à 400 litres), mais cet article se vend par barrique ou vat de 12 steekannen ; le vat vaut alors 228.54 litres.

L'aam d'huile de chénevis, de lin ou de navette = 7 ½ steck = 120 mengels = 142.82 lit. ou = 145.50 litres d'après Kelly.

Le vat d'huile d'olive = 869.51 litres.

Dans le commerce des vins de France, le vat n'est composé que de 180 mengels et ne vaut par conséquent que 214.2 litres, ou 218 litres d'après Kelly.

Le last de navire se compose de 8 okshoofd de vin, 12 à 14 tonneaux de harengs ; 7 kwarteel d'huile de baleine ; 4 pipes d'huile d'olive ; 13 tonneaux de goudron ; 12 tonneaux de poix ; 2000 ponds de métaux, sucre, sel, riz, etc., 1500 ponds de café, cacao, etc.

Le cent de peaux = 104 pièces. Le sucre, les sirops, la morue, etc., se vendent aux 100 ponds ou kil. ; le café de Berbice, Demerara et Surinam aux 10 ponds ; les autres cafés au ½ pond ; le fromage et le chanvre aux 150 ponds ; le sel aux 1000 ponds ; les bois ordinaires et les bois de teinture aux 50 ponds ; les bois d'ébénisterie au double palm cube.

La commission de vente et d'achat de marchandises est de 1 ½ % pour le continent, et de 2 % pour l'Angleterre et les pays transatlantiques. Le courtage varie, suivant la nature des marchandises, entre ½ et 2 %, à la charge de chacune des parties.

---

**ANGLETERRE,** *voir* Londres.

## **ANVERS** (BELGIQUE)

Depuis que la Belgique a adopté le système monétaire français, les monnaies de ce pays sont identiques aux nôtres, sous le rapport du poids, du titre et de la valeur. Notons cependant qu'on y frappe des pièces de F. 2.50 et que les pièces de 5, 10 et 20 centimes sont composées d'un alliage de cuivre et de nickel.

Un décret royal a récemment démonétisé l'or en Belgique; il en résulte que les pièces d'or ne sont plus considérées que comme une marchandise dont la valeur varie suivant les circonstances.

La seule monnaie de compte légale est le franc de 100 centimes égal au franc d'espèce; cependant on compte souvent encore en florins de 1816 à 100 cents.

Les *anciennes monnaies de Belgique* sont : le double souverain, en or, = F. 34.99. Le souverain est admis dans la circulation pour 7 florins 99 cents des Pays-Bas ou F. 16.91ᶜ. Les doubles et les demi-souverains en proportion.

Le ducat de Hollande est reçu pour 5 florins 40 cents ou F. 11.43.

Le ducaton, en argent, (½ et ¼ en proportion) = F. 6.45 et est pris dans la circulation pour F. 6.31.

La couronne de Brabant (½ et ¼ en proportion) = F. 5.72 et est prise dans la circulation pour F. 5.57.

Le prix de certaines marchandises est quelquefois coté en florin des Pays-Bas qui vaut F. 2.11ᶜ.64 et se divise en 100 cents. On cote également, dans différentes parties de la Belgique, le prix des céréales en florin courant de Brabant qui vaut F. 1.81ᶜ.41 et se divise en 20 sous, et le sou en 4 liards ou 12 deniers.

### *Changes*

| Amsterdam | ± F. | 210.— | pour | 100 florins |
|---|---|---|---|---|
| Berlin | ± » | 3.75 | » | 1 thaler |
| Francfort | ± » | 211.— | » | 100 florins au pied de 24 |
| Gênes | ± » | 99.40 | » | 100 livres |
| Hambourg | ± » | 187.25 | » | 100 marcs banco |
| Lisbonne | ± » | 5.55 | » | 1 mil reis |
| Londres | ± » | 24.85 | » | 1 livre sterling |
| Naples | ± » | 455.— | » | 100 ducats |
| Paris | ± » | 99.25 | » | 100 francs |
| Pétersbourg | ± » | 3.75 | » | 1 rouble argent |
| Trieste | ± » | 236.— | » | 100 florins de convention |
| Vienne | ± » | 237.— | » | » | » |

Le système métrique français avec les dénominations françaises est obligatoire dans toute la Belgique. Nous donnons ici les anciens poids et mesures qui ne sont pas encore tout à fait tombés en désuétude.

### ANCIENS POIDS ET MESURES

#### *Poids d'Anvers*

| | | Schippond | Quintaux | Pierres | Livres | Onces | Mains | Rapports |
|---|---|---|---|---|---|---|---|---|
| Charge | = | 1 ⅓ | 4 | 50 | 400 | 6400 | 102400 | 188.0689 kil. |
| Schippond | = | | 3 | 37 ½ | 300 | 4800 | 76800 | 141.0517 » |
| Quintal | = | | | 12 ½ | 100 | 1600 | 25600 | 47.0172 » |
| Pierre ou stein | = | | | | 8 | 128 | 2048 | 3.7614 » |
| Livre | = | | | | | 16 | 256 | 470.1724 gram. |
| Once | = | | | | | | 16 | 29.3858 » |
| Main ou seizième | = | | | | | | | 1.8366 » |

L'ancien poids des orfèvres était la livre troy de Hollande, divisée en 2 marcs = 16 onces = 320 esterlins = 10240 as. *Voir* Amsterdam.

#### *Mesures linéaires*

| | | Pieds | Pouces | Lignes | Rapports |
|---|---|---|---|---|---|
| Verge | = | 20 | 220 | 2420 | 5.736 mètres. |
| Pied | = | | 11 | 121 | 28.680 centim. |
| Pouce | = | | | 11 | 26.072 millim. |
| Ligne | = | | | | 2.370 » |

L'aune de Brabant = 16 tailles = 695 millim.

### Mesures de superficie.

| | Journaux | Verges carrées | Pieds carrés | Rapports |
|---|---|---|---|---|
| Bonnier = | 4 | 400 | 160000 | 131.6068 ares |
| Journal = | | 100 | 40000 | 32.9017 » |
| Verge carrée = | | | 400 | 32.9017 mèt. car. |
| Pied carré = | | | | 8.2254 déc. car. |

Ceci est la valeur du bonnier d'Anvers; la valeur du bonnier varie suivant les localités; le bonnier de Bruxelles ne vaut que 81.14 ares.

### Mesure de solidité

La corde ou wis, pour mesurer les bois de chauffage, est un cube de 3 pieds de long et de haut et de 3 pieds de bûche = 27 pieds cubes = 0.636944 stère.

### Mesures de capacité pour les matières sèches.

| | Meukens | Pots | Pintes | Upers | Rapports |
|---|---|---|---|---|---|
| Viertel ou rasière = | 4 | 56 | 112 | 224 | 77.— litres |
| Meuke = | | 14 | 28 | 56 | 19.25 » |
| Pot = | | | 2 | 4 | 1.38 » |
| Pinte = | | | | 2 | 68.75 centil. |
| Uper = | | | | | 34.37 » |

Ces mesures, dont l'usage se perd insensiblement, sont encore usitées dans le commerce de détail, où l'on compte le pot pour 1 ⅓ litre et la pinte pour ⅔ de litre. Dans le commerce en gros, on compte 4 viertel pour 3 hectol., ce qui donne 1 viertel = 75 litres.

Le last = 37 ½ rasières = 28.88 hectolitres.

Le meuke d'avoine et de charbons = 17 ½ pots = 35 pintes = 24.0625 litres.

### Mesures de capacité pour les liquides.

| | Aimes | Stoopen | Pots | Pintes | Upers | Rapports |
|---|---|---|---|---|---|---|
| Tonne = | 1 ⅕ | 60 | 120 | 240 | 480 | 164.88 litres |
| Aime = | | 50 | 100 | 200 | 400 | 137.40 » |
| Stoop = | | | 2 | 4 | 8 | 2.748 » |
| Pot = | | | | 2 | 4 | 1.374 » |
| Pinte = | | | | | 2 | 0.687 » |
| Uper = | | | | | | 0.3435 » |

L'aime d'huile ordinaire, de lin, de chanvre, de colza, etc., se divise en 4 emmers ou seaux = 24 schreve = 96 pots, et vaut 133.33 lit. L'ancien pot de bière = 1 ⅓ litre.

Le last de chargement de navires pour les matières lourdes renferme 2 tonneaux de 1000 kil. chacun; on fait aussi usage quelquefois du tonneau anglais de 1016 kil. Le tonneau de grains = 15 hectol. Le tonneau d'encombrement est de 40 pieds cubes anglais = 1.1326 mètre cube.

Le panier harengs saurs contient 200 poissons.

---

## ATHÈNES (GRÈCE).

Les *monnaies* réelles de la Grèce sont : En or, l'icossa-drachme ou pièce de 20 drachmes = F. 17.91; le tessaraconta-drachme ou pièce de 40 drachmes = 35.82.

En argent, le pentadrachme ou pièce de 5 drachmes = F. 4.48; la drachme = 100 lepta = F. 0.895; la demi-drachme et le quart de drachme en proportion. La monnaie de billon se compose de pièces de 2, 5 et 10 lepta.

On compte par drachme à 100 lepta valant F. 0.895.

On retire de la circulation des phœnix frappés en 1829 et qui valent F. 0.83.

Un tarif adopté, en 1833, par le gouvernement a fixé comme suit la valeur des monnaies étrangères.

| | | |
|---|---|---|
| Pièce de 20 francs française | 22 drachmes | 33.50 lepta |
| Souverain anglais | 28 » | 12.06 » |
| Ducat de Hollande | 13 » | 0.25 » |
| Ducat d'Autriche | 13 » | 6.39 |

| | | |
|---|---|---|
| Sequin de Venise............................................... | 13 drachmes | 34.09 lepta |
| Pièce de 5 francs française ............................... | 5      » | 58.40  » |
| Schelling anglais............................................. | 1      » | 29.70  » |
| Thaler de convention allemand........................... | 5      » | 77.69  » |

Le système métrique français est adopté en Grèce, mais avec des noms différents : les composés du gramme seuls ne sont pas les mêmes qu'en France.

| | Talents | Mines | Drachmes | Rapports |
|---|---|---|---|---|
| Tonne        = | 10 | 1000 | 1500000 | 1500.— kilog. |
| Talent       = | | 100 | 150000 | 150.—  » |
| Mine royale  = | | | 1500 | 1.50  » |
| Drachme      = | | | | 1.— gram. |

Le décigramme porte le nom d'obole, le centigramme celui de grain.

Le mètre s'appelle piki royal ; le décimètre, palme ; le centimètre, pouce ou centimetron ; le millimètre, ligne ou millimetron.

Le kilomètre porte le nom de stadion royal, le myriamètre, celui de mille grec.

Le stremma royal = 1000 piki carrés = 10 ares.

Le litre conserve le même nom qu'en France ; il se subdivise en 10 kotilos, 100 mystron, 1000 kubus. L'hectolitre de blé porte le nom de kilo.

*Anciens poids et mesures*

| | Pinaki | Oka | Drachmes | Rapports |
|---|---|---|---|---|
| Cantaro (quintal) = | 4 8/9 | 44 | 17600 | 56.32 kilog. |
| Pinaki   = | | 9 | 3600 | 11.52  » |
| Oka      = | | | 400 | 1.28  » |
| Drachme  = | | | | 3.20 gram. |

On vend le raisin de Corinthe au peso grosso qui = 477 grammes et au millar qui = 1000 peso grosso. Le millar de raisin est coté en piastres d'Espagne ; la piastre d'Espagne = 6 drachmes. Le terme accordé pour la vente du raisin est de 4 mois.

Pour le mesurage de la soie on employait le pik endash ou petit pik = 648 millim. ; pour le fil, le coton et la laine, le grand pik = 669 millim. ; pour mesurer les travaux de maçonnerie, de charpente et pour l'arpentage, le pik valait 75 centimètres.

L'ancienne mesure linéaire était le stadion valant 184.18 mètres.

La mesure de superficie était le stremma valant 1270.21 mètres carrés.

L'ancien kilo de blé égalait 33.16 litres ; le blé se vend également aux 22 okas valant 28.17 kilogrammes.

Le courtage est de 2 °/₀ ; la commission d'achat ou de vente de 2 à 3 °/₀ ; le droit de magasinage de 2 °/₀.

---

## AUGSBOURG (BAVIÈRE)

Les *monnaies* d'or qui ont cours en Bavière sont les suivantes : Carolins à 3 florins d'or = F. 25.86. Max à 2 florins d'or = F. 17.24. Ducats de l'empire = F. 11.85.

Les monnaies d'argent sont : Speciesthaler, à 2 florins 24 kreutzers de convention = F. 5.19c.49. Couronne ou kronenthaler, à 2 florins 42 kreuzers = F. 5.72.

Les comptes se tiennent en florins et kreuzers courants ou au pied de 20, c'est-à-dire à la taille de 20 au marc de Cologne.

| | Florins | Kreuzers | Pfennigs | Valeur |
|---|---|---|---|---|
| Thaler   = | 1 ½ | 90 | 360 | F. 3.89c.6 |
| Florin   = | | 60 | 240 | 2.59 .7 |
| Kreuzer  = | | | 4 | 0.03 .6 |
| Pfennig  = | | | | 0.00 .9 |

Le florin au pied de 24 (münz valuta) avec les mêmes subdivisions vaut F. 2.16c.5. 5 florins courants valent donc 6 florins au pied de 24.

Le florin et le thaler giro, qui ne servent guère que pour la cote du change d'Amsterdam et de Hambourg, valent 27 % de plus que le florin et le thaler courants (au pied de 20). Le florin giro = donc F. 3.30.

## Changes

| Amsterdam | ± 83 ¼ | florins courants | pour 100 | florins des Pays-Bas |
| Francfort S/M. | ± 99 ¾ | »            » | » 100 | »    courants |
| Gênes | ± { 51 ⅜ | soldi nuovi | » 1 | »    » |
|       | { 51 ⅝ | lire nuove | » 20 | »    » |
| Hambourg | ± 73 | florins courants | » 100 | marcs banco |
| Leipsig | ± 105 | kreuzers courants | » 1 | thaler de 14. |
| Livourne | ± 61 | soldi de Florence | » 1 | florin courant |
| Londres | ± 9 | florins 47 kreuzers courants | » 1 | livre sterling |
| Paris | ± 117 ½ | florins courants | » 300 | francs |
| Trieste | ± 77 ½ | »            » | » 100 | florins de convention |
| Vienne | ± 77 ¾ | »            » | » 100 | »            » |

## Poids

| | Stein | Livres | Onces | Loths | Quentchen | Pfennigs | Hellers | Rapports |
|---|---|---|---|---|---|---|---|---|
| Centner | 5 | 100 | 1600 | 3200 | 12800 | 51200 | 102400 | 56.— kil. |
| Stein | | 20 | 320 | 640 | 2560 | 10240 | 20480 | 11.20 » |
| Livre | | | 16 | 32 | 128 | 512 | 1024 | 560.— gr. |
| Once | | | | 2 | 8 | 32 | 64 | 35.— » |
| Loth | | | | | 4 | 16 | 32 | 17 50 » |
| Quentchen | | | | | | 4 | 8 | 4.38 » |
| Pfennig | | | | | | | 2 | 10.94 décig. |
| Heller | | | | | | | | 5.47 » |

La livre de Bavière est seule légale depuis 1811.

L'ancienne livre forte (*frohngewicht*), pour le commerce en gros = 33 ¼ loth = 491.2 grammes.

L'ancienne livre légère (*kramgewicht*), pour le commerce de détail = 2 marcs ⅝ pfennig ancien poids pour or et argent = 472.7 grammes.

La livre de douane = 500 grammes.

L'ancienne livre de Nuremberg, poids de pharmacie en usage dans presque toute l'Allemagne = 357.85 grammes; elle se divise comme la livre médicinale, qui, depuis 1811, a été fixée pour tout le royaume à 360 grammes, et dont voici les subdivisions :

| | Onces | Drachmes | Scrupules | Oboles | Grains | Rapports |
|---|---|---|---|---|---|---|
| Livre | 12 | 96 | 288 | 576 | 5760 | 360.— gram. |
| Once | | 8 | 24 | 48 | 480 | 30.— » |
| Drachme | | | 3 | 6 | 60 | 3.75 » |
| Scrupule | | | | 2 | 20 | 1.25 » |
| Obole | | | | | 10 | 0.625 » |
| Grain | | | | | | 0.625 décig. |

Le marc dit de Cologne, avec les subdivisions suivantes, est l'étalon des monnaies d'Allemagne.

| | Onces | Loths | Quentchen | Pfennig | Heller | Aesschen | Richtpf. | Rapports |
|---|---|---|---|---|---|---|---|---|
| Marc | 8 | 16 | 64 | 256 | 512 | 4352 | 65536 | 233.86 gram. |
| Once | | 2 | 8 | 32 | 64 | 544 | 8192 | 29.23 » |
| Loth | | | 4 | 16 | 32 | 272 | 4096 | 14.62 » |
| Quentchen | | | | 4 | 8 | 68 | 1024 | 36.54 décig. |
| Pfennig | | | | | 2 | 17 | 256 | 9.13 » |
| Heller | | | | | | 8½ | 128 | 4.57 » |
| Aesschen | | | | | | | 15 ¹/₁₇ | 5.37 centig. |
| Richtpfennoigtheil | | | | | | | | 0.36 » |

Le marc se divise aussi en 4020 as-ducats.

Pour l'évaluation du titre des matières d'or, le marc se divise en 24 parties appelées carats, et le carat en 12 grains; pour l'évaluation du titre de l'argent, le marc se divise en 16 loths, et le loth en 18 grains.

Le carat qui sert à peser les diamants, les perles et les pierres fines = 4 grains = 2.05537 décigrammes. Le grain se subdivise en demies, quarts, huitièmes, trente-deuxièmes et soixante-quatrièmes.

## Mesures linéaires

| | Pieds | Pouces | Lignes | Rapports |
|---|---|---|---|---|
| Ruthe ou perche | 10 | 120 | 1440 | 2.9186 mèt. |
| Pied | | 12 | 144 | 29.1859 cent. |
| Pouce | | | 12 | 24.3216 millim. |
| Ligne | | | | 2.0268 » |

On divise aussi le pied en 10 pouces à 10 lignes.
Dans la Bavière rhénane le pied est compté pour ⅓ mètre, et l'aune = 1 mèt. 20.
L'aune légale de Bavière = 2 pieds 10 ¼ pouces de Bavière = 833 millim.
L'ancienne aune de mercier = 609.5 millim.
L'ancienne aune pour toile et futaine = 592.4 millim.
L'ancien pied d'ouvrier = 296.2 millim.
La lieue d'Allemagne de 15 au degré = 7.4089 kilom.

*Mesures de superficie*

|            |   | Ruthe carrés | Pieds carrés | Rapports |
|------------|---|--------------|--------------|----------|
| Morgen     | = | 400          | 40000        | 34.0727 ares |
| Ruthe carré | = |             | 100          | 8.5182 mètres carrés |
| Pied carré | = |              |              | 851.8179 centim. carrés |

Le morgen, juchart ou tagwerk est, depuis 1809, la mesure légale de Bavière.

La *mesure de solidité* est le klafter qui = 126 pieds cubes = 3.13 stères; dans la Bavière rhénane il vaut 3.58 stères.

*Mesures de capacité pour les matières sèches*

|                   |   | Metze | Viertel | Achtel | Maeslein | Dreissiger | Rapports |     |
|-------------------|---|-------|---------|--------|----------|------------|----------|-----|
| Scheffel (légal)  | = | 6     | 12      | 48     | 96       | 192        | 222.35   | litres |
| Metze             | = |       | 2       | 8      | 16       | 32         | 37.059   | »   |
| Viertel           | = |       |         | 4      | 8        | 16         | 18.528   | »   |
| Achtel ou massel  | = |       |         |        | 2        | 4          | 4.632    | »   |
| Maesslein         | = |       |         |        |          | 2          | 2.316    | »   |
| Dreissiger        | = |       |         |        |          |            | 1.158    | »   |

Le scheffel d'avoine = 7 metzen = 259.41 lit.
L'ancien scheffel ou schaff se divisait en 8 metzen = 32 vierling = 128 viertel = 512 maessle = 205.27 litres.

*Mesures de capacité pour les liquides*

|               |   | Eimer à vin | Maaskanne | Quartel | Achtel | Rapports |     |
|---------------|---|-------------|-----------|---------|--------|----------|-----|
| Eimer à bière | = | 1 ¹/₁₅      | 64        | 256     | 512    | 68.417   | litr. |
| Eimer à vin   | = |             | 60        | 240     | 480    | 64.141   | »   |
| Maaskanne     | = |             |           | 4       | 8      | 1.069    | »   |
| Quartel       | = |             |           |         | 2      | 26.726   | centilit. |
| Achtel        | = |             |           |         |        | 13.363   | »   |

Le maaskanne ou massel, unité des mesures légales de capacité pour les liquides, est de 43 pouces cubes décimaux de Bavière.
Le foudre, ancienne mesure à vin = 8 jez = 16 mudden = 96 besons = 768 maas = 1536 seidel = 3072 quartel = 6144 achtel = 10.97 hectol.
L'ancien eimer de bière = 64 visirmaas ou pots de jauge = 72 schenkmaas ou pots de détail = 59.35 litres.

**AUTRICHE**, *voir* Vienne.

**BADE**, *voir* Carlsruhe.

**BAHIA** (BRÉSIL)

Les monnaies, poids et mesures comme à Rio-Janeiro, à l'exception des mesures de capacité suivantes :
L'alqueire = 2 ¼ alqueires de Lisbonne = 30.42 litres et pèse en riz 68 livres portugaises ou 31 kil.
La canada, pour liquides, = 5 ½ canadas de Lisbonne = 7.09 litres.
La pipe de rum = 72 canadas = 510.59 lit.
La pipe mélasse = 100 canadas = 709.15 lit.

## BALE (SUISSE)

Les *monnaies* que l'on frappe maintenant en Suisse sont des mêmes poids, titre et valeur que les monnaies françaises. Le franc se divise en 100 rappen ou centimes.

Les anciennes monnaies suisses sont :

En or, la pièce de 32 franken ou francs suisses = F. 47.63 ; la pistole de 16 franken en proportion.

En argent, le franc de Suisse, à 10 batzen ou 100 rappens = F. 1.50°.25.

On employait aussi :

| | | | | | |
|---|---|---|---|---|---|
| Le thaler.... = | 2 gulden.... = F. 4.44 | L'heller.................................. = F. 0.0046 |
| Le gulden.. = | 60 kreutzers = F. 2.22 | Le schilling = 2 ¾ kreutzer = F. 0.0889 |
| Le kreutzer = | 8 heller...... = F. 0.037 | L'albus = 2 kreutzer............ = F. 0.074 |

On compte en francs de Suisse à 10 batzen à 10 rappen, ou en livres suisses à 20 sous à 12 deniers.

Nous donnons ci-après le nouveau système de poids et mesures adopté par l'Assemblée fédérale le 23 décembre 1851 ; nous n'en donnerons pas moins, aux principales villes de la Confédération, les noms et la valeur des anciens poids et mesures locaux qui ne sont pas encore tombés en désuétude.

NOUVEAU SYSTÈME

### *Poids*

| | | Livres | Onces | Loths | Rapports |
|---|---|---|---|---|---|
| Quintal (centner) | = | 100 | 1600 | 3200 | 50.— kil. |
| Livre (pfund) | = | | 16 | 32 | 500.— gram. |
| Once (unze) | = | | | 2 | 31.25 » |
| Loth | = | | | | 15.63 » |

La nouvelle livre de pharmacie = ¾ de la livre ordinaire = 375 grammes. Mêmes subdivisions et valeurs que la nouvelle livre de pharmacie d'Augsbourg (*voir* Augsbourg).

### *Mesures linéaires*

| | | Toises | Aunes | Braches | Pieds | Pouces | Lignes | Traits | Rapports |
|---|---|---|---|---|---|---|---|---|---|
| Perche (ruthe) | = | 1 ⅔ | 2 ½ | 5 | 10 | 100 | 1000 | 10000 | 3.— mètres |
| Toise (klafter) | = | | 1 ½ | 3 | 6 | 60 | 600 | 6000 | 1.80 » |
| Aune (straab) | = | | | 2 | 4 | 40 | 400 | 4000 | 1.20 » |
| Brache (elle) | = | | | | 2 | 20 | 200 | 2000 | 0.60 » |
| Pied (fuss) | = | | | | | 10 | 100 | 1000 | 0.30 » |
| Pouce (zoll) | = | | | | | | 10 | 100 | 3.— cent. |
| Ligne (linie) | = | | | | | | | 10 | 3.— millim. |
| Trait (striche) | = | | | | | | | | 0.30 » |

La *mesure itinéraire* est la vegstunde = 16000 pieds = 4800 mètres.

La *mesure agraire* est le juchart = 40000 pieds carrés = 36 ares.

### *Mesures de capacité pour les matières sèches*

| | | Vierteln | Vierling | Masslein | Rapports |
|---|---|---|---|---|---|
| Malter | = | 10 | 40 | 160 | 150.— litres |
| Viertel ou quarteron | = | | 4 | 16 | 15.— » |
| Vierling | = | | | 4 | 3.75 » |
| Masslein | = | | | | 93.75 centil. |

On divise également le viertel en 10 emines.

### *Mesures de capacité pour les liquides*

| | | Eimer | Maas | Halben maas | Viertel maas | Halbe schoppe | Rapports |
|---|---|---|---|---|---|---|---|
| Saum ou ohm | = | 4 | 100 | 200 | 400 | 800 | 150.— litres |
| Eimer | = | | 25 | 50 | 100 | 200 | 37.50 » |
| Maas ou pot | = | | | 2 | 4 | 8 | 1.50 » |
| Halben maas | = | | | | 2 | 4 | 75.— centil. |
| Viertel maas ou schoppe | = | | | | | 2 | 37.50 » |
| Halbe schoppe | = | | | | | | 18.75 » |

### Poids

La livre se divisait en 16 onces, en 32 loth et en 128 quentchen.
Livre de commerce (livre forte)............. = 493.19 gram.
Livre d'épicier............................................ = 486.15 »
Livre pour laiton, épicerie et safran..... = 480.20 »
Livre pour argent...................................... = 467.70 »
Livre de pharmacie était égale à l'ancienne livre médicinale de France ; elle avait
les mêmes subdivisions et valait 367.1 grammes.
Marc de Cologne = 8 onces = 16 loth = 64 quentchen = 233.8 grammes.
Krone, poids pour l'or = 3.3707 grammes.

### Mesures linéaires

Ruthe ou perche = 10 pieds = 3.0454 mètres.
Pied de ville ou des champs (*stadtschuh, werkschuh*) = 12 pouces = 304.5369 mill.
Aune ordinaire ou braccio, pour rubannerie, etc., = 540 millim.
Grande aune = 1.1789 mètre.
Ancienne perche = 16 pieds = 4.8726 mètres.

### Mesures de superficie

Perche carrée = 100 pieds carrés = 9.2743 mètres carrés.
Ancienne perche carrée = 256 pieds carrés = 23.7421 mètres carrés.

### Mesures de capacité pour les matières sèches.

| | | Sacs | Grands sester | Mudde | Kœpflein | Becher | Rapports |
|---|---|---|---|---|---|---|---|
| Vierzel | = | 2 | 8 | 16 | 64 | 128 | 273.312 litres |
| Sac | = | | 4 | 8 | 32 | 64 | 136.656 » |
| Grand sester | = | | | 2 | 8 | 16 | 34.164 » |
| Mudde ou petit sester | = | | | | 4 | 8 | 17.082 » |
| Kœpflein ou küpfli | = | | | | | 2 | 4.2705 » |
| Becher | = | | | | | | 2.1352 » |

### Mesures de capacité pour les liquides.

| | | Aimen | Viertels | Alte maas | Neue maas | Rapports |
|---|---|---|---|---|---|---|
| Saum | = | 3 | 24 | 96 | 120 | 136.512 litres |
| Aime ou ohm | = | | 8 | 32 | 40 | 45.504 » |
| Viertel | = | | | 4 | 5 | 5.688 » |
| Alte maas ou vieux pot | = | | | | 1 ¼ | 1.422 » |
| Neue maas ou pot nouveau | = | | | | | 1.138 » |

L'alte maas et le neue maas se divisent chacun en quatre schoppen ou chopines.
Le maas d'huile contient 1.556 litre.
Le courtage sur les marchandises est de 1 % payable moitié par l'acheteur, moitié par le vendeur.
Les marchandises se vendent tare réelle ; cependant on a adopté pour les cotons les tares suivantes : pour ceux du Brésil 4 % ; pour ceux de Jumel et de Géorgie, sans corde, 4 % ; pour ceux de Georgie et de Louisiane avec cordes 5 % ; pour ceux des Indes orientales 6 %.

---

## BANGKOK (Royaume de Siam)

Les *monnaies* en usage à Siam sont principalement en argent et affectent la forme d'un anneau marqué de plusieurs poinçons. La menue monnaie se compose de cowries (coquillages). Voici la valeur approchée de ces monnaies.

| | | Salung | Fuang | Pai | Rapports |
|---|---|---|---|---|---|
| Tical ou bat | = | 4 | 8 | 32 | F. 3.— |
| Salung | = | | 2 | 8 | 0.75 |
| Fuang | = | | | 4 | 0.37 ½ |
| Pai | = | | | | 0.09 |

Le pai se subdivise en 32 sagas ou haricots rouges, ou bien encore en 200 biers ou coquilles.

Les piastres espagnoles sont prises, à Bangkok, en échange d'articles de cargaison, ou pour droits de tonnage, et converties par le gouvernement en monnaies courantes du pays; 4 piastres équivalent à 7 ticals; mais généralement elles n'ont cours ni dans les bazars ni dans les transactions de commerce.

Les monnaies de compte sont le tical avec ses subdivisions comme ci-dessus. On emploie aussi des composés du tical, le tael, le catty, le picul; mais nous n'avons que des données très incertaines sur leur valeur.

Les *poids* siamois sont analogues aux monnaies de ce pays. Le picul pèse environ 60 kilogrammes; il est divisé suivant les uns en 100 ticals, suivant d'autres en 80 ticals, enfin suivant d'autres encore en 50 ticals seulement; cette dernière division nous paraît la plus exacte.

*Mesures linéaires.*

| | | Roe-neug | Jod | Sen | Wouah | Ken | Sock | Keub | Niou | Rapports |
|---|---|---|---|---|---|---|---|---|---|---|
| Yote | = | 4 | 100 | 400 | 8000 | 16000 | 32000 | 64000 | 768000 | 15.20 kilom. |
| Roe-neug | = | | 25 | 100 | 2000 | 4000 | 8000 | 16000 | 192000 | 3.80 » |
| Jod ou tod | = | | | 4 | 80 | 160 | 320 | 640 | 7680 | 152.02 mètres |
| Sen | = | | | | 20 | 40 | 80 | 160 | 1920 | 38.01 » |
| Wouah ou wa | = | | | | | 2 | 4 | 8 | 96 | 1.90 » |
| Ken | = | | | | | | 2 | 4 | 48 | 95.01 centim. |
| Sok | = | | | | | | | 2 | 24 | 47.51 » |
| Keub ou kup | = | | | | | | | | 12 | 23.75 » |
| Niou | = | | | | | | | | | 1.98 » |

*Mesures de capacité.*

Il est très difficile d'évaluer les mesures de capacité. Pour mesurer les matières sèches on se sert de coques de coco dont 25 font un bucket et 80 buckets font une charretée. Pour les liquides, le bucket ne se compose que de 20 contenus de noix de coco et 100 buckets font 2 charges. Pour le riz et le sel on emploie une certaine mesure qui contient 22 piculs de riz et 25 piculs de sel.

---

## BARCELONE

Pour le nouveau système de monnaies, poids et mesures, *voir* Madrid.

On compte encore à Barcelone, ainsi que dans toute la Catalogne, par livre à 20 sous à 12 deniers. La livre catalane se divise également en 6 ⅔ réaux de plate ou 10 réaux d'ardite.

| | | Réal de Plate | Réal d'ardite | Sous | Deniers | Mallas | Valeur |
|---|---|---|---|---|---|---|---|
| Livre catalane | = | 6 ⅔ | 10 | 20 | 240 | 480 | F. 2.87c.31 |
| Réal de plate cat. | = | | 1 ½ | 3 | 36 | 72 | 0.43 .097 |
| Réal d'ardite cat. | = | | | 2 | 24 | 48 | 0.28 .731 |
| Sou catalan | = | | | | 12 | 24 | 0.14 .366 |
| Denier catalan | = | | | | | 2 | 0.01 .181 |
| Malla catalane | = | | | | | | 0.00 .591 |

8 piastres fortes d'Espagne = 15 livres catalanes.
1 quadruple d'or de 4 pistoles = 30 livres catalanes; la pistole simple en proportion.
La pièce de 5 francs est prise pour 19 réaux de veillon.

*Poids.*

| | | Quint. | Arrobes | Livres | Marcs | Onces | Quartos | Arienzos | Granos | Rapports |
|---|---|---|---|---|---|---|---|---|---|---|
| Carga | = | 3 | 12 | 312 | 468 | 3744 | 14976 | 59904 | 2156544 | 124.81 kilog. |
| Quintal | = | | 4 | 104 | 156 | 1248 | 4992 | 19968 | 718848 | 41.6 » |
| Arrobe | = | | | 26 | 39 | 312 | 1248 | 4992 | 179772 | 10.401 » |
| Livre | = | | | | 1 ½ | 12 | 48 | 192 | 6912 | 400.— gramm. |
| Marc | = | | | | | 8 | 32 | 128 | 4608 | 266.7 » |
| Once | = | | | | | | 4 | 16 | 576 | 333.375 décigr. |
| Quarto | = | | | | | | | 4 | 144 | 83.344 » |
| Arienzo | = | | | | | | | | 36 | 20.836 » |
| Grano | = | | | | | | | | | 5.788 centig. |

Les rapports que nous donnons ci-dessus pour la livre sont ceux qui ont été établis d'après les vérifications faites à Londres et à Barcelone. A la préfecture de Marseille, une livre authentique de Barcelone vérifiée avec soin en 1829 a été reconnue du poids de 401 grammes.

Le marc de Catalogne, pour peser l'or et l'argent, vaut, suivant Nelkenbrecher 268.35 grammes.

### Mesures linéaires.

| | | Varas | Palmos | Quartos | Rapports |
|---|---|---|---|---|---|
| Cana | = | 2 | 8 | 32 | 1.552 mètre. |
| Vara ou mitja cana | = | | 4 | 16 | 0.776 » |
| Palmo | = | | | 4 | 19.40 centim. |
| Quarto | = | | | | 4.85 » |

La cana employée pour mesurer les douves de chêne du royaume de Naples, de la Romagne, de la Toscane, etc., = 9 palmos = 1.746 mètre.

### Mesures de capacité pour les matières sèches.

| | | Cargas | Quarteras | Cortanes | Picotins | Rapports |
|---|---|---|---|---|---|---|
| Salma ou tonelada | = | 1 $^3/_5$ | 4 | 48 | 192 | 2.84 hectol. |
| Carga | = | | 2 ½ | 30 | 120 | 1.78 » |
| Quartera | = | | | 12 | 48 | 71.— litres |
| Cortan | = | | | | 4 | 5.92 » |
| Picotin | = | | | | | 1.48 » |

### Mesures de capacité pour les liquides.

| | | Barils | Mallals | Mitadellas | Petricons | Rapports |
|---|---|---|---|---|---|---|
| Carga ou charge | = | 4 | 8 | 128 | 512 | 120.56 litres |
| Baril | = | | 2 | 32 | 128 | 30.14 » |
| Mallal ou canter | = | | | 16 | 64 | 15.07 » |
| Mitadella ou porron | = | | | | 4 | 94.19 centil. |
| Petricon | = | | | | | 23.55 » |

La charge d'huile = 30 cortanes = 120 quarts = 480 quartas. Elle est estimée sur les lieux contenir 131 ⅓ mitadellas mesure de vin, soit 123.60 lit.

La pipe de vin = 4 charges = 32 mallals ou canters. Sa contenance varie de 63 ½ à 64 ½ cortanes. La jauge de Londres est de 100 gallons impériaux ; en France on la compte pour 60 veltes.

La pipe d'huile contient 118 ½ à 119 cortanes d'huile, ce qui lui donne à peu près la même capacité que la pipe de vin.

Le sac de cacao pèse 100 livres ; le sac de farine, 200 livres.

Les prix des marchandises sont fixés en piastres fortes à 20 réaux de veillon à 34 maravédis. Les vins, eaux-de-vie et huiles se vendent à la pipe de 4 charges. Les ventes se font soit au comptant, soit à 3 ou 4 mois avec escompte de ½ % par mois. Le courtage est de 1 % payable moitié par l'acheteur, moitié par le vendeur ; la commission de vente est de 2 % ; celle d'achat est de 2 ½ %.

---

## BATAVIA (Java, Indes Hollandaises)

Le système monétaire de Java est fondé sur le système décimal adopté par les Pays-Bas ; tous les comptes y sont tenus en guilders de Java. Le guilder est divisé en 100 parties nominales que l'on appelle cents ou duiten. L'unité de valeur est le guilder d'argent, avec ses divisions en demi-guilder ou 50 cents, et en quarts de guilder ou 25 cents.

Le guilder de Java est semblable au guilder ordinaire ou florin hollandais, avec cette seule différence que sur le revers de la pièce, au-dessous de l'écusson des armes, sont les mots : *Indes Hollandaises.*

Les monnaies de cuivre en circulation sont le duiten simple et le duiten double. 120 duiten simples font un guilder.

Des billets de banque sont émis à Java, sous le contrôle du gouvernement, par la Banque de Batavia et ses succursales de Sourabaya et de Samarang. Ils sont de deux espèces, ceux pour le numéraire en argent et ceux pour le numéraire en cuivre ; pour

le premier les billets sont de florins 1000, — 500, — 300, — 200, — 100, — 50, — 25 ;
pour le second, ils sont de florins 500, — 300, — 200, — 100, — 50, — 25, — 10 et 5.

Le gouvernement de Java a fixé le taux de l'agio entre l'argent et le cuivre à 20 %.

En mai 1844, les monnaies d'argent étaient d'une si grande rareté à Java que le guilder se payait de 140 à 150 duitens au lieu de 120, et la piastre de l'Amérique du Sud 370 à 380 au lieu de 306.

Dans les premiers mois de 1849, la monnaie de Java valait environ 12 % de moins que la monnaie de Hollande, c'est-à-dire que 8 florins de Java ne valaient que 7 florins de Hollande, ce qui donnait au florin de Java une valeur de F. 1.85.

Vers cette époque on cotait comme suit la valeur des principales monnaies étrangères :

Le souverain anglais.............................. = 13 florins 75 cents de Java.
Le florin hollandais.............................. =  1   »   10   »        »
Le guillaume de 10 florins hollandais = 11   »   60   »        »

*Poids.* Les poids commerciaux ordinairement en usage sont fondés sur les poids chinois, dans les proportions ci-après :

|              | Petit bahar | Piculs | Cattys | Taels | Rapports |
|--------------|-------------|--------|--------|-------|----------|
| Grand bahar = | 1 ½ | 4 ½ | 450 | 7200 | 277.88 kil. |
| Petit bahar = | .................... | 3 | 300 | 4800 | 185.25  » |
| Picul = | .................... | .................... | 100 | 1600 | 61.75  » |
| Catty = | .................... | .................... | .................... | 16 | 617.50 gram. |
| Tael = | .................... | .................... | .................... | ......... | 38.59  » |

Dans le commerce avec l'étranger, on emploie aussi la livre hollandaise de 2 marcs troy. La livre troy hollandaise = 492.16 gram. La livre de commerce hollandaise = 494.1 grammes.

*Mesures linéaires.* L'el (aune) ou covid = 685.8 mill. Le pied du Rhin de 12 pouces = 313.85 mill. On se sert aussi de l'aune de Brabant qui = 700 mill. et du yard anglais qui = 914 mill.

*Mesures de capacité.* Pour mesurer les grains et le riz on emploie le coyang et le picul ; la valeur du coyang est très variable :

A Batavia    le coyang se compose de 27 piculs et = 1661.07 kil.
A Samarang       »       »       28   »   et = 1722.59  »
A Sourabaya      »       »       30   »   et = 1845.63  »
A Bantam         »       »       64   »   et = 3937.34  »

Le picul = 61.52 kil. ; il se divise en 2 sacks ; 5 piculs forment 1 timbang ; 2 piculs forment 1 amat.

A Chéribon on emploie une mesure appelée tiayang qui = 20 piculs = 1230.42 k.

Pour les liquides on se sert du legger-arack = 388 kanne = 578.51 litres ; le kanne = 1.491 litre.

---

**BAVIÈRE**, *voir* Augsbourg.

---

**BELGIQUE**, *voir* Anvers et Bruxelles.

---

**BENDER-BOUCHER** (PERSE).

*Monnaies.* A Bender-Boucher (ou en anglais Bushire), les comptes se tiennent en toumans, abassis et mamoodis.

|              | Abassis | Mamoodis | Valeur |
|--------------|---------|----------|--------|
| Touman = | ............................... 50 | 100 | F. 49.00 |
| Abassi = | ............................... | 2 | 0.98 |
| Mamoodi = | ............................... | | 0.49 |

Le touman est une monnaie imaginaire, l'abassi et le mamoodi sont des monnaies réelles.

Le *poids* de commerce est le maund, et le poids pour l'or et l'argent est le miscal.

|  | | Cheki | Miscals | Drachmes | Rapports |
|---|---|---|---|---|---|
| Maund tabruze | = | 7 ⅕ | 720 | 1080 | 3.485 kil. |
| Cheki | = | | 100 | 150 | 484.055 gramm. |
| Miscal | = | | | 1 ½ | 4.841 » |
| Drachme | = | | | | 3.227 » |

Les perles se pèsent par abbas, de 14 centigrammes.

*Mesures linéaires.* Le demi-guz-shah = 508 millim. Le demi-guz-shah Bushire = 467.35 millim.

---

**BENGALE,** *voir* Calcutta.

---

## BERLIN (PRUSSE).

Les *monnaies* réelles de Prusse sont : le Frédéric d'or de 5 thalers (double et demi-Frédéric en proportion), valant F. 20. 77ᶜ. 50.

Le thaler courant, en argent (double thaler en proportion), valant F. 3. 71ᶜ 17.

Le thaler courant se divise en 30 silbergroschen ; il y a des pièces de cinq, d'un et d'un demi silbergrosche, en billon, et des pièces de 1, 2, 3 et 4 pfennigs en cuivre.

Les comptes se tiennent en thalers (écus ou rixdalers).

|  | | Gros | Pfennigs | Rapports |
|---|---|---|---|---|
| Thaler | = | 30 | 360 | F. 3.71ᶜ.17 |
| Gros ou silbergroschen | = | | 12 | 0.12 .37 |
| Pfennig | = | | | 0.01 .03 |

Le gros d'argent sert à faire les appoints, et personne n'est obligé d'en recevoir pour plus de ⅙ de thaler.

Dans les caisses publiques 100 thalers en Frédérics d'or sont toujours reçus et donnés pour 113 ⅓ thalers en argent.

### Changes.

| Amsterdam | ± 142 | thalers courᵗˢ de Prusse pour 250 florins des Pays-Bas |
|---|---|---|
| Augsbourg | ± 101 ½ | — — — 150 » de convention |
| Breslau | ± 99 ½ | — — — 100 thalers courᵗˢ de Prusse à Breslau |
| Francfort S/M. | ± 56 ½ | — — — 100 florins au pied de 24 |
| Hambourg | ± 151 — | — — — 300 marcs banco |
| Leipsig | ± 99 ¼ | — — — 100 thalers au pied de 14 |
| Londres | ± 6 — | — et 24 gros — 1 livre sterling |
| Paris | ± 79 ¼ | — de Prusse — 300 francs |
| St-Pétersbourg | ± 106 ½ | — — — 100 roubles argent |
| Vienne | ± 88 ¼ | — — — 150 florins au pied de 20 |

### Poids.

La livre légale de Prusse, ou pfund, représente depuis 1816 la 66ᵉ partie du poids d'un pied cube d'eau distillée, pesée dans le vide, à la température de 15 degrés Réaumur.

|  | | Quintaux | Stein lourd | Stein lég. | Livres | Marcs | Onces | Gros | Quentchen | Pfennigs | Hellers | Rapports |
|---|---|---|---|---|---|---|---|---|---|---|---|---|
| Charge | = | 3 | 15 | 30 | 330 | 660 | 5280 | 10560 | 42240 | 168960 | 337920 | 154.344 kil. |
| Quintal | = | | 5 | 10 | 110 | 220 | 1760 | 3520 | 14080 | 56320 | 112640 | 51.448 » |
| Stein lourd | = | | | 2 | 22 | 44 | 352 | 704 | 2816 | 11264 | 22528 | 10.290 » |
| Stein léger | = | | | | 11 | 22 | 176 | 352 | 1408 | 5632 | 11264 | 5.145 » |
| Livre | = | | | | | 2 | 16 | 32 | 128 | 512 | 1024 | 467.711 gr. |
| Marc | = | | | | | | 8 | 16 | 64 | 256 | 512 | 233.856 » |
| Once | = | | | | | | | 2 | 8 | 32 | 64 | 29.232 » |
| Gros | = | | | | | | | | 4 | 16 | 32 | 14.616 » |
| Quentchen | = | | | | | | | | | 4 | 8 | 3.654 » |
| Pfennig | = | | | | | | | | | | 2 | 91.350 centig |
| Heller | = | | | | | | | | | | | 45.675 » |

Le marc, poids légal de tout le royaume, est égal à la demi-livre poids de commerce, et se divise, suivant l'ordonnance sur les poids et mesures, en 288 grains. Nous avons donné les subdivisions du marc-étalon des monnaies d'Allemagne à l'article AUGSBOURG.

Le liespfund, poids de roulage ou de fret = 16 ½ liv. = 7. 72 kil.

L'ancienne livre de Berlin, avec les mêmes subdivisions que la nouvelle, pesait 468.5 grammes.

L'ancien liespfund = 14 livres = 6.56 kil.

Le last de navires = 4000 livres = 1870.84 kil.

Le schock de paille = 4 mandel = 60 bottes de 20 livres, et pèse 561.25 kil.

Le stein de laines = 22 livres = 10.29 kil.

### *Poids de pharmacie*

La livre de pharmacie est égale aux ¾ de la livre de commerce.

| | Onces | Drachmes | Scrupules | Oboles | Grains | Rapports | |
|---|---|---|---|---|---|---|---|
| Livre = | 12 | 96 | 288 | 576 | 5760 | 350.7832 | gram. |
| Once = | | 8 | 24 | 48 | 480 | 29.2319 | » |
| Drachme = | | | 3 | 6 | 60 | 3.6540 | » |
| Scrupule = | | | | 2 | 20 | 121.7997 | centig. |
| Obole = | | | | | 10 | 60.90 | » |
| Grain = | | | | | | 6.09 | » |

On employait autrefois la livre de Nuremberg qui vaut 357.9 grammes, et se divise comme la nouvelle livre médicinale.

### *Mesures linéaires.*

Le pied du Rhin, unité des mesures légales de Prusse, a été fixé pour tout le royaume à 139.13 lignes de Paris.

| | Pieds | Pouces | Lignes | Scrupules | Rapports | |
|---|---|---|---|---|---|---|
| Ruthe ou perche = | 12 | 144 | 1728 | 20736 | 3.7662 | mètres |
| Pied = | | 12 | 144 | 1728 | 313.8500 | millim. |
| Pouce = | | | 12 | 144 | 26.1542 | » |
| Ligne = | | | | 12 | 2.1795 | » |
| Scrupule = | | | | | 0.1816 | » |

La perche géométrique ou d'arpentage se divise en 10 pieds décimaux = 100 pouces = 1000 lignes = 10000 scrupules. 5 pieds géométriques = 6 pieds ordinaires.

L'aune légale pour tout le royanme a été fixée à 25 ½ pouces de Prusse = 666.9 millim.

Le lachter des mines = 6 ⅔ pieds ou 80 pouces = 8 achtel = 2.0920 mèt.

L'achtel se subdivise en 10 zoll, en 100 primen et en 1000 segunden.

Le faden marin (brasse) = 6 pieds = 1.883 mètre.

La lieue légale du royaume (*gesetzliche Postmeile*) de 14 ¾ au degré = 2000 ruthen ou perches = 24000 pieds = 7.5325 kilom.

La lieue géographique, de 15 au degré, = 7.4089 kilom.

L'ancienne lieue de 2700 pieds de Danzig (14.35 au degré) = 7.7459 kilom.

### *Mesures de superficie.*

| | Morgen | Perches carrées | Pieds carrés | Rapports | |
|---|---|---|---|---|---|
| Hufe = | 30 | 5400 | 777600 | 7.6597 | hectares |
| Morgen = | | 180 | 25920 | 25.5322 | ares |
| Perche carrée = | | | 144 | 14.1846 | mètres carrés. |
| Pied carré = | | | | 9.8504 | décim. carrés. |

La perche carrée se divise aussi décimalement et sans changer de valeur en 100 pieds décimaux ou géométriques.

Le grand hufe, ancienne mesure = 30 anciens morgen = 66 ⅔ morgen légaux = 12000 perches carrées = 17.0215 hectares.

L'ancien haken ou petit hufe = 2 grands morgen = 800 perches carrées

Pour l'ensemencement des terres, on compte qu'il entre dans un morgen légal de 180 perches 17 à 20 metz de pois, 18 à 22 metz de blé, 18 à 24 metz de seigle, 24 metz d'orge et 22 à 26 metz d'avoine.

### *Mesures de solidité.*

| | Rapports |
|---|---|
| Le klafter a 6 pieds de long et de haut et 3 pieds de bûche, ou 12 pieds de long, 3 de haut et 3 pieds de bûche = 108 pieds cubes.. | 3.3389 stères |
| L'achtel a 9 pieds de long, 8 de haut et { 3 pieds de bûche = 216 pieds cubes...... | 6.6778 stères |
| 5 » = 360 » .................. | 11.1297 » |
| 7 » = 504 » .................. | 15.5816 » |
| Le haufen contient 4 ½ klafter et a 18 pieds de long, 9 pieds de haut et 3 pieds de bûche = 486 pieds cubes.................... | 15.0251 » |
| La tourbe se vend aussi au haufen, que l'on divise en 60 grands paniers ou 240 petits paniers (korben). | |
| Le kummen, pour les pierres des champs (feldsteine) a 6 pieds de long sur 4 de large et 1 d'épaisseur = 24 pieds cubes ........................... . | 0.7420 » |
| Le schachtruthe ou ruthe d'architecture, employé pour les ouvrages de terrassement et de maçonnerie a 1 perche de long et de large et 1 pied d'épaisseur = 144 pieds cubes.................................................... | 4.4519 » |

### *Mesures de capacité pour les matières sèches.*

| | | Malter | Scheffel | Viertel | Metzen | Maesschen | Rapports |
|---|---|---|---|---|---|---|---|
| Winspel | = | 2 | 24 | 96 | 384 | 1536 | 13.1908 hectol. |
| Malter | = | .............. | 12 | 48 | 192 | 768 | 6.5954 » |
| Scheffel | = | ............................... | | 4 | 16 | 64 | 54.96 litres |
| Viertel | = | .................................................. | | | 4 | 16 | 13.74 » |
| Metze | = | .......................................................................... | | | | 4 | 3.435 » |
| Maesschen | = | ........................................................................................... | | | | | 0.859 » |

La capacité du scheffel légal a été fixée par la loi du 16 mai 1816 à 3072 pouces cubes.

5 scheffel de grains = 4 eimer de liquides.

Le last = 60 scheffel = 32.976 hectolitres.

Dans les magasins royaux le winspel se compte à l'entrée à 25 scheffel pour le seigle et l'orge, et à 26 scheffel pour l'avoine; on le compte à la sortie à raison de 24 scheffel, en considérant le surplus comme déchet. Sur les chemins de fer et dans le commerce en gros on donne au winspel la même évaluation que dans les magasins royaux à l'entrée.

L'ancien scheffel, dont les subdivisions étaient semblables à celles du scheffel légal, valait 51.65 litres.

La tonne vaut 4 scheffel = 219.85 litres. On s'en sert pour le sel, le plâtre et la cendre. — La tonne graine de lin = 37 ⅘ metzen = 129.39 litres.

### *Mesures de capacité pour les liquides.*

L'unité des mesures légales de capacité est le quart, qui vaut 64 pouces cubes de Prusse.

#### Pour les vins.

| | | Oxhoft | Ohm | Eimer | Anker | Quarts | Oessel | Rapports |
|---|---|---|---|---|---|---|---|---|
| Foudre | = | 4 | 6 | 12 | 24 | 720 | 1440 | 8.244 hectol. |
| Oxhoft | = | .............. | 1 ½ | 3 | 6 | 180 | 360 | 2.061 » |
| Ohm | = | ........................... | | 2 | 4 | 120 | 240 | 1.374 » |
| Eimer | = | ..................................... | | | 2 | 60 | 120 | 68.702 litres |
| Anker | = | .............................................. | | | | 30 | 60 | 34.351 » |
| Quart | = | ........................................................ | | | | | 2 | 1.145 » |
| Oessel | = | ................................................................ | | | | | | 5.725 décilit |

#### Pour la bière.

| | | Kupen | Fass | Tonnes | Aemschen | Quarts | Oessel | Rapports |
|---|---|---|---|---|---|---|---|---|
| Gebräude | = | 9 | 18 | 36 | 144 | 3600 | 7200 | 41.222 hect. |
| Kupe | = | .............. | 2 | 4 | 16 | 400 | 800 | 4.580 » |
| Fass | = | ............................... | | 2 | 8 | 200 | 400 | 2.290 » |
| Tonne | = | .................................. | | | 4 | 100 | 200 | 1.145 » |
| Aemschen | = | ................................................ | | | | 25 | 50 | 28.625 litres. |
| Quart | = | ........................................................ | | | | | 2 | 1.145 » |
| Oessel | = | ................................................................ | | | | | | 5.725 décilit. |

Le courtage de change est de 1 °/₀₀ de chaque côté; le courtage sur marchandises est de 1 % à la charge du vendeur. La commission d'achat sur les marchandises indigènes est de 1 à 2 % ; sur les marchandises coloniales de ½ %.

---

## BOMBAY.

*Monnaies.* En or, le mohur = 3 pauncheas = 15 roupies = F. 36.83. Le paunchea ou pauneha ou fanum = 5 roupies = F. 12.27. La roupie d'or = F. 2.45.

En argent, la roupie = F. 2.37ᶜ57; la demi et le quart en proportion.

En cuivre, le double pice ou fuddea = F. 0.02ᶜ48; le pice ou dogganey = F. 0.01ᶜ24; le dorea = 6 reas = F. 0.03ᶜ54; l'urdi = 4 reas — F. 0.02ᶜ36.

On compte à Bombay en roupies de la Compagnie à 4 quarts à 100 reas; la roupie = F. 2.37ᶜ57; le quart = F. 0.59ᶜ39; le rea = F. 0.0059. On compte également comme à Calcutta en roupies à 16 annas à 12 pices; l'anna = F. 0.14ᶜ85; le pice = F. 0.01ᶜ28

### Changes.

| | | | | | |
|---|---|---|---|---|---|
| Calcutta | = 107 ½ | roupies d'argent | pour | 100 | roupies sicca à Calcutta. |
| Canton | = 226 | — | — | 100 | piastres d'Espagne. |
| Londres | = 1 | shilling 11 pence | — | 1 | roupie de la Compagnie. |
| Paris | = 200 | roupies d'argent | — | 500 | francs. |

*Poids.* Les poids anglais sont d'un usage général dans la présidence de Bombay ; cependant les indigènes se servent encore de leurs poids dont voici les proportions et la valeur approchée :

| | Maund | Seers | Pices | Tanks | Rapports franç. | Rapports anglais |
|---|---|---|---|---|---|---|
| Candy = | 20 | 800 | 24000 | 57600 | 254.01 kil. | 560 liv. a. du p. |
| Maund = | | 40 | 1200 | 2880 | 12.70 » | 28 » |
| Seer = | | | 30 | 72 | 317.50 gram | 4900 grains Troy |
| Pice = | | | | 2 ²/₅ | 10.58 » | 163 » |
| Tank = | | | | | 4.41 » | 68 » |

On emploie également à Bombay les maund en usage dans les autres provinces des Indes : le maund de Surate qui = 17 kil.; le maund des comptoirs de Bengale qui = 33.87 kil.; le maund du bazar de Bengale qui = 37.25 kil.; le maund de Madras qui = 11.34 kil.; le travancore maund qui = 14.52 kil. etc., etc.

Les perles et les pierres précieuses ont à Bombay un poids réel et un poids nominal ; pour évaluer leur poids réel on se sert du tank avec les subdivisions suivantes :

| | Ruttee | Quarts | Annas | Vassas | Rapports |
|---|---|---|---|---|---|
| Tank = | 24 | 96 | 384 | 480 | 466.5025 centigr. |
| Ruttee = | | 4 | 16 | 20 | 19.4376 » |
| Quart = | | | 4 | 5 | 4.8593 » |
| Anna = | | | | 1 ¼ | 1.2142 » |
| Vassa = | | | | | 0.9719 » |

On divise également le tank en 330 tokas.

Le poids nominal est le chow que l'on divise en 4 quarts = 100 docras = 1600 buddams. Pour obtenir le poids nominal, on carre les tanks, on multiplie le produit par 330, (valeur nominale du tank qui est de 330 chows), et divisant ce dernier résultat par le nombre de perles, on a pour quotient le nombre de chows.

55 chows de Bombay sont égaux à 18 chows de Madras.

On emploie pour peser l'or et l'argent le seer avec les subdivisions suivantes :

| | Tolas | Walls | Gonzes | Chows | Rapports |
|---|---|---|---|---|---|
| Seer = | 24 | 960 | 2400 | 14400 | 278.35 grammes |
| Tola = | | 40 | 100 | 600 | 11.60 » |
| Wall = | | | 2 ½ | 15 | 2.90 décigram. |
| Gonze ou grain = | | | | 6 | 11.60 centigr. |
| Chow = | | | | | 1.93 » |

*Mesures de longueur.* Le guz se divise en 20 ou 24 tussoos, et le cubit en 14 ou 16 tussoos; le guz = 685.8 millimètres; le cubit = 457.2 millim. Ces deux mesures servent aux artisans, et aussi à mesurer les étoffes.

*Mesures de capacité pour les grains.*

|  |  | Para | Pailys | Seers | Tipprees | Rapports français | | Rapports anglais. | |
|---|---|---|---|---|---|---|---|---|---|
| Candy | = | 8 | 128 | 512 | 1024 | 164.864 | kilog. | 363.5015 | l. a. d. p. |
| Para | = | | 16 | 64 | 128 | 20.608 | » | 45.4376 | » |
| Paily ou adowli | = | | | 4 | 8 | 1.288 | » | 2.8399 | » |
| Seer | = | | | | 2 | 0.322 | » | 0.7100 | » |
| Tippree | = | | | | | 0.161 | » | 0.3550 | » |

Dans le commerce en gros le para est compté pour 17 pailys = 21.896 kil.

Le riz se vend au morah ou muddy de 25 paras qui se divise comme suit :

|  |  | Candys | Paras | Adowli | Seers | Tipprees | Rapports |
|---|---|---|---|---|---|---|---|
| Morah | = | 4 | 25 | 500 | 3750 | 7500 | 391.79 kil. |
| Candy | = | | 6¼ | 125 | 937 ½ | 1875 | 97.95 » |
| Para | = | | | 20 | 150 | 300 | 15.67 » |
| Adowli ou Paily | = | | | | 7 ½ | 15 | 783.58 gram. |
| Seer | = | | | | | 2 | 104.47 » |
| Tippree | = | | | | | | 52.23 » |

Suivant Doursther, le morah de riz ne vaut que 222.24 kil.

Le sel se vend au para ou basket ou korbe qui dans ce cas a les multiples et sous-multiples suivants :

|  |  | Annas | Paras | Adowlis | Rapports français | | | Rapports anglais | |
|---|---|---|---|---|---|---|---|---|---|
| Rash | = | 16 | 1600 | 16800 | 421.50 hectol. ou 40638 | | kil. | 40 | tonneaux |
| Anna | = | | 100 | 1050 | 26.34 » | 2540 | » | 2½ | » |
| Para | = | | | 10 ½ | 26.34 litres | 25.40 | » | 6 | gallons |
| Adowli | = | 3 ½ à 4 seers | | | 2.51 » | 2.42 | » | 4.57 | pintes |

Pour mesurer les liquides on se sert de l'ancien wine gallon anglais qui vaut 3.7852 litres. Pour les spiritueux on emploie le maund qui = 50 seers = 3000 roupies = 34.793 kil.

Voici les conditions auxquelles se vendent à Bombay les principaux produits du pays.

| | | | | | |
|---|---|---|---|---|---|
| Coton | par candy de | 7 | quintaux anglais | = 355.578 | kil. |
| Café | par maund de | 41.06 | livres anglaises | = 18.622 | » |
| Indigo | — | 46 | » » | = 20.863 | » |
| Sucre | — | 38 ¼ | » » | = 17.348 | » |
| Ivoire | — | 37 ½ | » » | = 17.008 | » |
| Gomme | par quintal de | 112 | » » | = 50.797 | » |
| Nacre | — | 112 | » » | = 50.797 | » |
| Graines oléagineuses | — | 112 | » » | = 50.797 | » |
| Chanvre | par candy de | 588 | » » | = 266.684 | » |
| Poivre de Butcollah | — | 588 | » » | = 266.684 | » |
| Poivre d'Aleppy | — | 500 | » » | = 226.772 | » |
| Poivre de Tellichery | — | 640 | » » | = 290.268 | » |
| Laine | — | 588 | » » | = 266.684 | » |
| Safranum | par maund de | 37 ½ | » » | = 17.008 | » |
| Riz | par sac de 6 maunds soit | 168 | » » | = 76.200 | » |

La toile et quelques autres articles se vendent par corge de 20 pièces.

La commission de vente ou d'achat sur les pierres précieuses, les perles, les navires et l'opium est de 2 ½ % ; sur les autres marchandises elle est de 5 % ; dans les cas d'échanges de marchandises, la commission sur la valeur totale n'est que de 3 ¾ %.

---

## BRÊME.

*Monnaies.* Le Louis d'or ou Frédérick d'or, ou encore pistole d'or, de 5 thalers = F. 20.85. Le thaler de 72 gros = F. 4.17 ; il y a des pièces d'argent de ½ ⅙ ¹/₁₂ ¹/₇₂ thaler. Le gros se divise en 5 schwaren ; on frappe des pièces de cuivre de 2 ½ et de 1 scharen. Les paiements s'effectuent en or et l'argent n'est reçu que pour l'appoint.

Les comptes se tiennent en thalers à 72 gros à 5 schwaren ; le thaler = F. 4.16°94 ; le grot = F. 0.05°79 ; le schware = F. 0.01°16.

### *Changes.*

| | | | | | |
|---|---|---|---|---|---|
| Amsterdam ...... | ± 128 ½ thalers | en louis d'or | ..................... | pour 250 | florins de Hollande |
| Anvers .. ........... | ± 22 ⅖ — | — | ..................... | — 100 | francs |
| Augsbourg... ..... | ± 108 ¼ — | courants | ..................... | — 100 | thalers en louis d'or |
| Berlin................ | ± 111 ½ — | — | ..................... | — 100 | — — |
| Breslau........... | ± 111 ¾ — | — | ..................... | — 100 | — — |
| Francfort S/M. | ± 106 ¼ — | de change | ..................... | — 100 | — — |
| Hambourg........ | ± 136 ½ — | en louis d'or | ..................... | — 300 | marcs banco |
| Leipsig ... ......... | ± 111 ¼ — | au pied de 14 | ..................... | — 100 | thalers en louis d'or |
| Londres ............ | ± 620 — — | en louis d'or | ..................... | — 100 | livres sterling |
| Paris................. | ± 17 ⅞ groten | en louis d'or | ..................... | — 1 | franc |
| Vienne ............. | ± 127 — thalers | de convention | ..................... | — 100 | thalers en louis d'or |

### *Poids.*

| | | Marcs | Onces | Loths | Quentchen | Orts | Rapports |
|---|---|---|---|---|---|---|---|
| Livre de comm. | = | 2 | 16 | 32 | 128 | 512 | 498.2506 gram. |
| Marc | = | | 8 | 16 | 64 | 256 | 249.1253 » |
| Once | = | | | 2 | 8 | 32 | 31.1407 » |
| Loth | = | | | | 4 | 16 | 15.5704 » |
| Quentchen | = | | | | | 4 | 3.8926 » |
| Ort | = | | | | | | 97.3146 centig. |

Liespfund = 14 livres = 6.98 kil.
Centner ou quintal = 116 livres = 57.80 kil.
Schiffpfund = 2 ½ quintaux = 20 liespfund = 290 liv. de commerce = 144.49 kil.
Frachtpfund ou pfundschwer = 22 liespfund = 300 liv. de commerce = 149.48 kil.
On le compte dans le roulage pour 308 livres = 153.46 kil.
Tonneau = 2000 livres = 996.50 kil.
Schifflast = 2 tonneaux = 4000 livres.
Wage de fer = 120 liv. de commerce = 59.79 kil.
Stein de lin = 20 liv. de commerce = 9.97 kil.
Stein de laine ou de plume = 10 liv. de commerce = 4.98 kil.
Tonne grande mesure, *bucket band, gross band* pèse 300 livres.
Tonne petite mesure, *schmal band*, pèse 220 liv.
Dans le commerce de gros, la plupart des marchandises se vendent par 100 livres.

La livre, poids de détail ou de merciers est de 6 % plus légère que la livre de commerce; ainsi 100 livres poids de commerce = 106 liv. poids de mercier; elle se divise en 32 loth à 4 quentchen et n'est permise que pour le commerce de détail.

Les poids employés pour peser l'or et l'argent et les poids de pharmacie sont ceux que nous avons donnés à l'article *Augsbourg*.

Depuis le 1er Juillet 1858, les villes de Brême et de Hambourg, le Hanovre, le Brunswick, le Schaumbourg-Lippe et l'Oldembourg ont mis en vigueur un poids commun basé sur le système décimal, et dont voici les subdivisions.

| | | Neuloths | Quentchen | Demi-grammes | Rapports |
|---|---|---|---|---|---|
| Neupflund ou livre nouvelle | = | 10 | 100 | 1000 | 800 grammes |
| Neuloth | = | | 10 | 100 | 80 » |
| Quentchen | = | | | 10 | 8 » |
| Demi-gramme | = | | | | 0.8 » |

La nouvelle livre se divise également en quarts et en huitièmes. Le centner nouveau = 100 livres nouvelles = 80 kil.

### *Mesures linéaires.*

| | | Toises | Aunes | Pieds | Pouces | Lignes | Rapports |
|---|---|---|---|---|---|---|---|
| Perche ou ruthe | = | 2 ⅔ | 8 | 16 | 192 | 1920 | 4.627 mèt. |
| Toise ou klafter | = | | 3 | 6 | 72 | 720 | 1.735 » |
| Aune | = | | | 2 | 24 | 240 | 578.395 millim. |
| Pied | = | | | | 12 | 120 | 289.192 » |
| Pouce | = | | | | | 10 | 24.099 » |
| Ligne | = | | | | | | 2.410 » |

Le pied se divise aussi en 10 pouces à 10 lignes, et la perche se compte à 18 et à 20 pieds pour les travaux de terrassement.

### Mesures de superficie.

| | Klafters carr. | Aunes carr. | Pieds carrés | Pouces carrés | Rapports |
|---|---|---|---|---|---|
| Ruthe carré = | ........ 7 $^1/_9$ | 64 | 256 | 36864 | 21.4106 mèt. car. |
| Klafter carré = | | 9 | 36 | 5184 | 3.0109 » |
| Aune carrée = | | | 4 | 576 | 33.4540 décim. c. |
| Pied carré = | | | | 144 | 8.3635 » |
| Pouce carré = | | | | | 5.8080 cent. c. |

Le morgen = 120 ruthes carrés = 25.6927 ares.

### Mesures de solidité.

Le pied cube = 1728 pouces cubes = 24.187035 décimètres cubes.
Le bois à brûler se mesure au faden de 6 pieds de long et de haut
sur $\begin{cases} 2 \text{ pieds de bûche} = 73 \text{ pieds cubes} = 1.7415 \text{ stère.} \\ 2 \text{ } \frac{1}{6} \text{ pieds de bûche} = 78 \text{ pieds cubes} = 1.8866 \text{ stère.} \end{cases}$
Le reep ou reif de bois rend 1 à 2 faden, il se mesure circulairement avec une chaîne de 17 ½ pieds de long, le bois ayant 4 ½, 5 ou 6 pieds de long.

### Mesures de capacité pour les matières sèches.

| | Last | Scheffel | Viertel | Spint | Rapports |
|---|---|---|---|---|---|
| Last = | 4 | 40 | 160 | 640 | 29.627 hectol. |
| Quart = | | 10 | 40 | 160 | 7.407 » |
| Scheffel = | | | 4 | 16 | 74.068 litres |
| Viertel = | | | | 4 | 18.517 » |
| Spint = | | | | | 4.629 » |

Le scheffel contient 104 liv. d'orge.
Le braumalz = 45 scheffels = 33.33 hectol.
La tonne de sel = 3 ⅓ scheffels = 246.89 litres.

### Mesures de capacité pour les liquides.

| | Ahm | Anker | Viertel | Stübchen | Quarts | Mingel | Rapports |
|---|---|---|---|---|---|---|---|
| Oxhoft = | 1 ½ | 6 | 30 | 67 ½ | 270 | 1080 | 217.21 litres |
| Ahm ou Ohm = | | 4 | 20 | 45 | 180 | 720 | 144.81 » |
| Anker = | | | 5 | 11 ¼ | 45 | 180 | 36.20 » |
| Viertel = | | | | 2 ¼ | 9 | 36 | 7.24 » |
| Stübchen = | | | | | 4 | 16 | 3.21 » |
| Quart = | | | | | | 4 | 8.02 décilitres |
| Mingel = | | | | | | | 2.— » |

Le fuder de vin du Rhin = 6 ahm = 8.689 hectol.
La tonne = 48 stübchen = 154.46 litres; la demi-tonne et le quart de tonne en proportion; le stübchen = 3.22 litres.
L'huile fine se vend généralement aux 100 livres; les autres huiles, et particulièrement celle de baleine, se vendent à l'oxhoft de 2 tonnes = 215.352 kil.; la tonne = 6 stech-kannen = 216 livres = 107.68 kil.; le stechkan = 16 mengels = 17.94 kil.; le mengel = 1.12 kil.
La commission d'achat est de 1 ½ %; la commission de vente de 2 %; le courtage de ¼ % de chaque côté.

---

**BRÉSIL,** *voir* Bahia, Pernambuco et Rio.

---

## BRUXELLES (BELGIQUE.)

Le système métrique français avec les dénominations françaises est obligatoire dans toute la Belgique.

#### ANCIEN SYSTÈME.

Pour les anciennes *monnaies, voir* Anvers.

### Poids

| | | Quarterons | Onces | Satins | Gros | Grains | Rapports. |
|---|---|---|---|---|---|---|---|
| Livre de commerce ou de mercier . | = | 4 | 16 | 64 | 128 | 9216 | 467.67 grammes. |
| Quarteron. . . | = | ............ | 4 | 16 | 32 | 2304 | 116.92 » |
| Once. . . . . | = | ........................... | | 4 | 8 | 576 | 29.23 » |
| Satin. . . . . | = | ..................................... | | | 2 | 144 | 7.31 » |
| Gros. . . . | = | ............................................................ | | | | 72 | 3.65 » |
| Grain . . . . | = | ............................................................................ | | | | | 0.05 » |

La livre, poids de marc ou d'orfèvre, pour peser l'or et l'argent, était égale à la livre Troy de Hollande et se divisait en 2 marcs = 16 onces = 320 esterlins = 1280 felins = 10246 as = 492.16 grammes.

### Mesures linéaires.

Pied = 11 pouces = 88 lignes = 275.75 millimètres.
Pouce = 8 lignes = 25.07 millimètres.
Ligne = 3.13 millimètres.

### Mesures de capacité pour le blé.

| | | Halsters | Viertels | Demi-quartiers | Picotins | Geltes | Molstervat | Pots | Rapports. |
|---|---|---|---|---|---|---|---|---|---|
| Rasière | = | 2 | 4 | 8 | 16 | 18 | 20 | 72 | 48.76 litres. |
| Halster | = | .......... | 2 | 4 | 8 | 9 | 10 | 36 | 24.38 » |
| Viertel ou quart | = | ..................... | | 2 | 4 | 4 $^1/_2$ | 5 | 18 | 12.190 » |
| Demi-quartier | = | ...................................... | | | 2 | 2 $^1/_4$ | 2 $^1/_2$ | 9 | 6.095 » |
| Picotin | = | ................................................. | | | | 1 $^1/_8$ | 1 $^1/_4$ | 4 $^1/_2$ | 3.047 » |
| Gelte ou lot | = | ....................................................... | | | | | 1 $^1/_9$ | 4 | 2.7088 » |
| Molstervat | = | ............................................................. | | | | | | 3 $^3/_5$ | 2.4379 » |
| Pot wallon | = | ................................................................... | | | | | | | 0.6772 » |

La rasière d'avoine contient un lot ou gelte de plus, et se divise en 16 picotins = 19 geltes = 76 pots wallons = 51.47 litres.

La rasière de sel = 9 geltes = 36 pots wallons = 24.38 litres.

La rasière de drèche = 19 ½ geltes = 78 pots wallons = 52.82 litres.

### Mesures de capacité pour les vins et les huiles.

| | | Aimes | Schreef | Geltes | Pots | Pintes | Uperkens | Onces | Rapports |
|---|---|---|---|---|---|---|---|---|---|
| Foudre | = | 6 | 144 | 288 | 576 | 1152 | 2304 | 36864 | 7.8 hect. |
| Aime | = | ......... | 24 | 48 | 96 | 192 | 384 | 6144 | 1.3002 » |
| Schreef | = | ........................ | | 2 | 4 | 8 | 16 | 256 | 5.4176 litres. |
| Gelte | = | ........................................ | | | 2 | 4 | 8 | 128 | 2.7088 » |
| Pot | = | ................................................. | | | | 2 | 4 | 64 | 1.3544 » |
| Pinte ou pot wallon | = | ......................................................... | | | | | 2 | 32 | 67.72 centil. |
| Uperken | = | ................................................................... | | | | | | 16 | 33.86 » |
| Once | = | ......................................................................... | | | | | | | 2.116 » |

L'aime de bière a la même valeur que celle de vin ; mais elle se divise en 50 stoop = 100 pots à bière = 200 pintes = 1600 verres.

L'aime d'huile se compte assez généralement dans le commerce pour 131 litres.

---

## BUENOS-AYRES (Confédération argentine.)

*Monnaies.* En or, l'once ou doublon, ou encore quadruple, valant 16 piastres = F. 81.56. Les doublons nationaux ou onzas patrios ont une valeur un peu moindre.

En argent, la piastre forte ou à effigie = F. 5.40 ; la piastre à 8 réaux de cuivre (peso macuquino) = F. 2.16. En cuivre, le réal = F. 0.27.

Une loi du 1er Octobre 1860 a fixé comme suit la valeur des principales monnaies étrangères :

« Art. 1er. — Sont déclarées de cours légal, dans la Confédération, les monnaies d'or étrangères ci-après désignées, moyennant la valeur à elles attribuées, savoir :

| | Piast. d'Arg. |
|---|---|
| L'once des républiques Hispano-Américaines, du poids de 27 grains, et au titre de 875 millièmes de fin, pour........................................ | 17 » |

Piast. d'Arg.

La pièce de 20,000 reis du Brésil, pesant 17 grains 926, au titre de 916
   millièmes 2/3................................................................................................................. 11 70
L'aigle des États-Unis, pesant 16 grains 717, et au titre de 900 mil-
   lièmes.................................................................................................................................. 10 70
Le condor du Chili, pesant 15 grains 253, et au titre de 900 millièmes ..   9 75
Le souverain anglais (livre sterling), pesant 7 grains 981, et au titre de
   917 millièmes................................................................................................................. 5 35
Le napoléon français de 20 francs, pesant 6 grains 451, et au titre de
   900 millièmes................................................................................................................. 4 12 ½

» Toutes ces pièces, soit doubles, soit dans leurs subdivisions, seront reçues pour la valeur relative.

» Art. 2. — Les obligations contractées à partir de la promulgation de la présente loi pourront être soldées avec toutes celles des monnaies désignées à l'article précédent.

» Art. 3. — L'obligation de recevoir en paiement la monnaie nationale d'argent est limitée, à l'égard des particuliers, à une quantité qui n'excédera pas 17 piastres. Pour le gouvernement, cette obligation de la recevoir est illimitée. »

D'après ce tableau, la valeur de la piastre d'or ne serait que de F. 4.85. Une loi du 23 juillet 1857 avait fixé cette valeur à F. 5.09.

La Confédération Argentine est inondée de papier-monnaie qui a cours forcé, et subit une dépréciation considérable; la valeur de la piastre-papier n'est guère que de F. 0.25.

On compte en piastres à 8 réaux de plate = F. 4.20; le réal de plate se divise en 2 medios de 2 cuartillos, ou en 10 decimos. Plus généralement on divise la piastre en 100 cents ou centièmes.

Depuis 1856, le système décimal est officiellement en usage dans la Confédération Argentine. Voici toutefois les anciens poids et mesures :

*Poids.* La livre en usage dans la Confédération Argentine est un peu plus légère que la livre de Castille; elle ne vaut que 459.37 grammes et se subdivise comme elle.
   Pour l'or et l'argent le marc se compose de 50 castellanos; le castellano = 4.5937 grammes.
   Le quintal de 4 arrobes ou de 100 livres est compté pour 46 kil. La tonne est de 20 quintaux.
   La pesada de cuirs salés = 60 livres = 27.6 kil.
   La pesada de cuirs secs = 35 livres = 16.1 kil.

*Mesures de longueur.* Brasse de 2 vares = 1.73 mètre; vare de 3 pieds ou de 4 palmes = 0.87 mètre; pied de 12 pouces de 12 lignes de 12 points = 0.2887 mètre.

*Mesures de capacité.* Pour les matières sèches : le last de 2 tonneaux ou de 15 fanegas = 2.058 hect. La fanega de 4 cuartillas = 137 litres.
   Pour les liquides : le frasco de 2 medios = 2.38 litres. Le baril de 4 canecas ou de 32 frascos = 76 litres. La pipe contient 6 barils.

Le courtage de vente est à Buenos-Ayres de ½ %; le courtage d'achat de 1 %.

---

## CADIX (Espagne.)

Le système décimal ayant été adopté en Espagne en 1859, nous n'indiquerons ici que quelques mesures locales qui ne sont pas encore tombées en désuétude.

Les comptes se tiennent en réaux de plate antigua à 34 maravedis de plate ; ou bien en réaux divisés en 16 ochavos à 2 cuartos; ou bien encore en réaux divisés en 8 parties.

On compte également en réaux de vellon à 34 maravedis ou à 8 ½ cuartos.

1 réal de plate antigua = 1 15/19 réal de vellon = 64 maravedis de vellon = F. 0.50,70.

1 réal de vellon = F. 0.26,93.

1 piastre forte = 10 5/8 réaux de plate = F. 5.43.

1 ducat de change = 11 1/34 réaux de plate = 20 sueldos = F. 5.59.

## Poids.

| | Qx. ord. | Arrobas | Livres | Mares | Onzas | Adarmes | Granos | Rapports. |
|---|---|---|---|---|---|---|---|---|
| Quintal macho = | 1 ½ | 6 | 150 | 300 | 2400 | 38400 | 1382400 | 69.07 kil. |
| Quintal ordin. = | | 4 | 100 | 200 | 1600 | 25600 | 921600 | 46.05 » |
| Arroba = | | | 25 | 50 | 400 | 6400 | 230400 | 11.51 » |
| Livre de Castille = | | | | 2 | 16 | 256 | 9216 | 460.5 gr. |
| Marc = | | | | | 8 | 128 | 4608 | 230.25 » |
| Onza = | | | | | | 16 | 576 | 28.78 » |
| Adarme = | | | | | | | 36 | 179.883 c'gr. |
| Grano = | | | | | | | | 4.997 » |

## Mesures linéaires.

| | Codos | Palmos | Octavas | Avas | Rapports |
|---|---|---|---|---|---|
| Vara = | 2 | 4 | 8 | 16 | 835.— millim. |
| Codo = | | 2 | 4 | 8 | 417.5 » |
| Palmo = | | | 2 | 4 | 208.75 » |
| Octava = | | | | 2 | 104.375 » |
| Ava = | | | | | 54.188 » |

On divise aussi la vara en 3 pieds de Burgos = 36 pouces = 48 doigts = 432 lignes.

## Mesures de capacité pour les matières sèches.

| | Fanegas | Almudes | Medios | Quartillos | Raciones | Rapports |
|---|---|---|---|---|---|---|
| Cahiz = | 12 | 144 | 288 | 576 | 2304 | 657.6 litres. |
| Fanega = | | 12 | 24 | 48 | 192 | 54.8 » |
| Almud ou celemine = | | | 2 | 4 | 16 | 4.567 » |
| Medio = | | | | 2 | 8 | 2.283 » |
| Quartillo = | | | | | 4 | 1.142 » |
| Racion = | | | | | | 28.542 centil. |

## Mesures de capacité pour les vins.

| | Pipe | Cantaras | Quartillas | Azumbres | Quartillos | Copas | Rapports |
|---|---|---|---|---|---|---|---|
| Botte = | 1 ⅑ | 30 | 120 | 240 | 960 | 3840 | 484.11 litres. |
| Pipe = | | 27 | 108 | 216 | 864 | 3456 | 435.699 » |
| Cantara ou arroba mayor = | | | 4 | 8 | 32 | 128 | 16.137 » |
| Quartilla = | | | | 2 | 8 | 32 | 4.034 » |
| Azumbre = | | | | | 4 | 16 | 2.017 » |
| Quartillo = | | | | | | 4 | 5.043 décil. |
| Copa = | | | | | | | 12.607 centil. |

## Mesures de capacité pour l'huile.

| | Arroba menor | Quartillas | Panillas | Onzas | Equival. en poids | Rapports |
|---|---|---|---|---|---|---|
| Pipe = | 34 | 136 | 3400 | 13600 | 850 livres. | 427.19 lit. |
| Arroba menor = | | 4 | 100 | 400 | 25 » | 12 564 » |
| Quartilla = | | | 25 | 100 | 6 ¼ » | 3.141 » |
| Panilla ou cuarteron = | | | | 4 | ¼ » | 0.126 » |
| Onza = | | | | | 1/16 » | 0.032 » |

L'arroba mayor contient 35 livres d'eau distillée, et l'arroba menor 27 ¼ livres.

---

**CAIRE** (Egypte), *voir* Alexandrie.

---

**CALCUTTA** (Bengale.)

### Monnaies.

Les monnaies d'or sont le vieux mohur de Calcutta, le nouveau mohur et la roupie d'or de Madras, avec des demies et des quarts de mohur dans une exacte proportion avec la pièce entière.

Les monnaies d'argent sont les roupies sicca et les roupies de la Compagnie, avec leurs demies et quarts.

Les monnaies de cuivre sont le demi-anna, le pice ou pysa égal à 3 pies, et le pie.

La monnaie légale est en argent; l'unité est la roupie de la Compagnie qui pèse 180 grains troy = 11.663 gr., au titre de 917 millièmes, soit F. 2.37,57. L'or n'a pas cours forcé.

Voici le tableau des principales monnaies en circulation dans l'Inde anglaise :

|  |  | Valeur réelle | Poids | Titre |
|---|---|---|---|---|
| En or........ : | Mohur d'or ou roupie d'or de Calcutta (1818) de 16 roupies sicca | 41.88 | 13.26 | 917 |
|  | Mohur d'or ou roupie d'or de la Compagnie (1835) de 15 roupies argent | 36.82 | 11.66 | 917 |
|  | Mohur d'or ou roupie d'or de Seringapatam | 40.58 | 13.74 | 858 |
|  | Mohur du 19$^{me}$ soleil (19$^{me}$ année) du grand Mogol | 42.29 | 12.37 | 993 |
| En argent : | Roupie sicca de Calcutta (1818) de 16 annas sicca | 2.53 | 12.43 | 917 |
|  | Roupie de Benarès (1818) | 2.43 | 11.34 | 965 |
|  | Roupie de Madras | 2.38 | 11.66 | 917 |
|  | Roupie de la Compagnie (1835) de 16 annas | 2.38 | 11.66 | 917 |

On divise la roupie de la Compagnie, comme la roupie sicca, en 16 annas et en 192 pices. Le pice est une petite monnaie de cuivre qui vaut F. 0. 01,28.

Pour déterminer le rapport des différentes roupies entre elles, on a adopté un étalon imaginaire appelé roupie courante, dont un règlement a fixé, comme suit, la comparaison avec les monnaies en circulation :

|  |  |  |  |
|---|---|---|---|
| 100 roupies sicca | de Calcutta | = 116 roupies courantes. |
| 100 » | Sonaut ou de Surat.. | = 111 | » |
| 100 » | Bombay | = 110 | » |
| 100 » | Arcot | = 108 | » |

*Monnaie de compte.* On compte en roupies de la Compagnie des Indes à 16 annas, à 12 pices = F. 2. 37,57. Lorsqu'il s'agit de fortes sommes, on se sert du lac de roupies qui vaut 100,000 roupies, et du crore qui vaut 100 lacs ou 10 millions de roupies.

Dans les comptes, les sommes sont portées en lacs et en crores et ainsi divisées : 1,00,000 pour un lac, et 1,00,00,000 pour un crore.

Dans les bazars on emploie quelquefois les cowries ou coquillages pour de petits paiements ; mais ces cowries sont presque entièrement remplacés par les monnaies de cuivre. Les indigènes comptent ainsi qu'il suit, dans le commerce de détail :

|  |  | Annas | Puns | Gundas | Cowries |  |
|---|---|---|---|---|---|---|
| Cahun | = | 4 | 32 | 640 | 2560 | Ces taux ont varié il y a quelques |
| Anna | = | | 8 | 160 | 640 | années ; 5 puns faisaient un anna. |
| Pun | = | | | 20 | 80 | Le cahun = environ ¼ de roupie. |
| Gunda | = | | | | 4 | |

Le prix de la roupie sicca à la monnaie de Londres est de F. 2.53 environ, et celui de la roupie Turrukhabad d'environ F. 2.50.

### Changes.

| Bombay | ± 92 | roupies sicca | pour 100 roupies d'argent à Bombay. |
|---|---|---|---|
| Madras | ± 95½ | — | — 100 — à Madras. |
| Londres { | ± 28 | pence sterling | — 1 roupie sicca. |
| { ou ± 10 | roupies sicca | — 1 livre sterling. |
| Paris { | ± 113 | roupies sicca | — 300 francs. |
| { ou ± 2 | francs 47 centimes | — 1 roupie sicca. |

### Poids.

On emploie à Calcutta deux sortes de poids, les poids de bazar, usités dans les transactions locales, et les poids de factoreries, usités dans les relations internationales.

Voici les subdivisions du maund des factoreries.

| | Pusseres | Seers | Chitaks | Tolas | Mashas | Ruttees | Dhans | Rapports. |
|---|---|---|---|---|---|---|---|---|
| Factory maund = | 8 | 40 | 640 | 3200 | 38400 | 307200 | 1228800 | 33.865 kil. |
| Pussere = | | 5 | 80 | 400 | 4800 | 38400 | 153600 | 4.233 » |
| Seer = | | | 16 | 80 | 960 | 7680 | 30720 | 846.5 gram. |
| Chitak = | | | | 5 | 60 | 480 | 1920 | 52.92 » |
| Tola ou sicca weight = | | | | | 12 | 96 | 384 | 10.585 » |
| Masha = | | | | | | 8 | 32 | 88.167 centig |
| Ruttee = | | | | | | | 4 | 11.021 » |
| Dhan = | | | | | | | | 2.755 » |

Le bazar maund vaut environ 10 % de plus, soit = 37.251 kil., et le tola = 11.664 grammes.

| | | |
|---|---|---|
| 1 seer bazar de Calcutta .......... = | 80 | sicca weights |
| 1 seer de Sérampore.................. = | 60 | » |
| 1 seer de Hooghly ..................... = | 82 | » |
| 1 seer de Benarès....................... = | 84 | » |
| 1 seer Lucknow........................... = | 96 | » |
| 1 seer de Mirzapoor.................... = | 84 | » |
| 1 seer d'Allahabad...................... = | 96 | » |
| 1 seer de factorerie de Calcutta = | 72 | sicca weights 11 annas 2 puns |

10 gundas 2.76 cowries.

Le maund, le seer et le chitak sont les seuls poids employés dans les livraisons de marchandises.

On emploie le masha et ses subdivisions pour peser les métaux précieux et pour constater leur titre; l'or pur et l'argent doivent avoir 12 mashas de finesse.

*Échelle comparative des Poids.*

| | | Bazar maund | Factory maund | Cwt. anglais | Livres anglaises |
|---|---|---|---|---|---|
| 1 cwt. anglais | = | 1.364 | 1.500 | 1.— | 112.— |
| 1 bazar maund | = | 1.— | 1.100 | 0.733 | 82.133 |
| 1 factory maund | = | 0.999 | 1.— | 0.667 | 74.667 |
| 1 tonneau anglais | = | 27.272 | 30.— | 20.— | 2240.— |
| 100 kilog. | = | 2.684 | 2.953 | 1.969 | 220.486 |

| | | Tonneau anglais | Kilogr. | Maund de Madras | Maund de Bombay |
|---|---|---|---|---|---|
| 1 cwt. anglais | = | 0.050 | 50.800 | 4.480 | 4.— |
| 1 bazar maund | = | 0.0366 | 37.251 | 3.285 | 2.933 |
| 1 factory maund | = | 0.0333 | 33.865 | 2.986 | 2.667 |
| 1 tonneau anglais | = | 1.— | 1015.940 | 89.600 | 80.— |
| 100 kilog. | = | 0.098 | 100.— | 8.818 | 7.875 |

*Mesures linéaires.*

| | | Hants | Spans | Moots | Ungulees | Jows | Rapports |
|---|---|---|---|---|---|---|---|
| Fathom ou toise = | | 4 | 8 | 24 | 96 | 288 | 182.8767 centim. |
| Hant ou cubit = | | | 2 | 6 | 24 | 72 | 45.7192 » |
| Span = | | | | 3 | 12 | 36 | 228.5959 millim. |
| Moot = | | | | | 4 | 12 | 76.1986 » |
| Ungulee = | | | | | | 3 | 19.0497 » |
| Jow = | | | | | | | 6.3499 » |

Les étoffes se mesurent au hant ou coudée qui se divise en 8 gherias. Le gheria = 3 ungulees, et l'ungulee ou largeur de doigt = 3 jorbes ou jows. On se sert aussi du guz de 2 hants, qui correspond au yard anglais = 914.38 millim.

Le coss ou mille est une mesure itinéraire très variable : à Calcutta, il = 1000 fathoms ou 4000 hants = 1.829 kilom. A Seringapatam, il = 5.867 kilom.

*Mesures de superficie.*

| | | Cottahs | Chitacks | Hants carrés | Rapports |
|---|---|---|---|---|---|
| Biggah = | | 20 | 320 | 6400 | 13.3776 ares. |
| Cottah = | | | 16 | 320 | 66.8878 mètres carrés. |
| Chitack = | | | | 20 | 418.0485 décim. carrés. |
| Hant carré = | | | | | 20.9024 » |

### Mesures de capacité pour les matières sèches.

| | Soallees | Maunds | Pallees | Raiks | Konkees | Chitacks | Rapports. |
|---|---|---|---|---|---|---|---|
| Khahoon = | 16 | 40 | 320 | 1280 | 5120 | 25600 | 1354.56 kilogr. |
| Soallee = | | 2 ½ | 20 | 80 | 320 | 1600 | 84.66  » |
| Maund = | | | 8 | 32 | 128 | 640 | 33.86  » |
| Pallee = | | | | 4 | 16 | 80 | 4.23  » |
| Raik = | | | | | 4 | 20 | 1.058  » |
| Konkee = | | | | | | 5 | 264.57 gram. |
| Chitack = | | | | | | | 52.913  » |

Le khaboon équivaut à environ 17.45 hectolitres ou 6 quarters anglais.
Le maund équivaut à environ 43.62 litres ou 1 ⅛ bushel impérial.

### Mesures de capacité pour les liquides.

| | Pussarees | Seers | Pouahs | Chitacks | Siccas | Rapports en poids |
|---|---|---|---|---|---|---|
| Maund = | 8 | 40 | 160 | 640 | 3200 | 37.248 kilogr. |
| Pussaree = | | 5 | 20 | 80 | 400 | 4.656  » |
| Seer = | | | 4 | 16 | 80 | 931.2 gram. |
| Pouah = | | | | 4 | 20 | 232.8  » |
| Chitack = | | | | | 5 | 58.2  » |
| Sicca = | | | | | | 11.64  » |

Le maund contient environ 36.35 litres ou 8 gallons impériaux.
Dans la numération, le corge est égal à 4 gundas ou au nombre 20.

La commission d'achat et de vente, sur toutes sortes de marchandises, est de 5 % ; cependant, lorsqu'il s'agit de soie, d'indigo et d'opium, et que le Commissionnaire a été couvert d'avance, la commission est réduite à 2 ½ %. Sur les traites, la commission est de 1 %.

Toutes les ventes de marchandises se font au comptant, sous escompte de 2 à 3 % ; quelques produits cependant, tels que la soie, l'indigo, l'opium, etc., ne supportent pas d'escompte. Le paiement comptant des articles d'importation jouit d'un escompte de 2 %. Le zinc se vend à 7 mois et le cuivre à 4 mois ; mais ce terme s'escompte à raison de 10 % l'an.

---

## CALICUT (MALABAR.)

Les comptes se tiennent en roupies, comme à Bombay. Les autres monnaies de l'Inde, le pacoda star de 3 ½ roupies, et les fanams de 16 tars ou vis, y ont cours.

### Poids.

| | Maunds | Pounds | Seers | Pollams | Roup. de Surate | Rapports. |
|---|---|---|---|---|---|---|
| Candy = | 20 | 680 | 1360 | 2720 | 27200 | 315.46 kilogr. |
| Maund = | | 34 | 68 | 136 | 1360 | 15.773  » |
| Pound = | | | 2 | 4 | 40 | 463.9 gram. |
| Seer = | | | | 2 | 20 | 231.96  » |
| Pollam = | | | | | 10 | 115.9777  » |
| Roupie de Surate = | | | | | | 115.9777 décig. |

Pour l'or, l'argent, les pierres précieuses, etc., on se sert du fanam dont 11 ½ font un miscal. Le fanam = 3.758 décigr. ; le miscal = 4.322 grammes.

### Mesures linéaires.

Le guz = 721.35 millim. ; le covid = 457.2 millim.

Les autres mesures comme à Bombay.

---

## CANARIES (ILES.)

*Monnaies.* La monnaie de compte est la piastre à 8 réaux de plate ou à 10 réaux courants à 8 quarts.

| | Réaux de plate | Réaux courants | Quarts courants | Rapports |
|---|---|---|---|---|
| Piastre courante = | 8 | 10 | 80 | F. 4.04 |
| Réal de plate    = | | 1 ¼ | 10 | » 0.505 |
| Réal courant     = | | | 8 | » 0.404 |
| Quart courant    = | | | | » 0.0505 |

Voici la valeur des monnaies espagnoles aux Iles Canaries :

En or : 1 pistole simple de 4 piastres = 53 ⅓ réaux courants = F. 21.46.

En argent : 1 piastre forte = 1 ⅓ piastre courante = 10 ⅔ réaux de plate = 13 ⅓ réaux courants = F. 5.38.

La monnaie réelle du pays est le réal de plate de 10 quartos.

Les poids et mesures sont les mêmes que ceux de Castille, *voir* Madrid ; il se présente pourtant quelques différences dont voici les plus sensibles :

*Poids.*  Le commerce emploie le quintal = 4 arrobas = 100 livres = 46.0142 kil. La livre = 460.14 grammes.

*Mesures linéaires.*  L'aune ou vara = 3 pieds = 36 pouces = 84.18 centimètres. Le brazado = 2 ⅙ varas. Le pied vaut ainsi 28.06 centimètres.

*Mesures de superficie.*  On emploie le fanegada = 12 almudas = 600 brasadas carrées = 20.353 ares.

*Mesures de capacité.*  On se sert pour le vin de la pipe ou sect = 12 barilles = 480 quartillos = 454.35 litres.

On emploie pour le blé la fanega = 12 almudas = 48 quartillos = 62.60 litres. On rase la mesure pour le froment ; on la comble pour les autres grains et le sel ; elle est estimée alors à 88.07 litres.

---

## CANTON (Chine.)

*Monnaies.*

Le seul numéraire qui soit d'un usage général en Chine est une petite monnaie faite d'un mélange de cuivre, de plomb, d'étain et de toutenague (zinc chinois), qui ne vaut environ que la douze-centième partie d'une piastre de F. 6, soit 5 millièmes de franc. Cette monnaie s'appelle en chinois *lé* ou plus généralement *tsien, cash* en anglais, et *sapèque* à Macao. Elle est considérablement altérée par les faux monnayeurs et dépréciée par le gouvernement. On en importe de grandes quantités, d'une valeur inférieure, de la Cochinchine ; ces dernières sont presque entièrement composées de toutenague. Le véritable cash chinois est circulaire et de la grandeur de nos anciennes pièces de six liards, mais plus épais, percé au milieu d'un trou carré d'environ 4 ½ millimètres, à travers lequel on passe un jonc pour réunir les cash par paquets.

Le cash est fondu et non frappé ; il porte d'un côté une devise en mantchou, relative à la dynastie régnante, avec le nom de cette dynastie sur le côté gauche du trou carré, et celui du monarque régnant du côté droit ; sur le revers du cash se trouve le nom du règne, avec les deux mots *tung-paú* (monnaie courante.)

Le poids du vrai cash est de un *tsien*, d'où lui vient ce nom ; sa valeur fixée par le gouvernement est la millième partie du poids d'un taël d'argent ; cette valeur est cependant bien loin du cours réel du cash, puisqu'il en faut 1,600 de choisis, c'est-à-dire tous véritables, pour un taël.

L'irrégularité de cette monnaie est telle que son diamètre varie entre 19 et 28 millimètres, et son poids entre 3.36 grammes et 5.70 grammes. Son rapport avec nos monnaies d'Europe diffère nécessairement dans des proportions aussi fortes. Ainsi, une piastre à colonnes vaut de 1,300 à 3,600 cash, suivant leur qualité.

Afin de remédier en partie à ces irrégularités, on a soin de stipuler dans les transactions le nombre de cash que devra contenir un poids d'un picul ; ainsi 16,000 cash au picul, c'est à dire 16,000 cash pour 60.47 kil. donnent pour le poids moyen du cash 3.77 grammes.

En général, les cash circulent enfilés par 100 ou par 1000 ; l'enfilade de 100 s'appelle mace ; l'enfilade de 1000, kouan ou tiao.

La monnaie de compte usitée en Chine est le liang, avec ses subdivisions décimales, le tsien, le fen et le li ; 1 liang = 10 tsien = 100 fen = 1000 li. Ces dénominations

sont celles de poids réels et leur valeur correspond à celle de ces mêmes poids d'argent
pur ; ainsi, un liang, monnaie de compte, a la valeur d'un liang, poids, d'argent
sycée au titre de 1000 millièmes. Ces monnaies de compte sont quelquefois considérées comme monnaies réelles ; les noms varient dans ce cas ; le liang s'appelle taël ; le
tsien, mace ; le fen, condorine ; le li, cash. Le liang ou taël équivalant à Canton à
37.527 grammes, la valeur du liang de compte est de F. 8.25,59.

| Monnaie de compte | | Monnaie réelle | | Tsien ou mace | Fen ou Condorine | Li ou cash |
|---|---|---|---|---|---|---|
| Liang | ou | Taël | = | 10 | 100 | 1000 |
| Tsien | ou | Mace | = | | 10 | 100 |
| Fen | ou | Condorine | = | | | 10 |
| Li | ou | Cash | = | | | 1 |

Le taël n'a pas partout la même valeur ; le tableau suivant indique les principales
de ces valeurs et leurs rapports entre elles.

| | Poids | Valeur | Rapports. | |
|---|---|---|---|---|
| Taël de Canton | = 37.527 gr. | = F. 8.25,59 | = 1.094 taël de Shang-haï | = 0.981 taël du trésor. |
| Taël de Shang-haï | = 34.302 » | = » 7.54,64 | = 0.914 taël de Canton | = 0.897 taël du trésor. |
| Taël du Trésor | = 38.246 » | = » 8.41,41 | = 1.115 taël de Shang-haï | = 1.019 taël de Canton. |

La Compagnie des Indes comptait récemment encore le taël à 6 shillings 8 deniers,
soit à 80 deniers sterling, ce qui donnait au taël, pour un change de F. 25.25 pour
une livre sterling, une valeur de F. 8.42. A la fin de 1860, le change était un peu moins
élevé à Shang-haï ; il ne valait guère que 6 shill. 6 den., soit F. 8.21 pour un taël.

Les piastres fortes d'Espagne et les dollars de l'Amérique du Sud ont une circulation
générale, quoiqu'ils ne soient pas considérés comme monnaie légale ; ils sont employés
pour le commerce avec les Européens, dans les provinces maritimes. Mais l'habitude
qu'ont, à Canton, les banquiers et marchands chinois d'imprimer sur les piastres qui
entrent dans leurs caisses une estampille pour en attester la pureté, leur ôte bientôt
le principal mérite d'une monnaie légale, celui de représenter une valeur uniforme.
Lorsque, à force d'avoir été frappées d'empreintes, ces piastres sont réduites en morceaux, elles ne diffèrent plus de l'argent sycée que parce qu'elles sont toujours d'un
titre d'alliage connu, homogène. En outre, l'argent provenant des piastres étant en
petits morceaux très plats, se prête plus difficilement à des alliages frauduleux que
l'argent sycée qui est sous la forme de petits lingots.

Ces piastres ou morceaux de piastres sont pris en paiement au poids, et l'usage
commercial leur a affecté des cours différents, suivant qu'ils s'emploient dans telle ou
telle transaction.

Dans les comptes et calculs des Européens, les
piastres sont prises à raison de...................................... 720 taëls pour 1000 piastres.

Dans les paiements en général, et dans ceux que les
compradores font aux négociants Européens, on compte 715 »         »         »         »

Dans les paiements d'opium du Bengale, et dans ceux
du trésor de la Compagnie des Indes, on compte......... 718 »         »         »         »

Dans ceux d'opium de Malwa ou de Turquie, on compte 717 »         »         »         »

Ces rapports signifient que 1,000 piastres correspondent, suivant les cas, au poids de
720 ou de 715 taëls d'argent de ces mêmes piastres ; en d'autres termes que 1,000 piastres
mexicaines, par exemple, ont la même valeur que 720 taëls ou 27.022 kilogr. d'argent,
au titre des piastres mexicaines.

Le Hoppo ou surintendant des Douanes de Chine ne tient compte, dans la liquidation
des droits, que de :

3 taëls 1 mace 8 condorine d'argent pur pour 5 piastres espagnoles coupées
3 » 1 » 9½ » » 5 » mexicaines
3 » 2 » 1 » » 5 » boliviennes
5 » 6 » 5 » » 20 roupies de la Compagnie,

c'est-à-dire, que pour acquitter à la douane une somme de 100 taëls, il faut livrer, par
exemple, un poids de 113 taëls 2 maces 7 cash de piastres coupées.

Les dollars des républiques de l'Amérique du Sud passent à Chusan et Ning-po, plus
facilement au pair que les piastres espagnoles, tandis qu'à Amoy ils subissent un faible
escompte, et à Canton ainsi qu'à Macao un escompte d'au moins 5 à 10 %.

Les piastres du règne de Charles IV, appelées en anglais *Old head Carolus dollar's*
(littéralement *piastre* ou dollar *de vieille tête de Charles*), quand elles ne sont pas

effacées et déformées par des empreintes, gagnent toujours une prime qui varie de 5 à 15 % à Canton.

Les piastres de Ferdinand, même sans empreintes, sont un peu au-dessous du pair.

Les *chopped dollars*, c'est-à-dire les dollars ou piastres frappés d'estampilles ou d'empreintes par les maisons de commerce, sont toujours au pair.

Les piastres des règnes de Charles et de Ferdinand, qui portent l'empreinte de la lettre G ou Gᵃ (c'est-à-dire frappées à la monnaie de Guadalaxara), sont nommées par les Chinois *kow-tseen*, ou dollars crochus, par suite de la ressemblance de cette lettre avec un crochet, et ne sont pas reçues à moins d'un escompte de 5 % ; leur différence en moins a été établie par un arrêté du Hoppo.

Les piastres des républiques américaines et les roupies ont cours légal à Hong-kong.

L'exportation de l'or et de l'argent n'est pas légalement permise en Chine, excepté par petites quantités et en monnaies étrangères. On en exporte cependant annuellement pour des valeurs considérables, non-seulement en dollars ou piastres et en morceaux de dollars, mais même en argent sycée. L'or est principalement exporté en feuilles. Ce dernier métal est fréquemment employé sous cette forme, comme numéraire, par sommes qui ne peuvent être moindres de 40 à 50 dollars ; ce mode de paiement offre de la sécurité, l'or en feuilles, par son peu d'épaisseur, se prêtant moins à la fraude. On se sert aussi, mais rarement, d'or en petites barres de 10 taëls de Shang-haï ; l'or de Peking est au titre de 980 ; celui de Sou-tcheou-fou au titre de 970.

L'argent sycée circule soit en barres, soit en lingots, qui portent des poinçons de garantie, et dont le poids varie entre 3 et 50 taëls. L'argent sycée est considéré comme parfaitement pur, cependant certaines sortes sont au titre de 980 millièmes ; mais la quantité d'or qu'elles contiennent, quantité qui atteint quelquefois 3 pour mille, compense largement cette différence.

Le rapport entre l'or et l'argent a subi de très fortes variations en Chine ; il était en 1860, à Shang-haï, de 1 à 15.9.

Pour désigner le titre de l'or ou de l'argent, les chinois divisent le métal en 100 parties qu'on appelle touches ou essais. Ainsi, si l'on dit qu'un lingot est composé de 95 touches, il est entendu qu'il contient 5 parties ou 5 % d'alliage.

### Poids.

En prenant pour base l'ancien étalon du taël monétaire, on obtient pour le picul une valeur de 60 kil. 043. D'après un étalon de 2 taëls monétaires que le délégué de l'industrie linière a fait exécuter à Canton, le picul serait égal à 60 kil. 1368. Mais dans les transactions entre les chinois et les étrangers, ainsi que dans les états officiels des consuls résidant à Canton, la valeur du picul est toujours estimée à 133 ⅓ livres avoirdupois, soit 60.473 kil. On a cru devoir, pour faciliter les calculs, adopter la même base, qui est consacrée par l'usage, bien que le poids soit réellement, ainsi qu'on vient de le voir, de ³⁄₅ % plus faible. D'ailleurs, cette équivalence, fixée depuis 1770 par la Compagnie des Indes-Orientales d'Angleterre, est consacrée officiellement par les règlements de 1843 ; elle était déjà admise dans les factoreries et les douanes chinoises, et elle est aujourd'hui adoptée même dans le commerce indigène.

On se sert de ces poids non-seulement pour les marchandises sèches, mais encore pour les liquides et même les étoffes. Le picul et le catty peuvent suffire, pour ainsi dire, aux Européens trafiquant en Chine ; mais, outre ces poids, les chinois en ont un grand nombre d'autres, ainsi que des mesures de capacité, de longueur et de distance.

Beaucoup de ces mesures sont purement nominales ; nous en donnons ci-dessous la nomenclature :

| | Picul | Kiun | Yin | Catties | Taëls | Chú | Lui | Kernel ou shú | Rapports |
|---|---|---|---|---|---|---|---|---|---|
| Shih ou pierre = | 1⅕ | 4 | 60 | 120 | 1920 | 46080 | 460800 | 4608000 | 72.568 kil. |
| Picul ou tan = | ...... | 3⅓ | 50 | 100 | 1600 | 38400 | 384000 | 3840000 | 60.473 » |
| Kiun = | | | 15 | 30 | 480 | 11520 | 115200 | 1152000 | 18.142 » |
| Yin = | | | | 2 | 32 | 768 | 7680 | 76800 | 1.240 » |
| Catty ou kin = | | | | | 16 | 384 | 3840 | 38400 | 604.733 gr. |
| Taël ou liang = | | | | | | 24 | 240 | 2400 | 37.793 » |
| Chú = | | | | | | | 10 | 100 | 1.574 » |
| Lui = | | | | | | | | 10 | 0.157 » |
| Kernel ou Shu = | | | | | | | | | 0.0157 » |

Le liang se divise aussi décimalement : 1 liang ou taël = 10 tsien ou mace = 100 fen ou condorine = 1000 li ou cash = 10,000 hao = 100,000 ssc.

Les valeurs que nous venons de donner sont celles qui furent fixées par la Compagnie anglaise des Indes en 1770, d'accord avec la corporation des marchands hong ; mais les poids chinois varient dans une certaine proportion, suivant les lieux. Voici quelques-unes des valeurs les plus importantes du catty ou kin.

Catty du trésor, à Peking.................................................. = 611.94 grammes.
Catty généralement employé en Chine............................... = 601.28 »
Catty employé dans le nord de la Chine................................ = 602.59 »
Catty de la douane chinoise, d'après le règl. du 27 juin 1858.. = 604.53 »

Ce dernier catty est un peu plus faible que celui adopté par la Compagnie des Indes et dans les règlements anglais de 1858 ; mais la différence n'est que de 20 grammes par picul.

En Chine, on pèse presque toutes les denrées, sans en excepter les liquides, la soie, le bois, les étoffes, le grain et même les provisions et animaux vivants qui servent à l'alimentation de l'homme. Le grain se vend cependant au détail, dans des mesures dont il sera parlé ci-après ; les petits poids décimaux sont employés à peser les métaux, les pierres précieuses, et autres matières de grand prix.

### Mesures de capacité.

Ces mesures sont spécialement employées pour détailler le riz et d'autres grains.

| | Yŭ | Chih | Fù | Hoh | Tau | Shing | Koh | Yoh | Rapports | |
|---|---|---|---|---|---|---|---|---|---|---|
| Ping = | 5 | 8 | 12 1/2 | 16 | 80 | 800 | 8000 | 16000 | 824.8 | litres |
| Yŭ = | | 1 3/5 | 2 1/2 | 3 1/5 | 16 | 160 | 1600 | 3200 | 164.96 | » |
| Chih = | | | 1 9/16 | 2 | 10 | 100 | 1000 | 2000 | 103.1 | » |
| Fù = | | | | 1 7/25 | 6 2/5 | 64 | 640 | 1280 | 65.98 | » |
| Hoh = | | | | | 5 | 50 | 500 | 1000 | 51.55 | » |
| Tau ou téou = | | | | | | 10 | 100 | 200 | 10.31 | » |
| Shing = | | | | | | | 10 | 20 | 1.03 | » |
| Koh ou oh = | | | | | | | | 2 | 0.103 | » |

| | Choh | Chàu | Tsoh | Kwei | Suh | Rapports | |
|---|---|---|---|---|---|---|---|
| Yoh = | 5 | 50 | 500 | 5000 | 30000 | 5.15 | centil. |
| Choh (g^de cuillerée) = | | 10 | 100 | 1000 | 6000 | 1.03 | » |
| Cháu (poignée) = | | | 10 | 100 | 600 | 0.103 | » |
| Tsoh (pincée) = | | | | 10 | 60 | 0.0103 | » |
| Kwei = | | | | | 6 | 0.00103 | » |

Quelques-unes seulement des quatorze mesures ci-dessus sont en usage ; les autres sont purement nominales. La valeur que nous avons donnée pour le chih, ses composés et ses subdivisions, est celle qu'a admise M. N. Rondot ; mais il est bon de noter que cette valeur est essentiellement variable ; ainsi, des expériences faites à Shang-haï en 1859 ont fourni pour la valeur d'un shing 0.755 litre, et pour la valeur d'un autre shing 0.342 litre.

Il y a deux sortes de tau : l'un s'appelle le *shi-tau* (tau du marché) ou *shih-kin-tau* (tau de 10 catties). Il contient juste 10 catties de riz sec et renferme 316 tsun cubiques, suivant les étalons du gouvernement. Le chih, dans cette proportion, fait juste un picul. Le tau commun, appelé *tsang-tau* (tau de grains) ne contient que 6 ¼ catties.

Il y a aussi des mesures pour vendre les liquides, tels que l'esprit, l'huile, etc., mais on les compte toujours au poids et non à la mesure ; trois sont d'un usage général et ont la contenance de 2, 4 à 8 taëls.

Le bois ne se vend pas à la mesure ; celui de prix se pèse, et le commun se vend à la pièce.

### Mesures linéaires.

| | Chang | Chih | Tsun | Fan | Rapports | |
|---|---|---|---|---|---|---|
| Yin = | 10 | 100 | 1000 | 10000 | 35.5 | mètres. |
| Chang = | | 10 | 100 | 1000 | 3.55 | » |
| Chih ou pied = | | | 10 | 100 | 355.— | millim. |
| Tsun ou punto = | | | | 10 | 35.5 | » |
| Fan ou yih-lih = | | | | | 3.55 | » |

Ces rapports sont ceux qu'a fixés le règlement du 27 Juin 1858 pour la liquidation des droits de douane ; ils sont un peu moins élevés que ceux des règlements antérieurs qui donnaient au chih la valeur de 0.3581 mètre. Les Anglais ont fixé, dans leur traité, pour le chih un rapport avec leurs mesures qui correspond exactement à notre ancienne évaluation de 0.3581 mètre ; il y est dit qu'un chang vaut 4 yards moins 3 pouces.

Il y a différentes espèces de chih :
Le chih légal, fixé par le bureau des mathématiques du gouvernement, à Pékin, est
de 0.312 mètre, ou de 0.3181 mètre d'après un étalon apporté en
France par M. Lagrené ;
Le chih employé par les marchands chinois, à Canton, varie de 0.317 à 0.373 mètre ;
Le chih employé par les ingénieurs du gouvernement pour les constructions est
de 0.275 mètre ;
Le chih employé par les architectes est de 0.323 mètre;
Le chih employé pour mesurer les distances est de 0.262 mètre.

## CAP DE BONNE-ESPÉRANCE.

*Monnaies.* Les comptes se tiennent, comme en Angleterre, en livres à 20 shillings
à 12 pence sterling du Cap. La guinée anglaise (21 shillings) vaut au Cap 22 shillings,
ce qui produit 200. 3 shillings pour un kilogr. d'argent fin, et établit la valeur du
shilling du Cap à 1 fr. 10 c.
On y comptait autrefois, et on y compte encore, comme en Hollande, c'est-à-dire en
florins à 20 stuivers à 16 pfennigs, soit 34 $^2/_3$ florins du Cap au marc de Cologne. Le
florin = F. 2.11,64 ; on le divise aussi en 100 cents.
Le papier-monnaie consiste en anciens rixthalers hollandais à 8 shillings à 6 stuivers. La valeur de ce thaler a été fixée depuis 1824 à 1 $^1/_2$ shilling courant du Cap,
pour les transactions locales, et c'est ainsi qu'il doit être pris en paiement.
Les négociants comptent ordinairement de 13 $^1/_2$ à 13 $^1/_3$ rixthalers pour 1 livre sterling, ce qui fait 18 ou 17 $^7/_9$ pence pour 1 thaler.
On compte ordinairement 2 shillings courants du Cap pour 1 shilling sterling du Cap.
Pour les grands paiements, on se sert généralement de piastres d'Espagne.

*Poids et Mesures.* On se sert de ceux d'Angleterre et des anciens de Hollande.
*Voir* Londres et Amsterdam.
Le legger de vin = 4 ahm = 388 kannen = 577.24 litres.
Le demi-ahm ou alveram est compté pour 90 bouteilles.

## CARACAS (VÉNÉZUÉLA.)

*Monnaies.* Une loi du 23 Mars 1857 a ordonné l'émission d'une monnaie nationale
se composant des pièces suivantes : En or, la piastre forte, unité monétaire, se divisant en 10 réaux et valant F. 5.— ; l'écu de 5 piastres ; le doublon de 10 piastres :
En argent, la demi-piastre, la piécette de 2 réaux, le réal et le demi-réal. La demi-
piastre en argent ne vaut que F. 2.27,70.
On comptait précédemment en piastres d'argent à 9 réaux de plata que l'on divise
aussi par 100$^{es}$ pour le commerce avec l'étranger = F. 5.39. Les comptes se tenaient
aussi autrefois en piastres macuquino à 8 réaux = environ F. 4.
Les monnaies étrangères les plus répandues sont l'once espagnole et les piastres
mexicaines et péruviennes, qui ont cours pour leur valeur nominale.

### Changes.

| | | | |
|---|---|---|---|
| Londres | = | 45 pence | pour 1 piastre d'argent. |
| France | = | 5 fr. 30 | — 1 » » |

*Poids et Mesures.* Les mêmes qu'en Espagne ; toutefois les Anglais et les Amé-
ricains, qui font en ce pays la plus grande partie des transactions, y introduisent
généralement leurs usages.
La fanega de cacao est de 110 livres, soit 50.6 kil. ; cependant à Maracaïbo on ne
la compte que pour 96 livres.

La commission de vente des marchandises d'importation est de 5 % ; la commission
d'achat des marchandises indigènes est de 2 $^1/_2$ % ; le ducroire est de 2 $^1/_4$ %.

## CARLSRUHE (Grand duché de Bade.)

### Monnaies.

*En or* : Le ducat de 5 gulden ou florins de 1819 à 1827 = F. 10.69.
La pièce de 5 thaler, ou de 500 kreutzer, depuis 1828 = F. 17.81,66.
L'ancien ducat au pied de l'empire = F. 11.85,11.
Le nouveau ducat d'or du Rhin (1832) de 5 florins 35 kreutzer de la même valeur que l'ancien ducat au pied de l'empire.
*En argent* : Le gulden ou florin, de 60 kreutzer, de 1819 à 1827 = F. 2.12,04.
Le thaler ou écu de 100 kreutzer, depuis 1828 = F. 3.52,74.
Le kronenthaler ou couronne de 2 florins 42 kreutzer = F. 5.71,44.
En alliage d'un titre plus ou moins bas, il y a le zehner de 10 kreutzer = F. 0.30.92 ; le fünfer de 5 kreutzer = F. 0.15,46 ; le dreier ou groschen de 3 kreutzer = F. 0.09,28.
La valeur du speciesthaler de convention, dont la circulation est autorisée, a été fixée à 2 florins 24 kreutzer.
Les écritures se tiennent en florins à 60 kreutzer à 4 pfennig = F. 2.11,80, ou en thaler à 100 kreutzer = F. 3.52,74.

### Poids.

La livre légale de Bade, depuis 1810, est égale au demi-kilogr. ; en voici les multiples et les subdivisions.

| | | Stein | Livres | Zehnling | Centass | Pfennig | Ass | Rapports |
|---|---|---|---|---|---|---|---|---|
| Quintal | = | 10 | 100 | 1000 | 10000 | 100000 | 1000000 | 50 kilogr. |
| Stein | = | | 10 | 100 | 1000 | 10000 | 100000 | 5 » |
| Livre | = | | | 10 | 100 | 1000 | 10000 | 500 gram |
| Zehnling | = | | | | 10 | 100 | 1000 | 50 » |
| Centass | = | | | | | 10 | 100 | 5 » |
| Pfennig | = | | | | | | 10 | 50 centig. |
| Ass | = | | | | | | | 5 » |

On la divise encore, suivant l'ancien système, en 2 marcs, 4 vierling, 16 onces, 32 loth, 128 quentchen. L'ancienne livre pesait 467.4 grammes.
Dans la pharmacie on emploie la livre de Nuremberg, *voir* Augsbourg.
Le poids-étalon des monnaies est le marc de Cologne, *voir* Augsbourg. On se sert aussi du marc de 250 grammes.

### Mesures linéaires.

| | | Pieds | Pouces | Lignes | Points | Rapports. |
|---|---|---|---|---|---|---|
| Ruthe ou Perche | = | 10 | 100 | 1000 | 10000 | 3 mètres. |
| Pied. . . . . | = | | 10 | 100 | 1000 | 3 décimètres. |
| Pouce . . . . | = | | | 10 | 100 | 3 centimèt. |
| Ligne . . . . | = | | | | 10 | 3 millimèt. |
| Point . . . . | = | | | | | 0.3 » |

Le pied légal de Bade a été fixé, depuis 1810, à 3 décimètres, comme ci-dessus. L'ancien pied était de 291 millimètres.
L'aune légale = 2 pieds = 6 décim. L'ancienne aune = 554.9 millimètres.
La meile ou lieue = 2 stunden ou heures de route = 8.8907 kilomètres. On compte ordinairement cette lieue en prenant le degré à 111111 ⅑ mètres pour 8.88889 kilom.

### Mesures de superficie.

| | | Viertel | Perches carrées | Pieds carrés | Pouces carrés | Rapports. |
|---|---|---|---|---|---|---|
| Arpent légal | = | 4 | 400 | 40000 | 4000000 | 36 ares. |
| Viertel ou quart | = | | 100 | 10000 | 1000000 | 9 » |
| Perche carrée | = | | | 100 | 10000 | 9 mètres carrés |
| Pied carré | = | | | | 100 | 9 décim. carrés |
| Pouce carré | = | | | | | 9 cent. carrés. |

### Mesures de solidité.

Pied cube = 1,000 pouces cubes = 1,000,000 lignes cubes = 27 décimètres cubes.
Pouce cube = 1,000 lignes cubes = 27 centimètres cubes.
Ligne cube = 27 millimètres cubes.

*Mesures de capacité pour les matières sèches.*

|          |   | Malter | Sester | Maesslein | Becher | Rapports. |
|----------|---|--------|--------|-----------|--------|-----------|
| Zuber    | = | 10     | 100    | 1000      | 10000  | 15.— hectolitres. |
| Malter   | = |        | 10     | 100       | 1000   | 15.— décalitres. |
| Sester   | = |        |        | 10        | 100    | 15.— litres. |
| Maesslein | = |       |        |           | 10     | 1.5 litre. |
| Becher   | = |        |        |           |        | 0.15 » |

L'ancien malter de 8 simri = 1.2832 hectolitre.

*Mesures de capacité pour les liquides.*

|          |   | Ohm | Stutzen | Maas | Glas | Rapports. |
|----------|---|-----|---------|------|------|-----------|
| Fuder    | = | 10  | 100     | 1000 | 10000 | 15.— hectolitres. |
| Ohm      | = |     | 10      | 100  | 1000 | 15.— décalitres. |
| Stutzen  | = |     |         | 10   | 100  | 15.— litres. |
| Maas ou pot | = |  |         |      | 10   | 1.5 » |
| Glas ou verre | = | |        |      |      | 0.15 » |

Le schenkmaas, pot de détail, valait 2.31 litres.

# CARTHAGÈNE (Nouvelle-Grenade. — Colombie.)

*Monnaies.*

Les monnaies en circulation sont : la piastre, nouveau coin, de la valeur de F. 5.40 et le doublon de 16 piastres nouvelles = F. 83. Le doublon se divise en escudos, d'une, de deux et de trois piastres. Il existe encore une autre valeur dans le pays connue sous le nom de *maroquine*, et qui est trop variable pour pouvoir être déterminée. Cette valeur se divise comme suit : 1 piastre maroquine = 4 pecetas; 1 peceta = 2 réaux; 1 réal = 4 cuartillos.

Les piastres mexicaines et péruviennes ont cours dans la Colombie.

Les comptes se tiennent en piastres à 8 réaux. Cette piastre se divise en cents pour le commerce avec l'étranger.

*Changes.*

| Paris......... ...... | ± | 5 francs 16 centimes.............................. | pour 1 piastre. |
| Londres....{ ou ± | 46 pence sterling.............................. | — 1 piastre. |
|            | - 5 piastres ,.............................. | — 1 livre sterling. |
| Hambourg......... | ± | 44 schellings de banque.............................. | — 1 piastre. |

Depuis le 1er Janvier 1854, le système décimal français est en vigueur dans la république de la Nouvelle-Grenade; nous ne croyons pas moins devoir indiquer la valeur des anciens poids et mesures.

*Poids.*

|           |   | Arrobes | Livres | Castellanos | Tomines | Granos | Rapports. |
|-----------|---|---------|--------|-------------|---------|--------|-----------|
| Quintal   | = | 4       | 100    | 10000       | 80000   | 960000 | 46.— kilogram. |
| Arrobe    | = |         | 25     | 2500        | 20000   | 240000 | 11.5 » |
| Livre     | = |         |        | 100         | 800     | 9600   | 460.— grammes. |
| Castellano | = |        |        |             | 8       | 96     | 460.— centigram. |
| Tomine    | = |         |        |             |         | 12     | 57.5 » |
| Grano     | = |         |        |             |         |        | 4.79 » |

*Mesures linéaires.*

|               |   | Pieds | Pulgadas | Lineas | Rapports. |
|---------------|---|-------|----------|--------|-----------|
| Vara espagnole | = | 3     | 36       | 432    | 835.— millimètres. |
| Pied          | = |       | 12       | 144    | 278.33 » |
| Pulgada ou pouce | = |    |          | 12     | 23.19 » |
| Linea ou ligne | = |      |          |        | 1.93 » |

*Mesures de capacité pour les matières sèches.*

| | Almudes | Cuartillos | Ochavos | Rapports. |
|---|---|---|---|---|
| Fanega = | 12 | 48 | 192 | 55.75 litres. |
| Almud = | | 4 | 16 | 4.646 » |
| Cuartillo = | | | 4 | 1.161 » |
| Ochavo = | | | | 2.903 décilitres. |

Pour les liquides, la cantara équivaut à 28 bouteilles bordelaises.

---

## CASSEL (Hesse-Électorale.)

*Monnaies.* En or : Le wilhelm d'or, de 1841, de 5 thalers = F. 20.78; la pistole de 5 thalers = F. 20.86; le carolin = F. 25.54.

En argent : Le thaler, de 1841, de 30 grots d'argent = F. 3.71. Le species-thaler ou thaler de convention de 2 florins = 32 bons grots = 42 ⅔ albus = 48 mariengroschen = F. 5.19,49.

On compte dans la Basse-Hesse (Cassel), en thalers de 24 gutgroschen ou 30 grots d'argent (silbergroschen) = F. 3.71 ; 1 gros d'argent = 12 heller.

Dans la Haute-Hesse (Hanau), on compte en gulden à 60 kreutzer à 4 heller = F. 2.12,11.

*Poids.* Dans le commerce de détail on se sert de la leichtpfund ou livre légère dite de Cologne, dont nous avons donné la valeur et les subdivisions à l'article BERLIN; le centner ou quintal ne vaut que 108 livres légères = 50.522 kil.

Dans le commerce de gros et la vente d'un certain nombre de substances alimentaires, on se sert de la schwerpfund ou livre lourde, avec les mêmes multiples et subdivisions que la précédente, mais valant 484.2425 grammes.

*Mesures de longueur.* Le pied de Hesse = 12 pouces = 144 lignes = 28.77 centim. L'ancien pied de Cassel = 28.49 centim. La perche de cadastre = 14 pieds = 3.9887 mètres. On la divise aussi en 10 pieds décimaux, en 100 pouces décimaux et en 1000 lignes décimales. L'aune de Cassel = 0.5704 mètre.

La lieue (meile) = 32000 pieds = 9.2064 kilomètres.

*Mesures de superficie.* L'arpent (acker) = 150 perches carrées = 29400 anciens pieds carrés = 23.87 ares.

*Mesures de capacité pour les grains.* L'unité est le metzen avec les multiples et les subdivisions suivantes :

| | Viertel | Scheffel | Himten | Metzen | Mœschen | Rapports. |
|---|---|---|---|---|---|---|
| Malter = | 4 | 8 | 16 | 64 | 256 | 641.872 litres. |
| Viertel = | | 2 | 4 | 16 | 64 | 160.468 » |
| Scheffel = | | | 2 | 8 | 32 | 80.234 » |
| Himten = | | | | 4 | 16 | 40.117 » |
| Metzen = | | | | | 4 | 10.029 » |
| Mœschen ou viertel metzen = | | | | | | 2.507 » |

*Mesures de capacité pour les liquides.* La nouvelle unité est le maas qui contient 144 nouveaux pouces cubes ; voici ses multiples et sous-multiples, quels que soient les liquides qu'ils servent à mesurer. On remarquera seulement que lorsqu'il s'agit de bière, ils valent 10 % de plus que lorsqu'il s'agit de vin, d'eau-de-vie, etc.

| | Ohms | Viertel | Maas | Schoppen | Rapports Pour les vins et eaux-de-vie | Rapports Pour la bière |
|---|---|---|---|---|---|---|
| Finder = | 6 | 120 | 480 | 1920 | 952.524 litres | 1047.774 lit. |
| Ohm = | | 20 | 80 | 320 | 158.754 » | 174.629 » |
| Viertel = | | | 4 | 16 | 7.938 » | 8.731 » |
| Maas = | | | | 4 | 1.984 » | 2.183 » |
| Schopp = | | | | | 0.496 » | 0.546 » |

L'ancien maas de Cassel pour le vin valait 1.9495 litre.

---

## CEYLAN, *voir* Colombo.

**CHILI,** *voir* Santiago.

**CHINE,** *voir* Canton.

## **CHRISTIANIA** (Norwège.)

*Monnaies.* Il n'y a pas de monnaies d'or en Norwège. La monnaie d'argent est le speciesthaler de 120 skilling = F. 5.61,61 ; ses subdivisions sont des pièces d'un titre plus ou moins bas, avec des valeurs correspondantes.

On compte en speciesthaler à 5 orts ou marcs = 120 skilling = F. 5.61,61.

Les paiements se font généralement en papier-monnaie, consistant en billets de banque de 100, 50, 10, 5, 1, ½ et ⅕ speciesthaler, émis par la banque de Drontheim. Ce papier perd quelquefois sur l'argent effectif, et quelquefois il est difficile de l'obtenir au pair de l'argent. Depuis le mois de janvier 1841, tous les droits de douane peuvent se payer au moyen de ce papier, qui est reçu par le gouvernement au pair de l'argent.

### *Changes.*

| | | | | | |
|---|---|---|---|---|---|
| Londres | ± | 4 speciesthaler 56 skilling en papier | pour | 1 livre sterling. |
| Amsterdam | ± | 93 » | en papier | — 250 fl. des Pays-Bas. |
| Paris | ± | 21 skilling » | | — 1 franc. |
| Hambourg | ± | 101 speciesthaler » | | — 300 marcs de Banque |

*Poids.* On considère généralement les poids et mesures usités en Norwège, comme étant les mêmes que ceux de Danemark ; nous devons cependant signaler quelques différences.

La livre qui se subdivise comme la livre danoise (*voir* Copenhague), ne vaut que 498.4 grammes.

Le marc qui sert pour peser les métaux précieux = 234.54 grammes.

La livre de pharmacie qui est l'ancienne livre de Nuremberg = 357.85 grammes (*voir* Augsbourg.)

*Mesures de longueur.* Le pied est un peu plus court que celui de Danemark et ne vaut que 313.76 millimètres. La lieue de 18000 aunes = 11.295 kilomètres.

Les dimensions types adoptées à Christiania pour le commerce des planches sont 11 pieds de long, 9 pouces de large et 1 ¼ pouce d'épaisseur ; c'est ce que l'on appelle le *Christiania standard.* Le *Drammen standard* n'a que 10 pieds anglais de longueur, 9 pouces danois de largeur et 1 ¼ pouce d'épaisseur. Le last de planches se compose de 51 ½ planches Christiana standard. Le last de bois de charpente est de 50 pieds cubes ; le last de commerce en planches et madriers est de 83 ⅓ pieds cubes. La tonne de bois équarri est de 40 pieds cubes.

La commission de vente est de 2 % et le ducroire de 1 %.

## **CHUQUISACA** (Bolivie.)

*Monnaies.* En or : once = 4 écus = 17 piastres = F. 91.80 ; écu = 4 piastres 2 réaux = F. 22.95 ; petit écu = 2 piastres 1 réal = F. 11.48. — En argent : piastre = 8 réaux = F. 5.40 ; réal = 4 cuartillos = F. 0.67,50.

*Poids.* Quintal = 100 livres espagnoles = 46.08 kil. Arrobe = 25 livres espagnoles = 11.52 kil. Livre = 2 marcs = 16 onces = 460.8 grammes. Marc pour peser les métaux précieux = 8 onces = 230.4 grammes. Charge de mule = 250 livres espagnoles. Charge d'âne = 125 livres espagnoles. Charge de lama = 100 livres espagnoles.

*Mesures de longueur.* Vara = 3 pieds = 836.7 millim. Pied = 12 pouces = 278.9 millim. Pouce = 12 lignes = 23.24 millim.

*Mesures de capacité.* Pour les liquides : Barrique = 240 litres. Botija = 35.3606 litres. Arrobe = 16.073 litres. Galon = 3.785 litres.
Les matières sèches se vendent généralement au poids.

---

## COCHINCHINE.

### *Monnaies.*

Les monnaies de la Cochinchine sont des taëls d'or et d'argent; les premiers ont ordinairement 14 ou 15 fois la valeur des seconds.

L'or et l'argent employés par les Cochinchinois sont généralement assez purs et assez bien affinés; mais on les trouve quelquefois fortement altérés. Le lingot d'or, ou pain, comme on l'appelle, est le plus grand; il y a ensuite le demi-lingot d'or qui a la même forme, est du poids de 5 taëls ou 192.965 grammes, et vaut environ F. 693.40. Le dinh-vang ou clou d'or pèse 1 taël ou 38.593 grammes, et vaut F. 138.50. Le lingot d'argent, aussi de la forme d'un pain, s'appelle nen-bac; il pèse 10 taëls ou 385.93 grammes, et vaut environ F. 81.57. Il y a une autre monnaie d'argent appelée dinh-bac ou clou d'argent, pesant 1 taël ou 38.593 grammes, et valant environ F. 8.15. Le dinh-bac se divise en demie et en quart; la demie s'appelle nua-dinh-bac.

Le dernier roi de Cochinchine, Minh-Menh, fit faire des piastres qui devaient être u même poids et de la même valeur que les piastres d'Espagne; mais leur valeur ne dépassa pas généralement celle de 4 fr., par suite de la grande altération de leur titre, où il entrait environ un tiers de cuivre. L'exécution de ces monnaies d'or et d'argent est d'ailleurs très remarquable.

La monnaie de cuivre est fondue ; 60 cash ou dongs font un mot-tien ou tas, et 10 mot-tien font un kwan ou corde. Ces 600 cash valent de 3 fr. à 3 fr. 60 et pèsent environ 1.587 kil. Le taux du change, entre les cash et les monnaies d'argent, varie de 2 à 3 kwan pour 1 taël.

Les monnaies d'or et d'argent ont en général la forme de morceaux d'encre indienne, mais sont beaucoup plus minces; leurs bords sont légèrement relevés, et leur millésime et leur valeur marquées en lettres saillantes. A chaque nouvelle émission de monnaie, les anciennes éprouvent une certaine dépréciation ; cette circonstance est très fâcheuse pour les étrangers qui ne peuvent pas lire les caractères empreints sur ces monnaies.

### *Poids.*

Les poids de Cochinchine, quoiqu'ils aient presque les mêmes noms que ceux de Chine, sont cependant plus lourds que ces derniers. En voici la nomenclature et leurs rapports avec les poids français :

| | Ta | Binh | Yen | Can | Nen | Luong | Dong | Rapports. | |
|---|---|---|---|---|---|---|---|---|---|
| Quan = | 5 | 10 | 50 | 500 | 800 | 8000 | 80000 | 312.4 | kil. |
| Ta = | | 2 | 10 | 100 | 160 | 1600 | 16000 | 62.48 | » |
| Binh = | | | 5 | 50 | 80 | 800 | 8000 | 31.24 | » |
| Yen = | | | | 10 | 16 | 160 | 1600 | 6.248 | » |
| Can = | | | | | 1 3/5 | 16 | 160 | 624.8 | gr. |
| Nen = | | | | | | 10 | 100 | 390.5 | » |
| Luong = | | | | | | | 10 | 39.05 | » |

| | Phan | Li | Hao | Hot | Chau | Huy | Tran | Ai | Rapports. | |
|---|---|---|---|---|---|---|---|---|---|---|
| Dong = | 10 | 100 | 1000 | 10000 | 100000 | 1000000 | 10000000 | 100000000 | 39.05 | décigr |
| Phan = | | 10 | 100 | 1000 | 10000 | 100000 | 1000000 | 10000000 | 39.05 | centi. |
| Li = | | | 10 | 100 | 1000 | 10000 | 100000 | 1000000 | 39.05 | milli. |
| Hao = | | | | 10 | 100 | 1000 | 10000 | 100000 | 3.905 | » |
| Hot = | | | | | 10 | 100 | 1000 | 10000 | 0.3905 | » |
| Chau = | | | | | | 10 | 100 | 1000 | 0.0391 | » |
| Huy = | | | | | | | 10 | 100 | 0.0039 | » |
| Tran = | | | | | | | | 10 | 0.0004 | » |

### *Mesures linéaires.*

Ces mesures ont à peu près entre elles les mêmes proportions que celles de la Chine; le thuve (chib, coudée ou covid) est d'environ 0.381 mètre; il est employé par les architectes et les charpentiers.

| | Sao | Ngu | Thuve | Tac | Phan | Li | Rapports. | |
|---|---|---|---|---|---|---|---|---|
| Mau = | 10 | 30 | 150 | 1500 | 15000 | 150000 | 73.089 | mètres. |
| Sao = | | 3 | 15 | 150 | 1500 | 15000 | 7.3089 | » |
| Ngu = | | | 5 | 50 | 500 | 5000 | 2.4363 | » |
| Thuve = | | | | 10 | 100 | 1000 | 48.726 | centim. |
| Tac = | | | | | 10 | 100 | 48.729 | millim. |
| Phan = | | | | | | 10 | 4.8726 | » |
| Li = | | | | | | | 0.4873 | » |

Un autre ngu ou perche de 16 ½ thuve, avec laquelle on mesure le terrain, à raison de 10 sao pour 1 mau ou acre, est de 80.4 mètres.

| | Cai-vai | Truong | Thuve | Tac | Phan | Rapports. | |
|---|---|---|---|---|---|---|---|
| Quo = | 10 | 30 | 300 | 3000 | 30000 | 194.904 | mètres. |
| Cai-vai = | | 3 | 30 | 300 | 3000 | 19.4904 | » |
| Truong = | | | 10 | 100 | 1000 | 6.4968 | » |
| Thuve = | | | | 10 | 100 | 64.968 | centim. |
| Tac = | | | | | 10 | 6.4968 | » |
| Phan = | | | | | | 6.4968 | millim. |

Le li cochinchinois est la dixième partie d'une lieue commune de France, de 25 au degré, et correspond ainsi à 444.44 mètres. Un dam ou stadium fait 2 li ou 889 mètres; 5 dam font une lieue.

Comme il ne se fait à présent presqu'aucun commerce avec le Tonquin, il serait difficile d'établir les différences qui peuvent exister entre les monnaies, poids et mesures de ce pays et ceux de la Cochinchine, à laquelle il est actuellement soumis.

Dans le Camboje, qui dépend en partie de la Cochinchine et en partie du royaume de Siam, il y a de petites monnaies rondes en argent, de différentes grandeurs. La plus grande atteint à peine la dimension d'un liard. Elles sont appelées galls, et très sujettes à perdre de leur valeur, par suite de leur extrême petitesse; leur fabrication est très grossière. Les piastres ou dollars ont cours au pair à Camboje, et les cash cochinchinois y sont aussi reçus, mais avec une légère perte de change.

## COLOMBIE, *voir* Carthagène.

## COLOMBO (Ile de Ceylan.)

*Monnaies.* On compte en rixdaale à 12 fanams à 4 pice = F. 1.85 = £ 0.1s.6d.

Les monnaies étrangères ont cours aux taux suivants : la piastre d'Espagne pour £ 0.4s. 3 à 4d.; la roupie sicca de Calcutta pour £ 0.2s. 3 à 4d.; la roupie de Madras pour £ 0.1s.10 à 11d.

*Poids.* On se sert, pour la plupart des marchandises, du candy ou bahar qui = 500 livres avoirdupois = 226.77 kil. Quelquefois le candy est évalué à 247 kil.

*Mesure linéaire.* Le covid ou cobido = 469.9 millimètres.

D'après un édit rendu à Colombo, en Novembre 1836, le système des poids et mesures anglais doit être seul en vigueur dans l'île de Ceylan; seulement nous ferons observer que la colonie a conservé quelques-unes de ses anciennes traditions qui rappellent la domination hollandaise; nous donnons, en conséquence, le système des monnaies, poids et mesures anciennement en usage dans l'île.

### *Mesures de capacité pour les matières sèches.*

| | Ammonam | Parrahs | Marcals | Corneys | Seers | Cut-Chundoos | Rapports français | | Rapports anglais. | |
|---|---|---|---|---|---|---|---|---|---|---|
| Garce. . . . = | 25 | 200 | 400 | 1066 ⅔ | 4800 | 19200 | 5112.5 | litres | 140.655 | bushels. |
| Ammonam . . = | | 8 | 16 | 42 ⅔ | 192 | 768 | 204.5 | » | 5.6262 | » |
| Parrah . . . = | | | 2 | 5 ⅓ | 24 | 96 | 25.562 | » | 5.6261 | gallons. |
| Marcal . . . = | | | | 2 ⅔ | 12 | 48 | 12.78 | » | 2.813 | » |
| Corney . . . = | | | | | 4 ½ | 18 | 4.79 | » | 8.4341 | pintes. |
| Seer ou mesure rase = | | | | | | 4 | 1.065 | » | 1.8752 | » |
| Cut-chundoo ou chundoo ras = | | | | | | | 2.66 | décilit. | 0.4684 | » |

Le parrah est une mesure carrée de 16.7 pouces anglais de côté sur 5.6 pouces de profondeur, et contenant 1560 pouces cubes anglais. Il s'évalue généralement au poids, qui varie selon les articles; ainsi le parrah de riz pèse 44 ℔ avoirdupois = 19.96 kil.; celui de café, de poivre, et autres denrées analogues, pèse 30 ℔ = 13.61 kil.; celui de sel pèse 55 ℔ = 24.94 kil.

La garce de blé pèse 9256 ½ ℔ avoirdupois = 4198 kil.

*Mesures de capacité pour les liquides.*

| | | Veltes | Gallons | Canadas | Quarts | Drams | Rapports français | | Rapports anglais. |
|---|---|---|---|---|---|---|---|---|---|
| Leaguer | = | 75 | 150 | 375 | 750 | 11250 | 567.78 | litres | 124.9665 gallons |
| Velte ou welt | = | | 2 | 5 | 10 | 150 | 7.57 | » | 1.666 » |
| Gallon | = | | | 2½ | 5 | 75 | 3.785 | » | 6.6645 pintes. |
| Canada | = | | | | 2 | 30 | 1.514 | » | 2.664 » |
| Quart | = | | | | | 15 | 7.57 | décilit. | 1.332 » |
| Dram | = | | | | | | 5.— | centilit. | 0.0888 » |

# CONSTANTINOPLE (Turquie.)

## *Monnaies.*

Les monnaies de Turquie ont subi, depuis environ un siècle, tant de variations, qu'il est presque impossible de déterminer leur valeur exacte. L'état déplorable des finances de l'empire obligeait les sultans à altérer de plus en plus le titre des pièces qu'ils émettaient, au point qu'une piastre d'une valeur nominale d'un franc n'a plus cours maintenant dans le commerce que pour 22 à 23 centimes.

En 1845, on émit de nouvelles monnaies qui furent : En or : le juslik de 100 piastres = F. 22.50; l'ellilik de 50 piastres et les pièces de 10 et de 5 piastres avec une valeur proportionnelle. En argent : le medjedie de 20 piastres = F. 4.55; les pièces de 10, 5 et 2 piastres et de 40 et 20 paras, en proportion. Conjointement avec ces monnaies, frappées d'ailleurs en petite quantité, on permet la circulation d'anciennes monnaies dont voici les principales :

| En or : | | | En argent : | | |
|---|---|---|---|---|---|
| Sequin zermahboud de 1774.... = F. | 8.15 | | Yarmlec de 1767 ............. = F. | 1.— |
| dº dº de 1789.... = » | 6.45 | | Altmichlec de 1773......... = » | 3.28 |
| dº fondoukli de 1773 à 1789 = » | 9.58 | | Bechlik ................... = » | 1.11 |
| Malmoudié ................... = » | 13.30 | | Piastre de 1773 ............. = » | 2.21 |
| Stamboul................... = » | 6.65 | | dº de 1801 ............. = » | 1.38 |
| Messir de 1818................... = » | 5.53 | | dº de 1818 ............. = » | 0.98 |
| Adlié................... = » | 3 88 | | dº de 1830 ............. = » | 0.40 |
| | | | dº de 1831 ............. = » | 0.27 |

Les comptes se tiennent en piastres. La piastre = 40 paras = 100 bons aspres ou 120 aspres courants. La valeur de la piastre étant en ce moment de F. 0.22,17, celle du para est de F. 0.00,554. Les sommes importantes se comptent par bourses. Une bourse d'argent ou mise = 500 piastres. Une bourse d'or = 30,000 piastres. Un juck = 100,000 aspres monnayés.

## *Changes.*

| Amsterdam........... | ± | 372 | paras................... pour 1 florin des Pays-Bas. |
|---|---|---|---|
| Augsbourg ............ | ± | 451 | » ................... — 1 » courant. |
| Gênes ............ | ± | 188 | » ................... — 1 livre neuve. |
| Livourne............ | ± | 155 | » ................... — 1 » toscane. |
| Londres............ | ± | 117 | piastres................... — 1 » sterling. |
| Madrid............ | ± | 23½ | » ................... — 1 piastre. |
| Malte ............ | ± | 362 | paras................... — 1 écu de Tari. |
| Odessa............ | ± | 19 | piastres................... — 1 rouble argent. |
| Paris............ | ± | 186 | paras................... — 1 franc. |
| Trieste............ } Vienne............ } | ± | 422 | » ................... — 1 florin de convention, papier. |

## Poids.

| | Batmans | Okas | Rottoli | Cheki | Metical | Drachmes | Kara | Grains | Rapports. | |
|---|---|---|---|---|---|---|---|---|---|---|
| Cantaro ou quintal = | $7\,^1/_3$ | 44 | 100 | 176 | $11733\,^1/_3$ | 17600 | 281600 | 1126400 | 56.45 | kil. |
| Batman = | ………… | 6 | $13\,^7/_{11}$ | 24 | 1600 | 2400 | 38400 | 153600 | 7.7 | » |
| Oka ou oque = | | ……………… | $2\,^3/_{11}$ | 4 | $266\,^2/_3$ | 400 | 6400 | 25600 | 1.283 | » |
| Rottolo ou lodre = | | | ……………………… | $1\,^{19}/_{25}$ | $117\,^1/_3$ | 176 | 2816 | 11264 | 564.470 | gr. |
| Cheki ou yusdrome = | | | | ……………………… | $66\,^2/_3$ | 100 | 1600 | 6400 | 320.7 | » |
| Metical ou miscal = | | | | | ……………………… | $1\,^1/_2$ | 24 | 96 | 4.811 | » |
| Drachme ou dirhem = | | | | | | ……………………… | 16 | 64 | 3.207 | » |
| Kara ou kilot ou taim = | | | | | | | ……………………… | 4 | 2.005 | déc. |
| Grain = | | | | | | | | ……………………… | 5.0113 | cent. |

La tonne = 136 batmans = 1047.2 kil.

Par exception, le cheki d'opium est de 250 drachmes = 801.8 grammes ; le quintal de coton est de 45 okas = 57.73 kil.; le cheki de poil de chèvres = 800 drachmes = 2.565 kil.; le teffé qui sert pour la soie de Brousse = 610 drachmes = 1.956 kil.; le batman pour la soie de Perse = 6 okas = 7.698 kil.

Le titre des métaux précieux s'exprime en carats : l'or pur est à 24 carats à 4 grains ; l'argent pur, à 100 carats à 4 grains.

## Mesures de longueur.

Le draa-stambouli, appelé aussi petit pik ou endèze, et employé pour les cotons, les toiles et les tapis = 687.3 millimètres.

Le halebi appelé aussi grand pik ou archine, et employé pour les soieries et les tissus de laine, = 708.65 millimètres.

Les mesures itinéraires sont : La parasange ou agashe de $22\,^2/_9$ au degré = 3 berris = 5.001 kilomètres; le berri de $66\,^2/_3$ au degré = 1.667 kilomètres.

## Mesures de capacité.

Pour les matières sèches : Le fortin = 4 kiloz = 140.44 litres. Le kiloz ou killow = 35.11 litres. Le kiloz de seigle est censé peser 22 okas = 28.224 kil.; le kiloz de blé, 24 okas = 30.79 kil.; le kiloz de graine de lin, 20 okas = 25.66 kil. ; le kiloz d'orge, 16 okas = 20.53 kil.

Pour les liquides : L'alma ou meter = 5.2368 litres. L'alma d'huile pèse 8 okas = 10.26 kil. L'alma de vin pèse 12 okas = 15.40 kil. Les liquides se vendent d'ailleurs ordinairement au poids.

La commission d'achat et de vente est généralement de 2 % ; le courtage varie entre 1 et 2 % ; le ducroire est de 2 %, mais sans garantie contre l'incendie. Les frais que les marchandises ont à supporter sont très considérables ; ils s'élèvent quelquefois jusqu'à 30 %.

---

# COPENHAGUE (Danemark).

## Monnaies.

Les monnaies maintenant en circulation dans le Danemark, sont :

En or : …… Le ducat courant à 12 marcs (1757) = F. 9.39,41.

L'ancien christian d'or (1775) = F. 20.76,92.

Le ducat species (1791 à 1802) = F. 11.76,76.

Le frédéric d'or ou nouveau christian d'or (1827) = F. 20.48,75 ; le double frédéric d'or en proportion. Ces deux dernières monnaies sont les seules qu'on émette actuellement.

En argent : Le species rigsdaler (1813) à 2 rigsbankdaler ou 192 skilling nouveaux, = F. 5.61,61.

Le rigsbankdaler ou ¼ species rigsdaler, qui est à la fois monnaie de compte et monnaie réelle = 96 rigsbankskilling ; les pièces de 24, 16 et 12 rigsbankskilling, en proportion ; ces deux dernières perdent quelquefois un peu de leur valeur nominale.

Il y a aussi la pièce de ⅔ de thaler, frappée depuis 1830 pour le duché de Lauenbourg et qui = F. 2.88,60.

La monnaie de compte est le rigsbankdaler qui se subdivise en 6 marcs et en 96 skilling et vaut 1 ½ marc banco de Hambourg au pair, $=$ F. 2.81. Le marc $=$ 16 skilling $=$ F. 0.46,83 ; le skilling $=$ F. 0.02,93.

### Changes.

| | | | | |
|---|---|---|---|---|
| Amsterdam.... | 60 jours...... | $\pm$ 189 rigsbankdaler ..................... | pour 250 florins des Pays-Bas |
| Hambourg..... | courte vue | $\pm$ 200 d° | — 300 marcs banco. |
| Londres ........ | 60 jours...... | $\pm$ 8 d° 75 skillings...... | — 1 livre sterling. |
| Paris........... | à vue.......... | $\pm$ 84 rigsbankskilling ..................... | — 1 franc. |

Plus ordinairement les effets cotés en valeurs des pays étrangers se réduisent en marcs de banque au cours de Copenhague et ensuite en rigsbankdaler au cours du jour.

### Poids.

L'unité de poids de Copenhague est la livre, qui a des valeurs différentes suivant les objets qu'elle sert à peser. Il y a la livre de commerce, qui équivaut au poids de la $62^{me}$ partie d'un pied cube d'eau douce à la température ordinaire, la livre de pharmacie, et la livre pour l'or et l'argent.

Voici les multiples et les subdivisions de la livre de commerce :

| | Schiffpund | Quintaux | Wog | Liespund | Bismerpund | Livres | Rapports | |
|---|---|---|---|---|---|---|---|---|
| Last | $=$ 16 $^1/_4$ | 52 | 144 $^4/_9$ | 325 | 433 $^1/_3$ | 5200 | 2596.88 | kil. |
| Schiffpund | $=$ | 3 $^1/_5$ | 8 $^8/_9$ | 20 | 26 $^2/_3$ | 320 | 159.81 | » |
| Quintal | $=$ | | 2 $^7/_9$ | 6 $^1/_4$ | 8 $^1/_3$ | 100 | 49.94 | » |
| Wog ou waag | $=$ | | | 2 $^1/_4$ | 3 | 36 | 17.98 | » |
| Liespund | $=$ | | | | 1 $^1/_3$ | 16 | 7.99 | » |
| Bismerpund | $=$ | | | | | 12 | 5.993 | » |
| Livre | $=$ | | | | | | 0.499 | » |

| | Marcs | Onces | Lod | Qvintin | Orts | As | Esschen | Grains | Rapports | |
|---|---|---|---|---|---|---|---|---|---|---|
| Livre | $=$ 2 | 16 | 32 | 128 | 512 | 8192 | 8704 | 65536 | 499.4 | grammes. |
| Marc | $=$ | 8 | 16 | 64 | 256 | 4096 | 4352 | 32768 | 249.7 | » |
| Once | $=$ | | 2 | 8 | 32 | 512 | 544 | 4096 | 31.214 | » |
| Lod | $=$ | | | 4 | 16 | 256 | 272 | 2048 | 15.607 | » |
| Qvintin | $=$ | | | | 4 | 64 | 68 | 512 | 3.902 | » |
| Ort | $=$ | | | | | 16 | 17 | 128 | 97.55 | centigr. |
| As ou ess | $=$ | | | | | | 1 $^1/_{16}$ | 8 | 6.0969 | » |
| Esschen | $=$ | | | | | | | 7 $^9/_{17}$ | 5.7388 | » |
| Grain | $=$ | | | | | | | | 0.7621 | » |

On emploie à Copenhague pour la livre de pharmacie celle de Nuremberg dont nous avons déjà donné les subdivisions et les valeurs à l'article *Augsbourg*.

Pour les matières d'or et d'argent on se sert de la livre suivante :

| | Marcs | Lods | Qvintin | Orts | As | Grains | Rapports | |
|---|---|---|---|---|---|---|---|---|
| Livre | $=$ 2 | 32 | 128 | 512 | 8192 | 65536 | 470.8 | grammes. |
| Marc | $=$ | 16 | 64 | 256 | 4096 | 32768 | 235.4 | » |
| Lod | $=$ | | 4 | 16 | 256 | 2048 | 14.7125 | » |
| Qvintin | $=$ | | | 4 | 64 | 512 | 3.6781 | » |
| Ort | $=$ | | | | 16 | 128 | 91.9525 | centigr. |
| As | $=$ | | | | | 8 | 5.7468 | » |
| Grain | $=$ | | | | | | 0.7184 | » |

La monnaie royale ne fait pas usage de cette livre ; elle emploie le marc de Cologne dont nous avons donné les valeurs et les subdivisions à l'article *Augsbourg* ; voir également cet article pour l'évaluation des titres des matières d'or et d'argent.

### Mesures de longueur.

| | Perches | Favns | Aunes | Pieds | Pouces | Lignes | Rapports | |
|---|---|---|---|---|---|---|---|---|
| Mül ou lieue | $=$ 2400 | 4000 | 12000 | 24000 | 288000 | 3456000 | 7.5325 | kilom. |
| Rode ou perche | $=$ | 1 $^2/_3$ | 5 | 10 | 120 | 1440 | 3.1385 | mètr. |
| Favn ou toise | $=$ | | 3 | 6 | 72 | 864 | 1.883 | » |
| Alen ou aune | $=$ | | | 2 | 24 | 288 | 627.7 | millim. |
| Fod ou pied | $=$ | | | | 12 | 144 | 313.85 | » |
| Tommer ou pouce | $=$ | | | | | 12 | 26.1541 | » |
| Linier ou ligne | $=$ | | | | | | 2.1795 | » |

### Mesures de superficie.

| | Tonnes hart. | Tonnes sœdel. | Skiepper hart. | Fiérdingkar | Albums | Rapports |
|---|---|---|---|---|---|---|
| Pflug = | 8 | 32 | 64 | 128 | 768 | 17.6519 hectares |
| Tonne hartkorn = | .................. | 4 | 8 | 16 | 96 | 2.2065 » |
| Tonne sædeland = | | .......................... | 2 | 4 | 24 | 55.1622 ares |
| Skiepper hartkorn = | | | ...................... | 2 | 12 | 27.5811 » |
| Fierdingkar = | | | | ...................... | 6 | 13.7905 » |
| Album = | | | | | ...................... | 2.2984 » |

| | Penges | Perches carrées | Aunes carrées | Pieds carrés | Pouces carrés | Lignes carrées | Rapports |
|---|---|---|---|---|---|---|---|
| Album = | 4 | 23 1/3 | 583 1/3 | 2333 1/3 | 336000 | 48384000 | 229.8427 mèt. carrés |
| Penge = | | 5 5/6 | 145 5/6 | 583 1/3 | 84000 | 12096000 | 57.4607 » |
| Perche carrée = | | | 25 | 100 | 14400 | 2073600 | 9.8504 » |
| Aune carrée = | | | | 4 | 576 | 82944 | 39.4016 déc. carrés |
| Pied carré = | | | | | 144 | 20736 | 9.8504 » |
| Pouce carré = | | | | | | 144 | 684.0556 millim. car. |
| Ligne carrée = | | | | | | | 4.7504 » |

### Mesures de solidité.

La mesure employée pour les bois de chauffage est le faden légal qui mesure 3 aunes de long et de haut sur 1 aune de large : l'aune valant 2 pieds danois, le faden équivaut à 72 pieds cubes = 2.2259 stères.

On emploie aussi le faden de 3 aunes (6 pieds) de haut, de long et de large, soit de 216 pieds cubes = 6.6778 stères.

### Mesures de capacité pour les matières sèches.

| | Fierding | Skieppe | Fierdingkar | Ottingkar | Sextingkar | Pott | Rapports |
|---|---|---|---|---|---|---|---|
| Tonne = | 4 | 8 | 32 | 64 | 128 | 144 | 139.11 litres |
| Fierding = | .............. | 2 | 8 | 16 | 32 | 36 | 34.78 » |
| Skieppe ou boisseau = | | .............. | 4 | 8 | 16 | 18 | 17.39 » |
| Fierdingkar = | | | .............. | 2 | 4 | 4 1/2 | 4.35 » |
| Ottingkar = | | | | .............. | 2 | 2 1/4 | 2.17 » |
| Sextingkar = | | | | | .............. | 1 1/8 | 1.09 » |
| Pott ou pot = | | | | | | .............. | 0.966 » |

Une tonne équivaut à 4 ½ pieds cubes danois ; un pot est la 32$^{me}$ partie d'un pied cube = 54 pouces cubes.

### Mesures de capacité pour les liquides.

| | Foudre | Pipes | Oxehov. | Aimes | Ancres | Viertels | Stubch. | Kanden | Pots | Pegels | Rapports |
|---|---|---|---|---|---|---|---|---|---|---|---|
| Stykfad = | 1 1/4 | 2 1/2 | 5 | 7 1/2 | 30 | 150 | 300 | 581 1/4 | 1162 1/2 | 4650 | 1123.01 litres. |
| Foudre = | ........ | 2 | 4 | 6 | 24 | 120 | 240 | 465 | 930 | 3720 | 898.4 » |
| Pipe = | | .............. | 2 | 3 | 12 | 60 | 120 | 232 1/2 | 465 | 1860 | 449.2 » |
| Oxehoved = | | | .............. | 1 1/2 | 6 | 30 | 60 | 116 1/4 | 232 1/2 | 930 | 224.6 » |
| Aime = | | | | .............. | 4 | 20 | 40 | 77 1/2 | 155 | 620 | 149.73 » |
| Ancre = | | | | | .............. | 5 | 10 | 19 3/8 | 38 3/4 | 155 | 37.43 » |
| Viertel = | | | | | | .............. | 2 | 3 7/8 | 7 3/4 | 31 | 7.487 » |
| Stubchen = | | | | | | | .............. | 1 15/16 | 3 7/8 | 15 1/2 | 3.743 » |
| Kande = | | | | | | | | .............. | 2 | 8 | 1.932 » |
| Pot = | | | | | | | | | .............. | 4 | 0.966 » |
| Pegel = | | | | | | | | | | .............. | 0.2415 » |

Aujourd'hui on compte dans le commerce la pipe pour 480 pots, au lieu de 465 pots, sa valeur réelle ; elle équivaut alors à 463.70 litres.

La tonne employée pour la bière, la farine, la viande, le suif, l'huile de baleine, le savon, etc., est de 136 pots ; elle porte alors le nom de öltonde et = 141.38 litres. La tonne de goudron du nord est de 120 pots.

La commission d'achat est de 2 % ; la commission de vente aussi de 2 %, plus 1 % de ducroire ; le courtage varie suivant l'importance de l'affaire entre ⅜ et ½ %.

---

**CORFOU** (Iles Ioniennes).

L'usage des monnaies, poids et mesures d'Angleterre est obligatoire dans les îles

Ioniennes (*voir* Londres); quelques noms seuls ont été changés: Ainsi la livre avoir-dupois porte le nom de libbra grossia ionia; la livre troy, celui de libbra sottile ionia; le yard, celui de jardaiona; le pole, celui de camaco; le furlong, celui de stadio; le bushel, celui de kilo; la pinte, celui de dicotilo.

On compte encore en piastres d'Espagne à 100 cents ou oboli = F. 5.39; on donne à ces piastres une valeur de 52 pence.

Les anciens poids et mesures ne sont pas entièrement tombés en désuétude : ainsi on estime encore quelquefois la libbra grossia, que l'on divise en 12 onces, à 1.055 livres avoirdupois = 0.4785 kil., et la libbra sottile, que l'on divise en 8 onces, à 0.318 kil. Le centinajo ou quintal = 100 livres; le migliago ou millier = 1000 livres.

Les matières sèches se mesurent encore au moggio, qui se divise en 8 mesures et vaut 4.634 bushels anglais = 168.42 litres. Dans le commerce on compte un moggio pour 5 bushels de Winchester. Le sel se vend au centinajo de 30 sacchi ou de 60 mozzette. Un centinajo de sel pèse environ 4200 libbras grossias = 2009 kil.

---

**CUBA**, *voir* Havane (La).

---

**DANEMARK**, *voir* Copenhague et Elseneur.

---

### DANTZICK (PRUSSE).

Les monnaies employées maintenant à Dantzick sont les mêmes que celles de Berlin. Dans le commerce on divise ordinairement le thaler en 3 florins à 10 gros d'argent.

#### Changes.

| | | | | | |
|---|---|---|---|---|---|
| Amsterdam... | ± 102 | gros d'argent | pour | 6 | florins des Pays-Bas. |
| Berlin | ± 100 | thalers | — | 100 | thalers courants de Prusse. |
| Hambourg. | ± 45 | gros d'argent | — | 3 | marcs banco. |
| Londres | ± 205 | » » | — | 1 | livre sterling. |
| Paris | ± 78 ¾ | thalers | — | 300 | francs. |
| Varsovie | ± 94 ¾ | » | — | 600 | florins polonais. |
| Vienne | ± 94 | » | — | 150 | florins de convention. |

Les poids et mesures institués pour toute la Prusse par le décret de 1816 (*voir* Berlin), ont seuls cours légal à Dantzick. Cependant les poids et mesures employés précédemment n'étant pas encore complétement tombés en désuétude, nous avons cru devoir en donner ci-dessous la nomenclature.

#### ANCIEN SYSTÈME.

#### Poids.

Les anciens poids de Dantzick sont les mêmes que ceux qu'a légalisés l'ordonnance de 1816, mais avec des valeurs différentes.

| | | Marcs | Onces | Gros | Quentchen | Pfennigen | Hellers | Rapports | |
|---|---|---|---|---|---|---|---|---|---|
| Livre | = | 2 | 16 | 32 | 128 | 512 | 1024 | 435.5 | grammes |
| Marc | = | | 8 | 16 | 64 | 256 | 512 | 217.75 | » |
| Once | = | | | 2 | 8 | 32 | 64 | 27.2188 | » |
| Gros | = | | | | 4 | 16 | 32 | 13.6094 | » |
| Quentchen | = | | | | | 4 | 8 | 3.4023 | » |
| Pfennig | = | | | | | | 2 | 0.8506 | » |
| Heller | = | | | | | | | 0.4253 | » |

On emploie aussi comme poids, la pierre ou stein à laquelle on donne des valeurs diverses suivant les marchandises qu'elle est destinée à peser :

La petite pierre pour le sucre, le riz, le sirop, etc., = 22 liv. prussiennes = 10.29 kil.

La grosse pierre pour le chanvre, les cordages, le lin = 33      »      = 15.43 »

Le schiffpfund employé pour peser ces derniers articles = 3 centner = 10 grosses pierres.
Le liespfund = 16 ½ livres = 7.7172 kil.

Pour l'or et l'argent, on se sert du marc de Cologne et de ses subdivisions, poids légal pour toute l'Allemagne : *voir* Augsbourg. On divise aussi ce marc en 24 schott ou carats ; ce carat = ainsi 9.744 grammes.

### *Mesures de longueur.*

|                        |   | Ruthen | Aunes | Pieds | Pouces | Atchels | Rapports |         |
|------------------------|---|--------|-------|-------|--------|---------|----------|---------|
| Seil                   | = | 10     | 75    | 150   | 1800   | 14400   | 43.0328  | mètres  |
| Ruthe ou perche        | = |        | 7½    | 15    | 180    | 1440    | 4.3033   | »       |
| Aune                   | = |        |       | 2     | 24     | 192     | 573.8    | millimètres |
| Pied                   | = |        |       |       | 12     | 96      | 286.9    | »       |
| Pouce                  | = |        |       |       |        | 8       | 23.9     | »       |
| Atchel ou huitièmes    | = |        |       |       |        |         | 2.9875   | »       |

Dans le commerce des bois, on emploie ordinairement le pied anglais.

### *Mesures de superficie.*

|                         |   | Haken | Morgen | Seile carrés | Ruthen carrés | Pieds carrés | Rapports |              |
|-------------------------|---|-------|--------|--------------|---------------|--------------|----------|--------------|
| Hube                    | = | 1½    | 30     | 90           | 9000          | 2025000      | 16.6664  | hectares     |
| Haken                   | = |       | 20     | 60           | 6000          | 1350000      | 11.1109  | »            |
| Morgen ou arpent        | = |       |        | 3            | 300           | 67500        | 55.5546  | ares         |
| Seil ou chaîne carrée   | = |       |        |              | 100           | 22500        | 18.5182  | »            |
| Ruthe ou perche carrée  | = |       |        |              |               | 225          | 18.5182  | mèt. carrés  |
| Pied carré              | = |       |        |              |               |              | 0.0823   | »            |

### *Mesures de solidité.*

Le faden, employé dans le mesurage des bois, a 6 anciens pieds de Dantzick de long et de haut : quand les bûches ont deux pieds, le faden contient 72 pieds cubes = 1.7 stère ; quand elles en ont 3, il contient 108 pieds cubes = 2.55 stères.

### *Mesures de capacité pour les matières sèches.*

|                      |   | Scheffels | Viertels | Metzen | Rapports |             |
|----------------------|---|-----------|----------|--------|----------|-------------|
| Malter               | = | 16        | 64       | 256    | 8.2437   | hectolitres |
| Scheffel ou boisseau | = |           | 4        | 16     | 51.5232  | litres      |
| Viertel              | = |           |          | 4      | 12.8808  | »           |
| Metzen               | = |           |          |        | 3.2202   | »           |

### *Mesures de capacité pour les liquides.*

|                   |   | Tonnes | Stofs | Quartiers | Rapports |            |
|-------------------|---|--------|-------|-----------|----------|------------|
| Fast de bière     | = | 2      | 180   | 720       | 414.18   | litres     |
| Tonne de bière    | = |        | 90    | 360       | 207.9    | »          |
| Stof de bière     | = |        |       | 4         | 2.31     | »          |
| Quartier de bière | = |        |       |           | 5.775    | décilitres |

Le stof destiné à mesurer le vin ne valait que 1.716 litre.

On employait aussi la pipe ou both qui était le double de l'oxoft légal de Berlin et valait par conséquent 4.1222 litres.

La commission est de 2 %, sauf dans les achats de bois où elle atteint 3 % ; le ducroire est de 1 à 2 %. Dans le commerce de grains, l'acheteur paie 1 % de courtage.

---

## DARMSTADT (Hesse).

Pour les *monnaies* et les *poids*, *voir* Carlsruhe.

*Mesures de longueur.* Le pied ou fuss = 10 pouces = 100 lignes = 0.25 mètre. La toise ou klafter = 10 pieds. L'aune ou elle = 24 pouces = 0.60 mètre ; on la subdivise en quarts, huitièmes et seizièmes. La lieue = 3000 toises = 7.5 kilomètres.

*Mesures de superficie.* La toise carrée = 100 pieds carrés = 6.25 mètres carrés. L'arpent ou morgen = 4 viertels ou quarts = 400 toises carrées = 40000 pieds carrés = 25 ares.

*Mesures de solidité.* La corde ou stecken pour le bois à brûler = 100 pieds. cubes = 1.56 stère. La toise cube ou klafter usitée pour les terrassements et la maçonnerie = 1000 pieds cubes = 15.625 mètres cubes.

*Mesures de capacité.* Pour les matières sèches : Le malter = 4 simmer = 16 kümpfe = 64 gescheid = 256 maesschen = 128 litres ; le maesschen = 0.50 litre.

Pour les liquides : L'aime ou ohm = 20 viertel = 80 mass = 320 schoppen = 160 litres ; la schopp = 0.50 litre.

---

## DEUX-SICILES, *voir* Naples et Palerme.

---

## DOMINICAINE (RÉPUBLIQUE), *voir* Port-au-Prince.

---

## DRESDE (SAXE).

Les monnaies poids et mesures de Dresde sont ceux usités dans toute la Saxe, *voir* Leipsig ; il n'y a d'exception que pour les mesures de capacité destinées aux liquides.

### Mesures de capacité pour le vin.

| | Fass | Barriq. | Aimes | Eimer | Ancres | Visir-kan | Kannen | Rapports | |
|---|---|---|---|---|---|---|---|---|---|
| Foudre. . . . = | 2 2/5 | 4 | 6 | 12 | 24 | 576 | 864 | 8.089 | hectol. |
| Fass. . . . = | | 1 2/3 | 2 1/2 | 5 | 10 | 240 | 360 | 337.06 | litres |
| Barrique ou oxhoft = | | | 1 1/2 | 3 | 6 | 144 | 216 | 202.24 | » |
| Aime . . . . = | | | | 2 | 4 | 96 | 144 | 134.82 | » |
| Eimer . . . . = | | | | | 2 | 48 | 72 | 67.41 | » |
| Ancre . . . . = | | | | | | 24 | 36 | 33.71 | » |
| Visir-kanne . . = | | | | | | | 1 1/2 | 1.404 | » |
| Kanne . . . . = | | | | | | | | 0.936 | » |

La kanne se divise en 2 noessel ou en 8 quartiers.— 9 kannen de Dresde = 7 kannen de Leipsig.

L'oxhoft, vin de France, se compte pour 3 eimer de Dresde ou 2 ⅔ eimer de Leipsig ; l'oxhoft, eau-de-vie de France, se compte pour 3 eimer de Leipsig ou 3 ⅜ eimer de Dresde = 227.52 litres.

### Mesures de capacité pour la bière.

| | Kufe | Fass | Viertels | Tonnes | Visir-kannen | Kannen | Rapports | |
|---|---|---|---|---|---|---|---|---|---|
| Gebräude ou brassin = | 12 | 24 | 48 | 96 | 6720 | 10080 | 94.38 | hect. |
| Kufe ou cuve = | | 2 | 4 | 8 | 560 | 840 | 7.86 | » |
| Fass ou tonneau = | | | 2 | 4 | 280 | 420 | 3.93 | » |
| Viertel = | | | | 2 | 140 | 210 | 1.97 | » |
| Tonne ou baril = | | | | | 70 | 105 | 98.31 | litres |
| Visir-kanne = | | | | | | 1 ½ | 1.404 | » |
| Kanne = | | | | | | | 0.936 | » |

---

## EGYPTE, *voir* Alexandrie.

---

## ELSENEUR (DANEMARK).

Les monnaies, poids et mesures employés à Elseneur sont les mêmes que ceux employés à Copenhague ; *voir* cette ville. Il n'y a de différences que pour les mesures de capacité destinées aux liquides. Voici les valeurs correspondantes de ces dernières :

|              |     | Pipes | Barriques | Aimes | Ancres | Veltes | Pots | Rapports |              |
|--------------|-----|-------|-----------|-------|--------|--------|------|----------|--------------|
| Foudre       | =   | 2     | 4         | 6     | 24     | 120    | 960  | 9.274    | hectolitres  |
| Pipe ou both | =   |       | 2         | 3     | 12     | 60     | 480  | 4.637    | »            |
| Barrique     | =   |       |           | 1½    | 6      | 30     | 240  | 2.319    | »            |
| Aime         | =   |       |           |       | 4      | 20     | 160  | 1.546    | »            |
| Ancre        | =   |       |           |       |        | 5      | 40   | 38.64    | litres       |
| Fyrtel ou velte | = |     |           |       |        |        | 8    | 7.73     | »            |
| Pot          | =   |       |           |       |        |        |      | 9.66     | décilitres   |

**EQUATEUR,** *voir* Quito.

**ESPAGNE,** *voir* Alicante, Barcelone, Cadix, Madrid, Malaga, Navare.

**ETATS-ROMAINS,** *voir* Rome.

**ETATS-UNIS d'AMÉRIQUE,** *voir* New-York.

## FLORENCE (Toscane).

Pour le nouveau système, *voir* Italie (Royaume d').

### ANCIEN SYSTÈME.

Les *monnaies* en circulation sont : En or : la pièce de 80 florini = 133 lire 6 soldi 8 denari = F. 112.35; le ruspone de 3 sequins ou 24 fiorini = 40 lire = F. 36.04 (comme l'or jouit en Toscane d'un agio de 7 % sur l'argent, le ruspone est pris pour 42 lire 16 sous en argent); le sequin valant le ⅓ du précédent; la pistole ou doppia valant F. 21.09; la pièce à la rose ou rosine valant F. 21.54.

En argent : Le francesconi = 10 paoli = 4 fiorini = 6 ⅔ lire = F. 5.60; le franceschino moitié du précédent; le fiorino = 1 ⅔ lire = 100 quattrini = F. 1.40; le tallari = 6 lire = 9 paoli = F. 5.04; le testoni valant le ⅓ du précédent ; la dena = 10 lire = 15 paoli = F. 8.40; la lire = F. 0.84; les multiples et sous multiples de ces pièces sont très nombreux.

En billon : Le crazia = 5 quattrini = 1 soldo 8 denari = F. 0 07; le soldo = 12 denari = F. 0.04,10; le quattrino = F. 0.01,40.

La seule monnaie légale de compte et de change admise depuis 1837 est la livre florentine ou toscane, appelée moneta buona, qui se divise en 100 centimes; on la divise encore comme autrefois en 20 sous à 12 deniers soit 240 deniers; cette monnaie de compte a la même valeur que la monnaie effective et vaut par conséquent F. 0.84.

Voici les principales monnaies de compte autrefois en usage :

La piastre de change de 8 réaux qu'on divisait en 20 sous à 12 deniers et qui valait 5 ¾ livres effectives d'or ou moneta buona = F. 5.17.

La piastre de compte de 8 réaux valant 5 ¾ livres effectives d'argent ou moneta buona = F. 4.83.

Le ducat courant qui valait 7 livres argent = F. 5.88.

### *Changes.*

| Amsterdam            | ± 244 | lire toscanes | pour 100 | florins des Pays-Bas. |
|----------------------|-------|---------------|----------|------------------------|
| Augsbourg            | ± 297 | »             | — 100    | florins au pied de 20, |
| Francfort-sur-le-Mein | ± 249 | »            | — 100    | florins au pied de 24. |
| Gênes                | ± 116 | »             | — 100    | livres neuves.         |
| Hambourg             | ± 218 | »             | — 100    | marcs banco.           |

| Londres | ± | 29 lire 75 cent | pour | 1 livre sterling. |
|---|---|---|---|---|
| Madrid | ± | 450 lire toscanes | — | 100 piastres de change. |
| Naples | ± | 508 » | — | 100 ducats. |
| Paris | ± | 116 ½ » | — | 100 francs. |
| Rome | ± | 631 » | — | 100 écus romains. |
| Trieste | ± | 297 » | — | 100 florins au pied de 20. |
| Venise | ± | 100 ½ » | — | 100 livres autrichiennes. |
| Vienne | ± | 297 » | — | 100 florins au pied de 20. |

*Poids.* La livre de Toscane = 12 onces = 339.55 grammes; l'once = 8 drachmes = 24 deniers = 28.3 grammes; le denier = 24 grains. Les mêmes poids servent pour peser l'or et l'argent.

*Mesures linéaires.* La brasse = 2 palmes = 583.6 millim.; la palme = 10 soldi = 120 denari = 291.8 millim. La canne du commerce = 4 brasses = 2.3344 mètres; la canne des arpenteurs et architectes = 2 ½ passetti = 5 brasses = 2.918 mètres. Les arpenteurs divisent la brasse en 12 crazie de 5 quattrini.

Le mille toscan = 566 ⅔ cannes = 2833 ⅓ brasses = 1653.5 mètres.

*Mesures de superficie.* La saccata = 10 stajoli = 56.1972 ares; le stajolo = 66 cannes ou pertiches carrées = 1650 brasses carrées = 5.62 ares. On se sert également en Toscane d'une mesure appelée quadrato qui = 400 cannes ou pertiches carrées = 10,000 brasses carrées = 34.0589 ares. Enfin on emploie aussi le stioro qui = 12 panori = 48 pertiches carrées = 4.0871 ares.

*Mesures de capacité.* Pour les grains l'unité est le sac.

| | | Staja | Mine | Quarti | Metadelle | Mezzette | Quartucci | Bussoli | Rapports | |
|---|---|---|---|---|---|---|---|---|---|---|
| Sac | = | 3 | 6 | 12 | 48 | 96 | 192 | 384 | 73.08 | litres |
| Stajo | = | | 2 | 4 | 16 | 32 | 64 | 128 | 24.36 | » |
| Mine | = | | | 2 | 8 | 16 | 32 | 64 | 12.18 | » |
| Quarti | = | | | | 4 | 8 | 16 | 32 | 6.09 | » |
| Metadelle | = | | | | | 2 | 4 | 8 | 1.52 | » |
| Mezzette | = | | | | | | 2 | 4 | 0.76 | » |
| Quartuccio | = | | | | | | | 2 | 0.381 | » |
| Bussole | = | | | | | | | | 0.19 | » |

Pour les liquides : Le baril de vin = 20 fiaschi = 45.58 litres; il pèse 133 ⅓ livres, soit 45.27 kil.; le baril d'huile = 16 fiaschi = 33.43 litres; il pèse 88 livres, soit 29.88 kil. Le fiasco = 2 boccali = 4 mezzette = 8 quartucci; quand il sert à mesurer le vin, = 2.279 litres; quand il sert à mesurer l'huile, = 2.089 litres.

---

## FRANCFORT-SUR-LE-MEIN (PRUSSE).

*Monnaies.*

La ville libre de Francfort ayant adhéré à la convention monétaire de l'Association Allemande, c'est à l'article *Zollverein* qu'on doit se reporter pour connaître les nouvelles monnaies que fait maintenant frapper cette ville.

Les principales monnaies anciennes actuellement en circulation sont : En or : la couronne = F. 34 44; le ducat au pied de l'empire = F. 11.85,11.

En argent : le species-thaler ou écu d'espèce de convention au pied de 20, valant 2 florins effectifs, soit 120 kreutzer, ou 2 florins 24 kreutzer au pied de 24 = F. 5.19,49; les sous-multiples en proportion; le florin ou gulden au pied de 24 ½ = F. 2.12,16; le kronenthaler = 2 florins 42 kreutzer, au pied de 24 = F. 5.83; le thaler d'union (1857) = 1 ¾ florin = F. 3.70,38.

Monnaie de compte. On compte par reichsthaler ou rixdale de 90 kreutzer, ou par florin de 60 kreutzer; le kreutzer se divise en 4 heller et en 16 pfennige. Cette monnaie se compte des différentes manières qui suivent, le reichsthaler allant pour 1 ½ florin.

Le florin au pied de 20 ou florin de convention = F. 2.59,70; ne sert guère que pour la cote des fonds publics autrichiens.

Le florin au pied de 22 = F. 2.36,09; ne sert que pour quelques impôts municipaux.

Le florin au pied de 24, aussi appelé monnaie argent léger, ou pied du Rhin = F. 2.16,50; est assez généralement employé.

Le florin au pied de 24 ½ = F. 2.12; ce florin était la monnaie de compte légale dans tout le Zollverein jusqu'à la convention du 24 Janvier 1857; il n'est pas encore tombé en désuétude.

Le florin de change au pied de 20 4/55 = F. 2.58,80; ne sert que pour certaines cotes de change.

On compte aussi quelquefois en thaler de Prusse au pied de 14 = F. 3.71,17.

Voici quelques rapports de ces différentes monnaies de compte entre elles :

$$
\begin{array}{rccl}
5 \text{ florins au pied de } 20 & = & 6 \text{ florins au pied de } 24. \\
275 \quad » \quad » \quad \text{de } 20 & = & 276 \quad » \quad \text{de change.} \\
12 \quad » \quad » \quad \text{de } 24 & = & 7 \text{ thaler au pied de } 14. \\
49 \quad » \quad » \quad \text{de } 24 ½ & = & 48 \text{ florins au pied de } 24. \\
7 \quad » \quad » \quad \text{de } 24 ½ & = & 4 \text{ thaler au pied de } 14.
\end{array}
$$

### Changes.

| | | | |
|---|---|---|---|
| Amsterdam | ± 99 ½ florins au pied de 24 | pour 100 | florins des Pays-Bas. |
| Anvers | ± 94 » » | — 200 | francs. |
| Augsbourg | ± 100 ¼ » » | — 100 | florins au pied de 52 ½. |
| Berlin | ± 105 ¼ » » | — 60 | thaler courants de Prusse. |
| Brême | ± 97 » » | — 50 | thaler louis d'or. |
| Cologne | ± 103 ½ » » | — 60 | thaler courants de Prusse. |
| Hambourg | ± 88 » » | — 100 | marcs banco. |
| Leipsig | ± 104 » » | — 60 | thaler courants de Prusse. |
| Londres | ± 118 ½ » » | — 10 | livres sterling. |
| Paris | ± 94 » | — 200 | francs. |
| Vienne | ± 108 ¼ » » | — 100 | florins d'Autriche. |

### Poids.

On se sert de deux sortes de poids : les poids légers, poids réels, employés dans le commerce de détail, et les poids lourds, poids fictifs, employés dans le commerce de gros.

La livre légère ou poids d'argent est celle de Prusse, dont nous avons donné la valeur et les subdivisions à l'article *Berlin*; mais ses multiples ne sont pas les mêmes : le quintal ne vaut que 108 livres légères.

La livre lourde = 505.128 grammes; on la divise comme la précédente, mais plus fréquemment en demies, quarts et seizièmes; le quintal vaut 100 livres lourdes; donc 1 livre lourde = 1.08 livre légère. La pierre = 22 livres lourdes = 11.113 kil.; le last = 2 tonnes; la tonne = 20 quintaux = 1010.256 kil.; le schiffpfund = 3 quintaux = 151.539 kil.

Il y a en outre quelques poids spéciaux : la livre de farine = 32.9 loth ou gros = 480.87 grammes; la livre de poisson = 35 gros = 511.56 grammes; la livre de viande et de beurre = 33 gros = 482.33 grammes.

La livre de pharmacie est celle de Nuremberg qui = 357.9 grammes; elle se divise comme la livre de pharmacie en usage à Berlin.

Les métaux précieux se pèsent au marc de Cologne dont nous avons donné la valeur et les subdivisions à l'article Augsbourg. Ce marc est égal à la moitié de la livre légère; pour peser les perles on le divise en 1136 carats de 4 grains; le carat = 2.0583 décigr.

Les joailliers emploient également deux autres poids : 1° la couronne, qui sert pour l'or travaillé et contrôlé, et dont on compte 69 ½ au marc; elle = donc 3.365 grammes; on la divise en demies, quarts, seizièmes, etc.; 2° le ducat, qui sert pour les pièces d'or retirées de la circulation et dont on compte 67 au marc; il = donc 3.49 grammes; on le divise en 60 as-ducats; l'as-ducat = 5.817 milligr.

Le titre de l'or s'évalue en carats, dont 24 au marc, et le titre de l'argent en loths, dont 16 au marc; 1 carat = 12 grain; 1 loth = 18 grains.

### Mesures de longueur.

Le pied, appelé fuss ou werkschuh = 12 pouces = 144 lignes = 28.461 centimètres; le pouce = 2.372 centim.; la ligne = 1.98 millim.

L'aune ordinaire ou elle = 54.73 centim.; elle sert pour les tissus venus de la Suisse, et du nord et de l'est de l'Allemagne.

L'aune de Brabant = 69.92 centim.; elle sert pour les tissus de l'Angleterre, des Pays-Bas, de la Prusse rhénane, de l'ouest de l'Allemagne, etc.

L'aune de France appelée stab = 1.182 mètre; elle sert pour les tissus français, les soieries et dans le commerce de détail.

La brasse ou klafter = 6 pieds ordinaires = 1.7077 mètre.

La feldruthe ou perche d'arpentage = 10 pieds d'arpentage = 3.558 mètres.

Le pied d'arpentage ou feldfuss = 10 pouces = 100 lignes = 1 ¼ pied ordinaire = 35.576 centimètres.

La waldruthe ou perche de forêt = 10 pieds de forêt = 4.511 mètres; on la divise quelquefois aussi en 16 parties.

### *Mesures de superficie.*

La hufe = 30 morgen = 4800 perches carrées = 6.0752 hectares.

Le morgen ou arpent = 160 perches carrées = 16000 pieds d'arpentage carrés = 20.2508 ares.

La perche carrée ou ruthe carrée = 100 pieds d'arpentage carrés = 156.25 pieds ordinaires carrés = 12.6567 mètres carrés.

La perche superficielle des maçons a 13 pieds de long sur 12 de large = 156 pieds carrés = 12.6365 mètres carrés.

### *Mesures de solidité.*

Le klafter a 6 pieds de large, 7 de haut et 3 de bûche; il = 126 pieds cubes = 2.9048 stères. Le stecken est une membrure carrée, qui a 3 ½ pieds de côté. Le gilber contient 2 ou 3 stecken.

### *Mesures de capacité pour les matières sèches.*

| | | Simmer | Metzen | Sechter | Gescheid | Mæesschen | Schrott | Rapports | |
|---|---|---|---|---|---|---|---|---|---|
| Achtel ou malter | = | 4 | 8 | 16 | 64 | 256 | 1024 | 114.73 | litres |
| Simmer | = | | 2 | 4 | 16 | 64 | 256 | 28.68 | » |
| Metze | = | | | 2 | 8 | 32 | 128 | 14.342 | » |
| Sechter | = | | | | 4 | 16 | 64 | 7.171 | » |
| Gescheid | = | | | | | 4 | 16 | 1.793 | » |
| Mæesschen ou viertel | = | | | | | | 4 | 0.448 | » |
| Schrott | = | | | | | | | 0.112 | » |

Les grains se mesurent généralement ras; les légumes et les fruits se mesurent comble ; l'avoine se pèse : on compte 110 livres, poids de douane, soit 55 kil. pour 1 malter d'avoine. On pèse également la farine, en comptant pour 1 malter 138 livres, poids de douane, moins 3 livres pour le sac, soit 67.5 kil.

La kohlenbütte ou cuve à charbon = 5.2574 pieds cubes de Francfort = 121.2 litres

La kalkbütte ou cuve à chaux = 6.157  »  »  »  = 141.95 »

mais ceci est la valeur mesuré ras, et la chaux et le charbon se mesurant comble, il faut ajouter à ces valeurs environ un tiers..

### *Mesures de capacité pour les liquides.*

Dans le commerce en gros on se sert des altmass ou anciennes mesures, et dans le commerce de détail des jungmass ou nouvelles mesures appelées aussi schenkmass et zapfmass ; on compte 8 altmass pour 9 jungmass.

| | | Viertel | Altmass | Jungmass | Chopines vieilles | Chopines nouvelles | Rapports | |
|---|---|---|---|---|---|---|---|---|
| Aime ou ohm . . . | = | 20 | 80 | 90 | 320 | 360 | 143.42 | litres |
| Viertel ou quart . | = | | 4 | 4¹/₂ | 16 | 18 | 7.171 | » |
| Altmass ou vieux pot . | = | | | 1¹/₈ | 4 | 4¹/₂ | 1.793 | » |
| Jungmass ou pot nouveau | = | | | | 3⁵/₉ | 4 | 1.594 | » |
| Chopine vieille . . | = | | | | | 1¹/₈ | 4.482 | décil. |
| Chopine nouvelle . . | = | | | | | | 3.984 | » |

Le stükfass = 2 zulaste = 8 aimes = 1147.34 litres

Le foudre = 4 oxhoft = 6 » = 860.50 »

Le zulaste. . . . . = 4 » = 573.67 »

L'oxhoft. . . . . . = 1½ » = 215.13 »

## GÊNES (PIÉMONT).

Le système métrique français, pour les monnaies, poids et mesures, est maintenant seul légalement en usage dans toute l'Italie.

Le petit commerce compte encore quelquefois à Gênes par lire à 20 soldi à 12 denari.

On se servait de deux sortes de poids : la livre légère, peso sottile, employée dans le petit commerce pour peser l'or, l'argent, les marchandises de valeur, et qui égale 317 grammes, et la livre lourde ou peso grosso, de dix pour cent plus lourde que la précédente et qui vaut 349 grammes ; ces deux livres se divisent en 12 onces, 288 denari, 6912 grani.

Le rottolo comprend 1 ½ livre, soit légère soit lourde, et égale, suivant le cas, 475 grammes ou 523 grammes.

Le rubbi se compose de même de 25 livres lourdes ou légères.

Le cantaro = 6 rubbi = 100 rottoli = 150 livres lourdes ou légères ; le cantaro peso sottile = 47.55 kilogr. ; le cantaro peso grosso = 52.30 kil.

Canne ordinaire ou de la douane = 10 palmi = 2.49 mètres.

Canne ou canella pour l'arpentage = 12　　　» 　= 2.99 　»

Braccio = 2 ⅓ palmi = 581.25 millim.

Palmo = 249.1 millim.

Piede liprando = 12 oncie = 144 punti = 1728 atomi = 513.77 millim.

Piede nominale = 8　　» 　= 96　　» 　= 1152　　» 　= 342.51　　　»

Lieue marine = 5.5555 kilomètres.

Mille gênois = 1.488　　　»

Mine ou emine, mesure pour les matières sèches, = 8 quarts = 96 gombetti = 120.7 litres.

Gombetta = 1.257 litre.

Barile de vin = 50 pintes = 90 amole = 74.23 litres ; en poids on l'évalue à 225 livres légères.

Mezzaruola = 2 barile de vin = 100 pintes = 148.46 litres.

Barile d'huile = 4 quarti = 64 quarteroni = 64.67 litres ; on l'évalue en poids à 187 ½ livres légères.

---

## GENÈVE (Suisse).

Pour le nouveau système des monnaies, poids et mesures, *voir* Bâle.

### Anciens poids et mesures.

Livre gros poids = 1 ⅕ petite livre = 18 onces = 432 deniers = 10368 grains poids de marc = 550.7 grammes.

Livre petit poids ou livre courante = 15 onces = 360 deniers = 8640 grains poids de marc = 458.9 grammes.

Pied de roi de Paris = 12 pouces = 144 lignes = 324.84 millim. ; on se servait aussi d'un pied qui valait 487.94 mill. Toise = 8 pieds.

Setier, mesure de capacité pour les liquides, = 24 quarterons = 48 pots = 45.7 litres. Char = 12 setiers = 548.44 litres.

Coupe ou sac, mesure de capacité pour les grains, = 2 bichets = 77.66 litres. On l'évalue en poids pour le froment à 60.5 kil.

---

## GOA (Possession portugaise dans l'Inde).

Les piastres, les roupies et d'autres monnaies étrangères ont cours à Goa ; les seules monnaies du pays sont : en argent, la roupie d'environ F. 2.40, et en or le san-thomé d'environ F. 8.66.

On compte en pardao qui = 4 bons tangas ou 5 mauvais tangas = 300 bons reis ou 360 mauvais reis ; le pardao = environ F. 3.20.

Livre ou arratel de Portugal = 2 marcs = 16 onces = 128 huitièmes = 384 scrupules = 9216 grains = 459 grammes.

Candy ou bahar = 20 maunds = 480 rattles = 224.5 kil.

Maund = 24 rattles = 11.225 kil. Le rattle = 467.72 grammes.

Vara ou vare = 1 ⅕ covado = 1.10 mètre.

Covado ou cubido = 680.7 millim.

Candy, mesure de capacité pour le riz et les grains = 20 maunds = 280 medidas =
493 litres.

## GRÊCE, *voir* Athènes.

## GUINÉE.

La piastre espagnole est la monnaie courante; on la divise en 100 cents.

On compte aussi en thaler danois que l'on appelle moeo; 1 moeo = 48 dame. = 96
pah ou tabo ; le pah = 20 boss ou cauris; 1 moeo = environ F. 3.60.

1 cabes   =  2 moco 1 gua   =  8 moeo.

1 guenuo = 16   »   1 bendo = 32   »

Les indigènes comptent en macuta = 2000 cauris = environ F. 0.47,5.

Le poids en usage est le benda qui = 2 benda-offa = 4 egebba = 8 piso ou eusanno
ou onces = 64.12 grammes. L'or se vend par onces ou par ackeys; l'ackey = 1.296
gramme.

La mesure linéaire est le jacktan de 12.005 pieds anglais = 3.659 mètres.

## HAITI, *voir* Port-au-Prince.

## HAMBOURG.

### *Monnaies.*

En or : Le ducat au pied de l'empire valant F. 11.85,11; le double ducat en
proportion.

En argent : Le marc courant à 16 skilling courants = F. 1.52,79; le double marc
et les sous-multiples en proportion. Le thaler de Prusse est pris pour 2 ½ marcs courants.

On compte en marc-banco à 16 skilling-banco à 12 deniers, valant F. 1.87,20.
111 marcs-banco = 136 marcs courants. Le marc-banco jouit d'un agio de 23 à 25 %
sur le marc courant; la différence normale est de 23 ⅓ %.

### *Changes.*

| | | | |
|---|---|---|---|
| Amsterdam | ± 35.05 florins des Pays-Bas | pour | 40 marcs-banco. |
| Anvers | ± 188 — francs | — | 100 » |
| Augsbourg | ± 150 — florins courants | — | 200 » |
| Berlin | ± 154 — thalers | — | 300 » |
| Brême | ± 141 ½ thalers en louis d'or | — | 300 » |
| Francfort-s/M | ± 90 — florins | — | 100 » |
| Gênes | ± 188 — lire nuove | — | 100 » |
| Leipsig | ± 154 — thaler | — | 300 » |
| Lisbonne | ± 47 — skilling | — | 1,000 reis. |
| Livourne | ± 223 — lire toscanes | — | 100 marcs-banco. |
| Londres | ± 13.63 marcs-banco | — | 1 livre sterling |
| Madrid | ± 43 — skilling | — | 1 piastre forte. |
| Paris | ± 188 — francs | — | 100 marcs-banco. |
| St-Pétersbourg | ± 34.17 skilling | — | 1 rouble argent. |
| Trieste | ± 176 — florins convention | — | 200 marcs-banco. |
| Vienne | ± 176 — » » | — | 200 » |

### *Nouveaux poids.*

Depuis le 1er juillet 1858 on se sert à Hambourg de la livre de 500 grammes, qu'a-
vaient adoptée, plusieurs années auparavant, les douanes et les chemins de fer dans
tout le Zollverein. Cette livre se divise en 10 neuloth, le neuloth en 10 quint et le quint
eu 10 demi-grammes. Les subdivisions du demi-gramme, sans nouvelles dénominations, sont indiquées par fractions décimales du demi-gramme.

La nouvelle livre = 1.031759 ancienne livre = 33.016282 anciens loths.

Le centner est de 100 livres = 50 kilogr.

L'unité de poids médicinal est l'once de 6 quint ou 60 demi-grammes; elle se subdivise en 8 drachmes de 7.5 demi-gr.; le drachme en 3 scrupules de 2.5 demi-gr., le scrupule en 20 grains de 0.125 demi-gr.

L'unité de poids pour le commerce des pierres précieuses et des perles est le carat de Hollande de 0.411783 demi-gramme, subdivisé par moitiés successives.

Dans le commerce des matières d'or et d'argent, on continue à se servir du marc de Cologne (*voir* Augsbourg).

### *Anciens poids.*

| | Marcs | Onces | Loths | Quentchen | Pfennig | Rapports | |
|---|---|---|---|---|---|---|---|
| Livre de commerce . = | 2 | 16 | 32 | 128 | 512 | 484.4 | grammes |
| Marc . . . . . . = | | 8 | 16 | 64 | 256 | 242.2 | » |
| Once . . . . . = | | | 2 | 8 | 32 | 30.275 | » |
| Loth . . . . . = | | | | 4 | 16 | 15.138 | » |
| Quentchen . . . = | | | | | 4 | 3.784 | » |
| Pfennig . . . . = | | | | | | 0.946 | » |

Dans le détail on se sert encore de l'ancienne livre de Cologne qui = 467.5 grammes; on compte que 100 livres de Cologne = 96 ½ livres de Hambourg.

Liespfund = 14 livres = 6.78 kil.
Liespfund de roulage = 16 livres = 7.75 kil.
Stein de lin = 20 livres = 9.69 kil.
Stein de laine ou de plumes = 10 livres = 4.84 kil.
Schiffspfund = 20 liespfund de 14 livres = 135.6 kil.
Schiffspfund de roulage = 20 liespfund de 16 livres = 155 kil.
Quintal ou centner = 8 liespfund = 112 livres = 54.25 kil.

Le poids de pharmacie était l'ancienne livre de Nuremberg en usage dans presque toute l'Allemagne; en voici les subdivisions et la valeur :

| | Onces | Drachmes | Scrupules | Oboles | Grains | Rapports | |
|---|---|---|---|---|---|---|---|
| Livre de Nuremberg . = | 12 | 96 | 288 | 576 | 5760 | 357.85 | grammes |
| Once . . . . . = | | 8 | 24 | 48 | 480 | 29.82 | » |
| Drachme . . . . = | | | 3 | 6 | 60 | 3.7275 | » |
| Scrupule . . . . = | | | | 2 | 20 | 1.2425 | » |
| Obole . . . . . = | | | | | 10 | 62.125 | centigr. |
| Grain . . . . . = | | | | | | 6.2125 | » |

Le poids qui servait à peser les matières d'or et d'argent était le marc dit de Cologne, étalon des monnaies dans presque toute l'Allemagne; ce marc se subdivise comme suit :

| | Onces | Loth | Quentchen | Pfennigen | Heller | Aesschen | Richtpfennig. | Rapports | |
|---|---|---|---|---|---|---|---|---|---|
| Marc de Cologne . = | 8 | 16 | 64 | 256 | 512 | 4352 | 65536 | 233.77 | gram. |
| Once . . . . = | | 2 | 8 | 32 | 64 | 544 | 8192 | 29.2213 | » |
| Loth . . . . = | | | 4 | 16 | 32 | 272 | 4096 | 14.6106 | » |
| Quentchen . . . = | | | | 4 | 8 | 68 | 1024 | 3.6527 | » |
| Pfennig ou denier. = | | | | | 2 | 17 | 256 | 91.3164 | cent. |
| Heller . . . . = | | | | | | 8½ | 128 | 45.6582 | » |
| Aesschen . . . = | | | | | | | 15 $^{1}/_{17}$ | 53.7154 | mil. |
| Richtpfennigtheil. = | | | | | | | | 3.5667 | » |

On divise quelquefois aussi le marc de Cologne en 67 ducats, et le ducat en 60 as-ducats, soit 4020 as-ducats au marc; le ducat = donc 3.489 grammes, et l'as-ducat = 5.815164 centigrammes.

Quelques auteurs donnent au marc de Cologne la valeur de 233.8555 grammes; c'est l'estimation que nous avons adoptée à l'article Augsbourg; voir cet article pour les rapports des sous-multiples du marc, lorsqu'on prend pour base cette équivalence.

Pour l'évaluation du titre de l'or, le marc se divise en 24 parties appelées carats, et le carat en 12 grains; pour l'évaluation du titre de l'argent, le marc se divise en 16 loth, et le loth en 18 grains.

Le carat qui sert à peser les diamants, les perles et les pierres fines = 4 grains = 2.05537 décigrammes. Le grain se subdivise en demies, quarts, huitièmes, trente-deuxièmes et soixante-quatrièmes.

### *Mesures de longueur.*

Pied = 12 pouces = 96 achtel ou lignes = 286.5 millim.
Aune ordinaire ou courte (kurze elle) pour les soieries, toiles et cotons unis = 2 pieds
= 573 mill.

8.

Aune de Brabant (brabanter elle) pour les cotons imprimés, les futaines, les tissus de laine = 691.4 mill. On compte 5 aunes de Brabant pour 6 aunes courtes.
Toise ou klafter = 6 pieds = 1.719 mètre.
Webe de toile = 72 aunes ordinaires = 41.26 mètres.
Les ingénieurs et arpenteurs emploient aussi le pied du Rhin qu'ils divisent en 12 pouces, 120 lignes, 1200 parties = 313.85 mill.
Perche de terre légère (geest ruthe) = 16 pieds = 4.583845 mètres.
Perche de terre forte (marsch ruthe) = 14 pieds = 4.010864 mètres.
Pour mesurer la circonférence des mâts et bois ronds, on divise le pied en 3 palmes ; la palme = 95.4968 millim.
Pas géométrique de 6000 au degré, est compté pour 6 ⅓ pieds = 1.85223 mètre.
Pas ordinaire d'un homme est estimé à 2 ¾ pieds = 0.68758 mètre.
Lieue ou meile = 24000 pieds du Rhin = 7.53253 kilomètres.

### Mesures de superficie.

Pied carré = 144 pouces carrés = 8.2077 décimètres carrés.
Geest ruthe carrée = 256 pieds carrés = 21.0116 mètres carrés.
Marsch ruthe carrée = 196 pieds carrés = 16.087 mètres carrés.
Arpent marschland = 600 marsch ruthe carrées = 117600 pieds carrés = 96.5222 ares.
Scheffel saatland = 200 geest ruthe carrées = 51200 pieds carrés = 42.0233 ares.

### Mesure de solidité.

Le faden ou klafter (corde) a 6 ⅔ pieds de long et de haut et généralement 2 pieds de bûche = 8 ⁸/₉ pieds cubes = 2.09 stères.

### Mesures de capacité pour les matières sèches.

|              |     | Himten | Spint | Grands mass | Petits mass | Rapports |
|--------------|-----|--------|-------|-------------|-------------|----------|
| Fass         | =   | 2      | 8     | 32          | 64          | 52.75 litres |
| Himt.        | =   |        | 4     | 16          | 32          | 26.37 » |
| Spint        | =   |        |       | 4           | 8           | 6.592 » |
| Grand mass   | =   |        |       |             | 2           | 1.648 » |
| Petit mass   | =   |        |       |             |             | 0.824 » |

Scheffel de froment, de seigle et de pois, contient 2 fass = 105.5 litres.
Scheffel d'avoine et d'orge contient 3 » = 158.25 »
Last de froment, seigle, pois = 3 winspel = 30 scheffel = 60 fass = 31.65 hectol.
Last d'avoine et d'orge = 2 » = 20 » = 60 » = 31.65 »
Sac = 2 scheffel = 4 fass = 211 litres.
Foudre de charbon de bois = 30 sacs = 63.3 hectolitres.
Le poids du fass est fixé comme suit : froment 86 livres ; seigle 81 livres ; orge 68 livres ; avoine 52 livres ; pois 100 livres ; fèves 108 livres ; malt 63 livres.

### Mesures de capacité pour les liquides.

|                  |   | Oxhoft | Ohms | Ankers | Eimers | Vierteln | Stübchen | Kannen | Quartiers | Oessel | Rapports |
|------------------|---|--------|------|--------|--------|----------|----------|--------|-----------|--------|----------|
| Fuder            | = | 4      | 6    | 24     | 30     | 120      | 240      | 480    | 960       | 1920   | 8.688 hectol. |
| Oxhoft           | = |        | 1½   | 6      | 7½     | 30       | 60       | 120    | 240       | 480    | 2.172 » |
| Ohm ou aime      | = |        |      | 4      | 5      | 20       | 40       | 80     | 160       | 320    | 1.448 » |
| Anker            | = |        |      |        | 1¼     | 5        | 10       | 20     | 40        | 80     | 36.2 litres |
| Eimer            | = |        |      |        |        | 4        | 8        | 16     | 32        | 64     | 28.96 » |
| Viertel          | = |        |      |        |        |          | 2        | 4      | 8         | 16     | 7.24 » |
| Stübchen         | = |        |      |        |        |          |          | 2      | 4         | 8      | 3.62 » |
| Kanne ou pot     | = |        |      |        |        |          |          |        | 2         | 4      | 1.81 » |
| Quartier         | = |        |      |        |        |          |          |        |           | 2      | 9.051 décil. |
| Oessel ou plank  | = |        |      |        |        |          |          |        |           |        | 4.525 » |

On emploie pour l'huile de baleine les mesures spéciales qui suivent :

|                |   | Fass | Tonnes | Steckhan. | Stübchen | Margel | Quartiers | Rapports | Poids | |
|----------------|---|------|--------|-----------|----------|--------|-----------|----------|-------|---|
| Quarteel       | = | 1³/₅ | 2      | 12        | 64       | 192    | 256       | 231.69 litres | 448 livres | 217.—kil. |
| Fass           | = |      | 1¼     | 7½        | 40       | 120    | 160       | 144.8 » | 280 » | 135.6 » |
| Tonne ou baril | = |      |        | 6         | 32       | 96     | 128       | 115.84 » | 224 » | 108.5 » |
| Steckhan       | = |      |        |           | 5⅓       | 16     | 21⅓       | 19.31 » | 37⅓ » | 18.08 » |
| Stubchen       | = |      |        |           |          | 3      | 4         | 3.62 » | 7 » | 3.39 » |
| Margel         | = |      |        |           |          |        | 1⅓        | 1.21 » | 2⅓ » | 1.13 » |
| Quartier       | = |      |        |           |          |        |           | 0.905 » | 1¾ » | 0.85 » |

Pipe d'huile pèse 820 livres = 397 kil.
Pipe vin de Porto contient 96 à 100 stübchen = 347 ½ à 362 litres.
Pipe ordinaire se compte pour 2 oxhoft ou barriques = 4.34 hectol.
Barrique de Bordeaux se compte pour 62 à 64 stübchen ou 225 à 230 litres.
Botte ou both de vin de Malvoisie contient 140 stübchen = 506.82 litres.
Botte de vin de Xérès contient 120 à 130 stübchen = 434.4 à 470.6 litres.
Aime de vin du Rhin contient 40 stübchen = 144.8 litres.
Brau ou brassin de bière contient 20 sacs ou 80 fass de malt, et est censé produire 50 tonnes ou 2400 stübchen de bière = 86.88 hectol.
Brau de vinaigre se compose de 18 ½ sacs ou 74 fass.
Last de fret = 2 tonnes ; tonne = 40 pieds cubes.

## HANOVRE.

### Monnaies.

*En or :* Pistole ou Georges d'or à 5 thaler (1834) = F. 20.77 ; le double Georges et le demi-Georges en proportion ; (les pièces frappées de 1825 à 1834 sont d'une valeur un peu moindre ; celles frappées avant cette époque, sont d'une valeur moindre encore, = F 20.37 environ). Ducat au pied de l'empire de $2\,^5/_6$ thaler = F. 11.85,11. Gulden ou florin d'or = F. 8.78. Couronne nouvelle (1857) = F. 34.44

*En argent :* Thaler courant de 24 gutengroschen (1834) = F. 3.71 ; gutgrosch = F. 0.15,625 ; le 1/6 et le 1/12 thaler en proportion. Florin de 2/3 thaler, de 16 gutengroschen ou 24 mariengroschen (1816 à 1834) = F. 2.60. Thaler d'union (1857) de 30 groschen d'argent ou 360 pfennigen = F. 3.71 ; le 1/6 et le 1/12 thaler en proportion.

On comptait autrefois en thaler à 24 gutengroschen à 12 pfennig = F. 3.71 ; on compte maintenant en thaler à 30 gutengroschen à 12 pfennigen, valant également F. 3.71. Le gros actuel = donc F. 0.12,37, et le pfennig F. 0.01,03.

### Nouveaux poids.

Le Hanovre ayant adhéré à la convention du 7 Novembre 1856, la livre de 500 grammes est en vigueur dans toute l'étendue de ce royaume, depuis le 1er Janvier 1858 ; *voir* à l'article Hambourg le passage *Nouveaux poids.*

### Anciens poids.

On se servait autrefois d'une livre qui valait 0.4896 kil. En 1834, cette livre fut remplacée par celle de Prusse qui égalait 0.4677 kil. Pour les multiples et les sous-multiples, *voir* Berlin.

Le marc de Hanovre, usité pour les matières d'or et d'argent, était égal à la demi-livre, soit 233.8555 grammes ; il se divisait en 288 grains.

La livre médicinale était la même qu'à Berlin, c'est-à-dire égale aux 3/4 de la livre de commerce : on se servait aussi de la livre de Nuremberg, avec les valeurs et les subdivisions que nous avons indiquées à l'article Augsbourg.

### Mesures linéaires.

| | Toises | Aunes | Pieds | Pouces | Huitièmes | Lignes | Rapports |
|---|---|---|---|---|---|---|---|
| Perche ou ruthe . = | 2⅔ | 8 | 16 | 192 | 1536 | 2304 | 4.6719 mètres |
| Toise ou klafter . = | | 3 | 6 | 72 | 576 | 864 | 1.752 » |
| Aune ou elle . . = | | | 2 | 24 | 192 | 288 | 584.19 millim. |
| Pied ou fuss . . = | | | | 12 | 96 | 144 | 292.09 » |
| Pouce ou zoll . . = | | | | | 8 | 12 | 24.34 » |
| Huitième ou achtel = | | | | | | 1½ | 3.0425 » |
| Ligne. . . . . = | | | | | | | 2.0284 » |

Les fils se mesurent à la brasse (faden) de 3 ¾ aunes = 2.19 mètres.

Dans les mines on emploie le lachter de 8 empans ou achtel ; l'empan = 8 lachterzoll ou pouces = 800 primes = 8000 secondes ; le lachter = 6 ½ pieds = 1.8986 mètre.

L'ancienne lieue de police, *polizeimeile*, était de 2274 perches = 10.5878 kilom.

La lieue nouvelle, *neue postmeile*, adoptée en 1818, contient 25400 pieds = 7.4167 kilom.

### Mesures de superficie.

| | Drohn | Vorling | Perches carrées | Pieds carrés | Pouces carrés | Rapports | |
|---|---|---|---|---|---|---|---|
| Arpent ou morgen. = | 1⅓ | 2 | 120 | 30720 | — | 26.1921 | ares |
| Drohn . . . . = | | 1½ | 90 | 23040 | — | 19.6441 | » |
| Vorling . . . . = | | | 60 | 15360 | — | 13.0961 | » |
| Perche carrée . . = | | | | 256 | 11264 | 21.8268 | mètres carrés |
| Pied carré . . . = | | | | | 144 | 8.5261 | décim. » |
| Pouce carré. . . = | | | | | | 5.9209 | centim. » |

L'arpent forestier = 160 perches carrées.

### Mesures de capacité pour les matières sèches.

| | Foudre | Winspel | Malter | Himten | Drittel | Vierfass | Rapports | |
|---|---|---|---|---|---|---|---|---|
| Last . . . . . = | 1⅓ | 2 | 16 | 96 | 288 | 384 | 29.86 | hectol. |
| Foudre . . . . = | | 1½ | 12 | 72 | 216 | 288 | 22.394 | » |
| Winspel. . . . = | | | 8 | 48 | 144 | 192 | 14.9296 | » |
| Malter . . . = | | | | 6 | 18 | 24 | 1.8662 | » |
| Himt. . . ◄ = | | | | | 3 | 4 | 31.1 | litres. |
| Drittel ou tiers. . = | | | | | | 1⅓ | 10.37 | » |
| Vierfass . . . . = | | | | | | | 7.776 | » |

### Mesures de capacité pour les liquides.

| | Oxhoft | Aimes | Eimer | Ancres | Vierteln | Stübchen | Kannen | Quartiers | Noesseln | Rapports | |
|---|---|---|---|---|---|---|---|---|---|---|---|
| Foudre . . . . = | 4 | 6 | 15 | 24 | 120 | 240 | 480 | 960 | 1920 | 9.331 | hec |
| Oxhoft . . . . = | | 1½ | 3¾ | 6 | 30 | 60 | 120 | 240 | 480 | 2.3328 | » |
| Aime ou ohm . . = | | | 2½ | 4 | 20 | 40 | 80 | 160 | 320 | 1.5552 | » |
| Eimer. . . . . = | | | | 1³/₅ | 8 | 16 | 32 | 64 | 128 | 62.21 | litres |
| Ancre. . . . . = | | | | | 5 | 10 | 20 | 40 | 80 | 38.88 | » |
| Viertel . . . . = | | | | | | 2 | 4 | 8 | 16 | 7.776 | » |
| Stübchen . . . = | | | | | | | 2 | 4 | 8 | 3.888 | » |
| Kanne ou pot . . = | | | | | | | | 2 | 4 | 1.944 | » |
| Quartier. . . . = | | | | | | | | | 2 | 9.72 | décil |
| Noessel . . . . = | | | | | | | | | | 4.86 | » |

Le noessel se divise quelquefois en 2 ort.
Brau ou cuvée de bière = 43 fass de bière .................... = 173.87 hectolitres
Fass de bière = 4 tonnes de bière ............................... = 4.0434 »
Tonne de bière = 26 stübchen = 52 kannen = 104 quartiers = 1.0109 »
Tonne de miel = 25 ½ » = 51 » = 102 » = 0.9915 »

---

# HAVANE (LA) (ILE DE CUBA).

*Monnaies.* La monnaie courante est : En or, l'once ou quadruple = 16 piastres de Cuba = 17 piastres fortes d'Espagne = F. 91.57,90. En argent, la piastre de 8 réaux du Mexique = 20 réaux de veillon = F. 5.38,70. Pièces de ½, ¼, ⅛ et ¹/₁₆ de piastre en proportion.

Les piastres espagnoles, mexicaines et américaines entrent pour une forte part dans la circulation monétaire; les premières jouissent en général d'un agio de 3 à 4 % ; les secondes d'un agio de 1 à 3 % : les doublons du Mexique obtiennent ordinairement une prime de ½ à 2 % ; par contre les monnaies d'or des États-Unis perdent 1 à 2 %. On compte en piastres, appelées pesos ou dollars, à 8 réaux = F. 5.33 ; le réal = 4 cuartillos = F. 0.66. — On divise plus généralement maintenant la piastre en 100 centavos ou centièmes. Le change fixe sur France est de F. 5.— pour une piastre.

*Poids.* On emploie ceux de Castille, *voir* Madrid.

*Mesures de longueur.* La vare de Cuba est un peu plus longue que celle de Castille et vaut 0.848 mètre. Elle se divise en 3 pieds ; le pied = 12 pouces = 282.67 millimètres. Dans la pratique on admet les rapports suivants :
108 vares de Cuba = 100 yards anglais.
108 » » = 160 aunes de Hambourg.
81 » » = 100 » de Brabant.

Le cordel, mesure de longueur usitée dans la campagne, = 24 vares de Cuba = 20.35 mètres.

*Mesures de superficie.* La vare carrée = 9 pieds carrés = 0.7191 mètre carré.

La cavalleria de 18 cordeles de long sur autant de large, soit 324 cordeles carrés = 13.4205 hectares.

*Mesure de capacité pour les matières sèches.* La fanega est estimée peser 200 livres espagnoles et contenir 2 fanegas de Cadix = 109.60 litres, soit = 3.015 bushels; mais dans la pratique on ne la compte que pour 3 bushels = 105.72 litres.

*Mesures de capacité pour les liquides.* On se sert des anciennes mesures de Castille ; cependant l'arroba de vin ou d'eau-de-vie n'est estimée qu'à 4.1 anciens gallons à vin d'Angleterre, ce qui ne lui suppose qu'une capacité de 15.44 litres, tandis que l'arroba de Castille = 16.14 litres.

Bocoy de miel = 6 barils de miel = 136.3 litres ; il pèse 12 arrobes = 138 kil.

Baril de miel = 22.72 litres ; il pèse 2 arrobes = 23 kil.

Les multiples et les subdivisions des poids et des mesures ci-dessus sont les mêmes que ceux des poids et des mesures de Castille, mais avec des valeurs correspondantes à celles que nous venons de donner pour leurs unités.

La commission de vente est de 5 % ; les retours en marchandises supportent une commission de 2 à 2 ½ %.

---

**HESSE DARMSTADT,** *voir* Darmstadt.

---

**HESSE ÉLECTORALE,** *voir* Cassel.

---

**HOLLANDE,** *voir* Amsterdam.

---

**HONDURAS.**

Un décret du 13 Avril 1860 a fixé comme suit la valeur des principales monnaies étrangères :

|  | Piastres | cents |
|---|---|---|
| En or : Livre sterling | 4 | 87 ¼ |
| Pièce de 20 francs française | 3 | 87 ½ |
| Pièce de 10 guilders de Hollande | 4 | — |
| Dollar américain | 1 | — |
| Condor chilien et neo-grenadien de 10 piastres | 9 | 50 |
| Once de Costa-Rica | 15 | — |
| Doublon espagnol de 100 réaux de veillon | 5 | — |
| En argent : Shilling anglais | 0 | 25 |
| Franc français | 0 | 18 ¾ |
| Dollar des États-Unis | 1 | — |

Les multiples ou sous-multiples en proportion.

La piastre ressort ainsi à F. 5.15 en monnaie d'or française et à F. 5.33 en monnaie d'argent française.

---

**ILLYRIE,** *voir* Trieste.

---

**INDES ANGLAISES,** *voir* Bombay, Calcutta, Madras, Singapore, Surate.

## IONIENNES (Iles), *voir* Corfou.

## ISPAHAN (Perse.)

*Monnaies*. On compte comme suit :

| | Abassis | Mahmoudis | Chayés | Dinarsbisti | Kasbequis | Dinars | Rapports |
|---|---|---|---|---|---|---|---|
| Toman . . . . = | 50 | 100 | 200 | 1000 | 2000 | 10000 | F. 49.— |
| Abassi . . . . = | ............ | 2 | 4 | 20 | 40 | 200 | » 0.98 |
| Mahmoudi . . . = | ....................... | | 2 | 10 | 20 | 100 | » 0.49 |
| Chayé . . . . = | ................................ | | | 5 | 10 | 50 | » 0.24 ½ |
| Dinarsbisti . . . = | ..................................... | | | | 2 | 10 | » 0.05 |
| Kasbequi . . . = | ............................................ | | | | | 5 | » 0.02 ½ |
| Dinar simple . . = | .................................................. | | | | | | » 0.00,24 |

Quelques-unes de ces monnaies de compte sont en même temps des monnaies réelles ; elles affectent les formes les plus singulières. Le larin qui vaut 2 ½ chayés est un fil rond d'environ 6 centimètres de longueur, plié en deux et aplati de manière à pouvoir recevoir des empreintes.

Le poids légal de la pièce d'or appelée toman est de 18 nokhonds, soit 3.45 grammes, et son titre étant de $^{990}/_{1000}$, sa valeur est de F. 11.74.

*Poids*. L'unité de poids est le meskal qui = 24 nokhonds = 4.6 grammes. Le multiple du meskal est le batman. Il y a deux batmans différents : le batman ordinaire en usage à Téhéran et appelé tebrizi ou de Tauris, qui = 640 meskals = 2.944 kil. ; le batman de Resht, appelé aussi batman shâhi ou royal, qui vaut le double du précédent et contient par conséquent 1280 meskals, = 5.888 kil.

*Mesures de longueur*. Le ser = 1.03 mètre. Le farsakh, mesure itinéraire, calculé d'après l'hippodrome de Téhéran, que l'on assure avoir un demi-farsakh de tour, équivaudrait 5.8 kilomètres.

## ITALIE (Royaume d')

Le système des monnaies, poids et mesures de France est en vigueur dans toute l'étendue du nouveau royaume d'Italie. Pour quelques différences peu importantes, *voir* Turin.

Mais les anciennes monnaies locales n'ayant pas disparu de la circulation et les anciens poids et mesures étant encore en usage, nous avons cru devoir en donner la nomenclature et les valeurs sous la rubrique des capitales ou des villes principales des États annexés, *voir* Florence, Gênes, Livourne, Milan, Naples, Palerme, Sardaigne, (Ile de), Turin.

## JAPON, *voir* Nangazaki.

## JAVA, *voir* Batavia.

## KŒNIGSBERG (Prusse).

Les monnaies, poids et mesures sont ceux de la Prusse ; *voir* Berlin. Toutefois quelques anciennes mesures sont encore en usage.

*Anciens poids.* Livre = 381.138 grammes; le marc = 190.619 grammes.

La grosse pierre ou stein qui servait à peser le lin, le chanvre, l'étain, le plomb, le suif, la cire, etc. = 33 livres = 15.43 kil.

La petite pierre = 20 livres = 9.35 kil.

Le schiffpfund = 3 quintaux ou centner = 10 grosses pierres = 16 ¼ petites pierres = 20 liespfund = 330 livres de Prusse = 154.33 kil. Ce poids sert à peser la potasse, le fer, la morue, etc.

*Anciennes mesures de longueur.* Pied = 307.7 millim. Aune = 574.8 millim. Perche ou ruthe = 15 pieds = 4.6154 mètres. Schnur ou chaîne d'arpentage = 10 perches = 150 pieds = 46.1543 mètres.

*Anciennes mesures de superficie.* Elles diffèrent sensiblement des mesures légales actuelles.

| | Haken | Morgen | Schnur carrées | Ruthes carrés | Pieds carrés | Rapports | |
|---|---|---|---|---|---|---|---|
| Hufe . . . . . = | 1 ½ | 30 | 90 | 9000 | 2025000 | 19.1719 | hectares |
| Haken . . . . = | | 20 | 60 | 6000 | 1350000 | 12.7813 | » |
| Morgen . . . , = | | | 3 | 300 | 67500 | 63.9065 | ares |
| Schnur ou chaîne carrée = | | | | 100 | 22500 | 21.3022 | » |
| Ruthe ou perche carrée. = | | | | | 225 | 21.3022 | mètres carrés |
| Pied carré . . . = | | | | | | 9.4676 | décim. carrés |

*Anciennes mesures de solidité.* Le faden ou corde a 6 pieds de Dantzig de long et de haut; quand la bûche a 2 pieds de long, le faden = 72 pieds cubes de Dantzig = 1.7 stère; quand elle en a 3, le faden = 108 pieds cubes de Dantzig = 2.55 stères.

*Anciennes mesures de capacité pour les matières sèches.* Le vieux scheffel = 4 viertel = 16 metzen = 48.64 litres. Le scheffel nouveau = 36 stoff = 51.65 litres; il ne faut pas confondre ce dernier avec le nouveau scheffel légal qui vaut 54.96 litres. Le metze, 16${}^{me}$ partie du vieux scheffel, = 3.04 litres; le metze, 16${}^{me}$ partie du scheffel nouveau, = 3.228 litres.

*Anciennes mesures de capacité pour les liquides.* La pipe = 1 ½ oxhoft = 2 ¼ aimes = 9 ancres = 270 quarts = 309.16 litres. — La both ou botte de vin = 1 ⅓ pipe = 412.21 litres.

---

## LA VALETTE (ÎLE DE MALTE).

*Monnaies.* En or : double louis ou double pistole à 20 écus = F. 48.21 ; louis e demi-louis en proportion. Il circule beaucoup de quadruples espagnoles valant environ F. 81.56.

En argent : Once de 2 ½ écus ou de 30 tari = F. 5.49. Demi-onces en proportion.

On compte par pezza ou piastre qui = 2 ½ écus = 30 tari = 600 grani = F. 5.06. Cette monnaie est estimée l'équivalent de l'écu d'argent de Sicile à 12 tari de Sicile.

On compte aussi par écu qui = 12 tari = 240 grani = F. 2.02.

Enfin on compte quelquefois par livre sterling à 20 schillings à 12 pence ; mais cette monnaie comparée à celle d'Angleterre supporte un escompte de 3 à 4 %, et le gouverneur délivre des traites sur le trésor anglais sur le pied de 100 £ payables à Londres contre 103 £ à La Valette.

Le change sur Londres est de 48 deniers sterling, plus ou moins, pour 1 once ou dollar de change, et sur Marseille de 5 tari 14 grani (ou 114 grani) pour 1 franc.

*Poids.* Rottolo poids de commerce ou livre = 30 onces = 791.5 grammes.

Cantaro = 100 rottoli = 79.15 kil. = 174.51 livres avoirdupois; on le compte en général pour 175 livres avoirdupois.

Rottolo grosso = 33 onces = 870.65 grammes.

Cantaro grosso = 100 rottoli grossi = 87.07 kil.

Lira ou livre pour peser l'or et l'argent = 12 onces = 384 trapesi = 6912 grani = 316.6 grammes. 1 rottolo = 2 ½ lira.

*Mesures linéaires.* Pied = 283.63 millim. = 11 ⅙ pouces anglais.

Canne = 8 palmes = 96 onces = 2.0804 mètres.

Palme = 12 onces = 260.032 millim. Dans le commerce on compte 3 ½ palmes = 1 yard anglais.

*Mesures de capacité pour les matières sèches.* Salma rase pour le blé et l'orge =
16 tummoli = 2.896 hectol. On la considère comme l'équivalent du quarter anglais.
Salma comble, pour les autres grains, le sel, le charbon de bois, vaut 16 % de plus.

*Mesures de capacité pour les liquides.* Caffiso d'huile = 20.82 litres.
Baril d'huile et de vin = 2 caffiso = 41.64 litres.
Pipe de vin = 11 barils = 458 litres.

## LEIPSIG (Saxe.)

### Monnaies.

En or : Auguste ou pistole de 5 thaler = F. 20.76,92; le double et le demi en proportion. Ducat au pied de l'empire (1840) = F. 11.85,11. Couronne (1857) = F.34.34;
demi-couronne en proportion.

En argent : Ancien speciesthaler ou écu d'espèce au pied de convention, de 1 ⅓ thaler de compte ou 32 gutengroschen = F. 5.19. Ancien gulden ou florin de ⅔ thaler ou
16 gutengroschen = F. 2.59,74; demi-gulden en proportion. Thaler de 30 neugroschen (1840) = F. 3.68. Thaler d'union de 30 neugroschen également (1857)=F.3.67;
double thaler, tiers et sixième en proportion.

On compte depuis 1841 en thaler à 30 neugroschen à 10 pfennig chacun = F. 3.66,67.
Le neugrosch ou gros = F. 0.12,22; le pfennig = F. 0.01,22. Le thaler adopté en
1841 était à la taille de 14 au marc d'argent fin comme en Prusse, ce qui lui donnait
une valeur de F. 3.67,10; mais aux termes de la convention monétaire du 14 Janvier
1857, la taille du thaler doit être de 30 à la livre de 500 grammes d'argent fin, ce qui
lui donne une valeur de F. 3.66,67.

### Changes.

| | | | | | |
|---|---|---|---|---|---|
| Amsterdam | ± 140 ¼ | thaler | | pour 250 | florins de Hollande |
| Augsbourg | ± 57 ½ | » | | — 100 | » au pied de 52 ½ |
| Berlin | ± 99 ⅞ | » | | — 100 | thaler |
| Brème | ± 109 ¼ | » | | — 100 | thaler de Brème. |
| Francfort s/M .. | ± 56 ½ | » | | — 100 | florins au pied de 52½ |
| Hambourg | ± 150 ⅞ | » | | — 300 | marcs banco. |
| Londres | ± 6 | » | 21 neugroschen | — 1 | livre sterling. |
| New-York | ± 1 | » | 12 ½ » | — 1 | dollar. |
| Paris | ± 80 ½ | » | | — 300 | francs. |
| Vienne | ± 72 | » | | — 150 | florins de convention |

NOUVEAU SYSTÈME DE POIDS ET MESURES.

Une loi du 12 Mars 1858, mise en vigueur le 1ᵉʳ Novembre de la même année, a institué le système suivant de poids et mesures :

### Poids.

L'unité est la livre douanière de 500 grammes.

| | Stein | Livres | Loths | Gros | Cents | Grains | Rapports | |
|---|---|---|---|---|---|---|---|---|
| Centner ou quintal = | 5 | 100 | 3000 | 30000 | 300000 | 3000000 | 50. — | kil. |
| Stein ou pierre . = | | 20 | 600 | 6000 | 60000 | 600000 | 10. — | » |
| Livre ou pfund. . = | | | 30 | 300 | 3000 | 30000 | 500. — | grammes |
| Loth ou demi-once = | | | | 10 | 100 | 1000 | 166. 67 | » |
| Gros ou drachmes. = | | | | | 10 | 100 | 16. 67 | » |
| Cent . . . . = | | | | | | 10 | 1. 667 | » |
| Grain . . . . = | | | | | | | 16. 667 | centig. |

Les quantités inférieures à un grain s'expriment en fractions décimales de grain.
Schiffpfund ou livre de navire ou livre maritime = 3 quintaux = 300 livres = 150 kil.
Last ou schiffslast = 40 quintaux = 4000 livres = 2000 kil.

On voit que dans ce nouveau système de poids on a divisé la livre en 30 loths et le
loth décimalement; le fractionnement purement décimal de la livre est cependant de
rigueur 1° dans le monnayage et le pesage des espèces; 2° dans les branches de l'administration publique où la division décimale est déjà expressément adoptée.
Pour la bijouterie et les métaux précieux, la division décimale est facultative.

· 100 livres nouvelles = 107.10 livres poids de commerce de Leipsig; mais aux termes de l'ordonnance de 1858, 100 livres nouvelles ne sont comptées que pour 107 livres anciennes.

### *Mesures de longueur.*

L'unité est le pied de Leipsig qui, suivant la loi du 12 Mars 1858, égale 0.28319 mètre.

| | Perche d'arpentage | Aunes | Pieds | Pouces | Lignes | Rapports | |
|---|---|---|---|---|---|---|---|
| Perche de route  . = | $1^5/_{91}$ | 8 | 16 | 192 | 2304 | 4.531 | mètres. |
| Perche d'arpentage = | .............. | $7^7/_{12}$ | 15⅚ | 182 | 2184 | 4.295 | » |
| Aune.  .  .  . = | .............. | | 2 | 24 | 288 | 566.38 | millim. |
| Pied .  .  .  . = | .............. | | | 12 | 144 | 283.19 | » |
| Pouce.  .  .  . = | .............. | | | | 12 | 23.6 | » |
| Ligne.  .  .  . = | .............. | | | | | 1.967 | » |

Le lachter employé dans l'exploitation des mines = 2 mètres.

### *Mesures de superficie.*

Les seules mesures autorisées par l'ordonnance de 1858 sont la perche d'arpentage carrée = 18.4470 mètres carrés, et l'acre de 300 perches carrées = 55.3411 ares.

### *Mesures de capacité.*

La pinte ou kanne de Dresde, d'une contenance de 71.186 nouveaux pouces cubes, contient 1 livre 26 loths 3 cents d'eau distillée à + 15° Réaumur; elle = 0.9356 litre.

Le scheffel ou boisseau de Dresde, d'une contenance de 7900 nouveaux pouces cubes, = 1.0383 hectolitre. On le divise en 4 quarts, le quart en 4 setiers, le setier en 4 mesurettes; le quart = 25.9554 litres; le setier = 6.4888 litres; la mesurette = 1.6222 litre.

1 malter = 12 scheffel = 12.4586 hectol.
1 winspel = 2 malter = 24 scheffel = 24.9172 hectol.

ANCIEN SYSTÈME DE POIDS ET MESURES.

### *Poids.*

Livre poids de commerce = 2 marcs = 16 onces = 32 loths = 128 quentchen = 512 pfennig = 7680 grains = 467.5 grammes. On compte 110 livres poids de commerce au centner.

Livre poids des mines, de 114 au centner = 451.1 grammes
Livre poids d'acier........ de 118        »        = 435.8       »
Livre poids de boucherie de 102        »        = 504.2       »
Pierre = 22 livres poids de commerce = 10.28 kil.
Schiffpfund = 3 centner = 154.275 kil.
Waage eisen ou balance de fer = 44 livres = 20.57 kil.
On se servait autrefois de la livre médicinale de Nuremberg et du marc de Cologne; voir la valeur et les subdivisions de ces poids à l'article Hambourg.
L'as-ducat, $4422^{me}$ partie du marc, = 5.2865 centigrammes.
Le carat de 4 grains, égal aux 9/160 du quentchen = 2.055 décigrammes.

### *Mesures de longueur.*

On se servait des mesures qu'a consacrées la nouvelle loi. Quelquefois on faisait usage de l'aune dite de Brabant qui = 685.55 millim.

### *Mesures de superficie.*

Perche carrée = 256 pieds carrés = 20.4529 mètres carrés.
Acre = 300 perches carrées = 76800 pieds carrés = 61.3586 ares.

### *Mesures de solidité.*

Klafter ou corde a 6 pieds de long et de haut sur 3 ¼ pieds de bûche = 126 pieds cubes = 2.8454 stères.

Schragen a 18 pieds de long, 6 de haut et 3 ½ de bûche = 3 klafter = 378 pieds cubes = 8.5362 stères.

### *Mesures de capacité pour les matières sèches.*

| | Malter | Scheffel | Viertel | Metzen | Maesschen | Rapports | |
|---|---|---|---|---|---|---|---|
| Winspel . . = | 2 | 24 | 96 | 384 | 1536 | 25.7831 | hectol. |
| Malter . . . = | | 12 | 48 | 192 | 768 | 12.8921 | » |
| Scheffel. . . = | | | 4 | 16 | 64 | 1.0743 | » |
| Viertel . . . = | | | | 4 | 16 | 26.858 | litres. |
| Metzen . . . = | | | | | 4 | 6.715 | » |
| Maesschen . . = | | | | | | 1.679 | » |

Pour la farine on se servait de l'ancien scheffel de Leipsig = 4 viertel = 16 metzen = 32 küchenmass = 81.57 litres.

Le kübel de charbon contient 3 scheffel de Dresde = 3.223 hectol.

### *Mesures de capacité pour le vin.*

| | Fass | Barriques | Aimes | Eimer | Ancres | Visirkannen | Kannen | Rapports | |
|---|---|---|---|---|---|---|---|---|---|
| Foudre . . . . = | 2⅘ | 4 | 6 | 12 | 24 | 648 | 756 | 9.101 | hectol. |
| Fass . . . . . = | | 1⅔ | 2½ | 5 | 10 | 270 | 315 | 3.7913 | » |
| Barrique ou oxhoft = | | | 1½ | 3 | 6 | 162 | 189 | 2.2752 | » |
| Aime . . . . = | | | | 2 | 4 | 108 | 126 | 1.5168 | » |
| Eimer . . . = | | | | | 2 | 54 | 63 | 75.84 | litres. |
| Ancre . . . = | | | | | | 27 | 31½ | 37.91 | » |
| Visirkanne . . = | | | | | | | 1⅙ | 1.404 | » |
| Kanne . . . = | | | | | | | | 1.204 | » |

La kanne se divise en 2 noessel ou en 8 quartiers.

7 kannen de Leipsig = 9 kannen de Dresde. 8 eimer de Leipsig = 9 eimer de Dresde.

L'oxhoft vin de France se compte pour 2 ⅔ eimer de Leipsig ou 3 eimer de Dresde.

L'oxhoft eau-de-vie de France se compte pour 3 eimer de Leipsig ou 3 ⅘ eimer de Dresde.

### *Mesures de capacité pour la bière.*

| | Kufe | Fass | Viertel | Tonnes | Kannen | Rapports | |
|---|---|---|---|---|---|---|---|
| Gebraüde ou brassin. = | 8 | 16 | 32 | 64 | 4800 | 57.78 | hectol. |
| Kufe ou cuve . . = | | 2 | 4 | 8 | 600 | 7.22 | » |
| Fass ou tonneau . = | | | 2 | 4 | 300 | 3.61 | » |
| Viertel . . . . = | | | | 2 | 150 | 180.568 | litres. |
| Tonne . . . . = | | | | | 75 | 90.284 | » |
| Kanne . . . . = | | | | | | 1.204 | » |

Les denrées coloniales se vendent ordinairement à 3 mois de terme, quelquefois à 1 mois de terme et 1 ½ % d'escompte; c'est ce que l'on appelle comptant.

Le courtage est en général de ½ % payable de part et d'autre; pour les grains, les graines et les huiles, il est de tant la mesure ou le quintal, quel que soit le prix de vente.

---

## LIMA (Pérou.)

*Monnaies.* Une loi du 2 Octobre 1857 a ordonné le retrait des anciennes monnaies et l'émission de monnaies nouvelles basées sur le système décimal. Le rapport de l'or et de l'argent est de 1 à 16.696. Voici la liste de ces monnaies :

En or : Soleil de 20 piastres = F. 88.14 ; demi-soleil de 10 piastres, doublon de 5 piastres, écu de 2 piastres en proportion. Le demi-écu ou piastre d'or = F. 4.40,70.

En argent : Piastre forte = F. 4.77. La piastre se divise en 10 deniers et en 100 centièmes, quelquefois aussi en 8 réaux ; la première de ces divisions est peu usitée. La demi-piastre, la piécette ou quart de piastre, le denier et le demi-denier en proportion.

Les monnaies espagnoles, mexicaines et havanaises composaient autrefois tout le numéraire de la République. Les onces ou quadruples espagnoles en or étaient prises pour 17 piastres, tandis que leur valeur nominale n'était que de 16 piastres ; de même les piastres espagnoles en argent jouissaient d'une prime de 6 à 7 % sur les piastres de compte. En fait de monnaies étrangères, on ne reçoit plus maintenant dans la circulation que la demi-piastre bolivienne en argent.

*Poids et Mesures.* Les mêmes qu'en Espagne, *voir* Madrid.

La commission de vente est de 5 % ; le ducroire de 2 ½ % ; la commission d'achat de 2 ½ %.

# LISBONNE (PORTUGAL.)

## *Monnaies.*

Voici la liste des principales monnaies portugaises.

En or :

| | | valant autrefois | élevées plus tard à | |
|---|---|---|---|---|
| Dobrão, doublon, ou portugaise...... ......... | (avant 1722) | 20000 reis | 24000 reis | = F. 169.83 |
| Meio-dobrão.............. | » | 10000 » | 12000 » | = » 84.92 |
| Moeda d'ouro ou Lisbonine............... | » | 4000 » | 4800 » | = » 33.96 |
| Meia-moeda ............... | » | 2000 » | 2400 » | = » 16.98 |
| Quartino ou ¼ de Lisbonine............... | » | 1000 » | 1200 » | = » 8.49 |
| Dobrão..............................(depuis 1722) | | 12800 » | 15000 » | = » 90.58 |
| Portugaise ou joanesse ou meio dobrão | » | 6400 » | 7500 » | = » 45.29 |
| Demi-portugaise ............... ............... | » | 3200 » | 3750 » | = » 22.64 |
| Escudo d'ouro de 16 testão ..... ............... | » | 1600 » | 1875 » | = » 11.32 |
| Meio escudo de 8 testão ............... | » | 800 » | 937½ » | = » 5.66 |
| Cruzado velho................ | » | 400 » | 468¾ » | = » 2.84 |
| Peça de 7,500 reis (½ peça en proportion)................ | | | | = » 45.29 |
| Coroa d'ouro ou couronne d'or de 5000 reis (1835) (⅒ coroa en proportion) | | | | = » 30.19 |
| Coroa ou couronne de 10,000 reis (1854) (½, ⅕, ¹/₁₀ de coroa en proportion).. | | | | = » 55.89 |

En argent :

| | | |
|---|---|---|
| Cruzade de 400 reis, comptée pour 480 reis (½, ¼, ⅛ de cruzade en proportion)................ | = » | 3.40 |
| Teston de 100 reis, compté pour 120 reis (1822) ............... | = » | 0.62 |
| Cruzade neuve de 400 reis ............... | = » | 2.94 |
| Coroa de 1000 reis (1835) (pièces de 500, 200 et 100 reis en proportion)........ | = » | 6.03 |
| Teston de 100 reis (1854) (pièces de 5, 2 et ½ teston en proportion) ............... | = » | 0.51 |

Les monnaies antérieures à 1835 sont assez irrégulières comme poids et titre; elles perdent au change environ ¼ %.

Le milreis or = maintenant F. 5.60, le milreis argent = F. 5.09.

On compte au Portugal par reis valant F. 0.00,56; mais plus généralement par mille reis qu'on écrit aussi milreis, valant F. 5.55,56 et qu'on désigne par le signe ⱨ. Les millions de reis s'appellent contos de reis; on sépare les contos des nombres suivants par deux points, un point ou une virgule. Le signe ⱨ se place entre les mille de reis et les centaines de reis. On écrit donc 63:420ⱨ315.

Comme on le voit par le tableau ci-dessus, la valeur du milreis a sensiblement diminué; elle était avant 1722 de F. 8.50; puis elle est descendue à F. 7.07, F. 6.02. Pendant longtemps le change de Lisbonne sur Paris a été fixé à F. 1 par 160 reis, ce qui donnait au milreis une valeur de F. 6.25; aujourd'hui le change oscille entre F. 5.30 et F. 5.50 pour un milreis.

## *Cours du change.*

| | | | | | |
|---|---|---|---|---|---|
| Amsterdam ............ | ± | 43 | florins courants des Pays-Bas.. pour | 40 | cruzades de 400 reis |
| Gênes............... ⎫ | | 5.25 | lire nuovi............... | » 1000 | reis. |
| Livourne.......... ⎬ ou ± | | 530 | reis ............... | » | 3 livres toscanes. |
| Hambourg.......... .... | ± | 47 ½ | schilling banco............... | » 1000 | reis. |
| Londres............... | ± | 53 ⅛ | pence sterling............... | » 1000 | reis. |
| Madrid............... ⎧ | ± | 930 | reis............... | » | 1 piastre de change. |
| | ± | 2680 | » ............... | » | 1 pistole de change. |
| Paris............... ⎨ | ± | 530 | » ............... | » | 3 francs. |
| | ± | 5.30 | francs....... ............... | » 1000 | reis. |
| Trieste ............... ⎫ | | | | | |
| Vienne . ............... ⎬ | ± | 425 | reis............... | » | 1 florin au pied de 45 |

### NOUVEAU SYSTÈME.

L'adoption du système métrique français, dans toute l'étendue du Portugal, a été décrétée au mois de Décembre 1852. Nos mesures linéaires sont devenues obligatoires à partir du 1ᵉʳ Janvier 1860, et nos mesures de pesanteur à partir du 1ᵉʳ Juillet 1861; les mesures de superficie ont également été déclarées seules légales en 1862, et les mesures de capacité en 1863.

### ANCIEN SYSTÈME.

#### *Poids.*

| | Arrobes | Livres | Marcs | Quartas | Onças | Outavas | Escrupulos | Graos | Rapports |
|---|---|---|---|---|---|---|---|---|---|
| Quintal............... = | 4 | 128 | 256 | 512 | 2048 | 16384 | 49152 | 1179648 | 58.752 kilog. |
| Arrobe ............... = | | 32 | 64 | 128 | 512 | 4096 | 12288 | 294912 | 14.688 » |
| Livre ou arratel.... = | | | 2 | 4 | 16 | 128 | 384 | 9216 | 459.— gram. |
| Marc ou meio arratel.... = | | | | 2 | 8 | 64 | 192 | 4608 | 229.5 » |
| Quarta............... = | | | | | 4 | 32 | 96 | 2304 | 114.75 » |
| Onça............... = | | | | | | 8 | 24 | 576 | 28.6875 » |
| Outava............... = | | | | | | | 3 | 72 | 3.5859 » |
| Escrupulo............ = | | | | | | | | 24 | 1.1953 » |
| Grão ou grain ....... = | | | | | | | | | 4.9804 » |

Le tonneau ou tonelada = 13 ¼ quintaux = 54 arrobes = 1728 livres = 793.152 kil.

Une loi du 24 Avril 1844 porte que le tonneau de fret sera égal à 18 ³/₅ quintaux = 2381 livres = 1092.879 kil.

La livre de pharmacie = 12 onces à 8 outavas à 3 escrupulos à 24 grãos = 344.25 grammes.

Le carat ou quilate, qui sert à peser les pierres précieuses, se divise en 4 grains = 2.0583 décigrammes. Le grain de carat = 1.033 grain de marc. Les lapidaires comptent ordinairement 151 carats portugais pour une once troy d'Angleterre.

Le titre des métaux précieux s'exprime au moyen du marc; pour l'or le marc se divise en 24 carats à 4 grains à 8 outavas; pour l'argent le marc se divise en 12 deniers à 24 grains.

#### *Mesures de longueur*

| | Passo | Varas | Covados | Pieds | Palmos | Pouces | Doigts | Grains | Lignes | Points | Rapports |
|---|---|---|---|---|---|---|---|---|---|---|---|
| Braça ou toise. . = | 1⅓ | 2 | 3⅓ | 6⅔ | 10 | 80 | 120 | 480 | 960 | 11520 | 2.2 mètres. |
| Passo geometrico . = | | 1½ | 2½ | 5 | 7½ | 60 | 90 | 360 | 720 | 8640 | 1.65 » |
| Vara . . . . = | | | 1⅔ | 3⅓ | 5 | 40 | 60 | 240 | 480 | 5760 | 1.1 » |
| Covado . . . = | | | | 2 | 3 | 24 | 36 | 144 | 288 | 3456 | 0.66 » |
| Pied ou pé. . . = | | | | | 1½ | 12 | 18 | 72 | 144 | 1728 | 0.33 » |
| Palmo de craveiro. = | | | | | | 8 | 12 | 48 | 96 | 1152 | 0.22 » |
| Pouce ou pollegada = | | | | | | | 1½ | 6 | 12 | 144 | 27 5 millim. |
| Doigt ou dedo . . = | | | | | | | | 4 | 8 | 96 | 18.33 » |
| Grain ou grão. . = | | | | | | | | | 2 | 24 | 4.58 » |
| Ligne. . . . = | | | | | | | | | | 12 | 2.29 » |
| Point. . . . = | | | | | | | | | | | 0.19 » |

Le palmo de craveiro est l'unité de mesures le plus généralement employée; dans le commerce on se sert du palmo de craveiro avantejado ou bonne mesure qui = 8 ½ pouces = 22.6875 centim. Le palmo de junta, établi en 1756 par la junta do comercio ou comité du commerce, devait être l'étalon de toutes les mesures; mais il ne sert plus guère que pour le jaugeage des navires. Il se divise en 10 pouces de junta et = 20.02 centim.

Lieue ou legoa de 18 au degré = 3 milles = 24 stades = 18709.4 pieds = 6.1741 kilomètres.

Mille ou milha = 8 stades = 6236.5 pieds = 2.058 kilomètres.

Stade ou estadio = 779.56 pieds = 257.2546 mètres.

#### *Mesures de superficie.*

Geira = 4840 varas carrées = 58.564 ares.

Braça carrée = 4.84 mètres carrés.

Vara carrée = 11 ¹/₉ pieds carrés = 25 palmos carrés = 1.21 mètre carré.

#### *Mesures de capacité pour les matières sèches.*

| | Fangas | Alqueires | Meios-alqueires | Quartas | Outavas | Meias-outavas | Rapports |
|---|---|---|---|---|---|---|---|
| Moio ou muid . . . = | 15 | 60 | 120 | 240 | 480 | 960 | 8.30445 hectolitres |
| Fanga. . . . . = | | 4 | 8 | 16 | 32 | 64 | 55.363 litres |
| Alqueire . . . . = | | | 2 | 4 | 8 | 16 | 13.841 » |
| Meio-alqueire . . = | | | | 2 | 4 | 8 | 6.92 » |
| Quarta . . . . = | | | | | 2 | 4 | 3.46 » |
| Outava . . . . = | | | | | | 2 | 1.73 » |
| Meia outava ou selamin . = | | | | | | | 0.865 » |

La chaux se vend par moio de 50 alqueires; les pierres à chaux, par moio de 30 alqueires seulement, parce qu'on suppose que leur volume double à peu près à la cuisson.

La pipe de houille = 48 alqueires combles; la pipe se divise aussi en 10 baldes ou 70 canastras; elle contient 3 chaldrons 19 bushels ras = 44.75 hectolitres. Ce volume correspond en poids à 4 ¼ tonneaux portugais = 3 ¼ tonneaux anglais = 3569.185 kil. Le sac de charbon de bois = 51.88 litres.

*Mesures de capacité pour les liquides.*

Ces mesures varient beaucoup suivant les localités : voici celles généralement adoptées à Lisbonne :

| | Pipes | Almudes | Alqueires | Canadas | Meias-canadas | Quartilhos | Meios-quartilhos | Rapports |
|---|---|---|---|---|---|---|---|---|
| Tonelada . . . = | 2 | 52 | 104 | 624 | 1248 | 2496 | 4992 | 860.08 litres. |
| Pipe ou bote . . = | ........ | 26 | 52 | 312 | 624 | 1248 | 2496 | 430.04 » |
| Almude ou amalde = | | | 2 | 12 | 24 | 48 | 96 | 16.54 » |
| Alqueire ou pote . = | | | | 6 | 12 | 24 | 48 | 8.27 » |
| Canada . . . . = | | | | | 2 | 4 | 8 | 1.38 » |
| Meia-canada . . = | | | | | | 2 | 4 | 0.69 » |
| Quartilho . . . = | | | | | | | 2 | 0.345 » |
| Meio-quartilho. . = | | | | | | | | 0.1725 » |

L'alqueire s'appelle aussi cantaro.

La pipe se compte souvent pour 30 almudes; quelquefois aussi pour 32 almudes, ce qui équivaut dans le premier cas à 496.23 litres, et dans le second à 529.31 litres.

La commission de change est de ⅓ à ½ %; le courtage de change de ⅛ %; le courtage sur les marchandises de ½ % à la charge de chacune des parties; la commission de 2 ½ %.

---

**LIVOURNE** (Toscane).

Le système français de monnaies, poids et mesures, est en vigueur dans toute l'étendue du nouveau royaume d'Italie.

Pour les anciennes monnaies de Toscane, *voir* Florence; de même pour les changes qui sont sensiblement les mêmes sur les deux places.

On comptait en livres toscanes à 20 sous à 12 deniers.

*Poids.* Livre toscane, comme à Florence = 12 onces = 96 drachmes = 288 deniers = 6912 grains = 339.55 grammes. On compte dans le commerce 100 kil = 294 ½ livres.

Centinajo ou quintal légal = 100 livres = 33.955 kil. Migliajo = 10 centinaji = 1000 livres = 339.55 kil.

L'usage de l'ancien cantaro ou quintal, qui variait suivant les marchandises qu'il servait à peser, est interdit depuis 1836.

En pharmacie, la drachme = 3 scrupules de 24 grains.

Le carat de 4 grains avec la division binaire est la 144$^{me}$ partie de l'once et = 1.965 décigramme.

Les titres s'expriment en 24 carats à 8 ottavi pour l'or, et en 12 onces à 24 deniers pour l'argent.

Pour les différentes mesures anciennes, *voir* également Florence.

Le moggio, mesure de capacité pour les grains, = 8 sacs = 5.8462 hectolitres.

La soma, mesure de capacité pour l'huile, = 2 barils = 66.85 litres.

Les marchandises se vendent net à 6 mois, ou comptant avec 3% d'escompte. La commission est de 2%, et l'escompte de ½ à 1%.

---

**LOMBARDIE,** *voir* Milan.

---

**LONDRES.**

*Monnaies.*

En or : Guinée (*guinea*), valant 21 shillings = F. 26.48. — La demi-guinée, le quart de guinée et le tiers de guinée ou pièce de 7 shillings, en proportion. Ces pièces sont maintenant remplacées par le souverain. Souverain (*sovereing*), valant 20 shillings = F. 25.22. — La pièce de 5 souverains, le double-souverain et le demi-souverain en proportion.

En argent : Couronne ou écu (*crown*), valant 5 shillings = F. 5.81. — La demi-couronne, en proportion. Shilling, valant 12 pence = F.1.16. Les pièces de 6, de 4, et de 2 pence en proportion.

En cuivre : Penny (au pluriel *pence*), valant 4 farthings = F. 0.10. Le demi-penny (*half-penny*), et le quart de penny (*farthing*), en proportion.

On compte en Angleterre par livre sterling (*pound*) valant 20 shillings = F. 25.25; le shilling se subdivise en 12 pence et vaut F. 1.26; le penny se subdivise en 4 farthings et vaut F. 0.10.

La monnaie d'or est la monnaie légale en Angleterre ; l'argent ne sert que comme appoint, et personne ne peut être obligé à en recevoir pour plus de 40 shillings.

L'unité employée pour exprimer le titre des monnaies est la livre troy, qui se divise pour l'or en 24 carats de 4 grains de 4 quarts de 2 demi-quarts ou huitièmes, et pour l'argent en 12 onces de 20 deniers ou pennyweights de 2 demi-pennyweights.

Les monnaies d'or sont frappées à 22 carats de fin ; ce titre est appelé *standard* ; il correspond à 916 ⅔ millièmes ; 11 onces d'or fin = 12 onces standard.

Les monnaies d'argent sont frappées à 11 onces 2 pennyweights de fin ; ce titre est appelé aussi *standard* ; il correspond à 925 millièmes ; 37 onces d'argent fin = 40 onces standard. Ainsi, l'or fin est à l'argent fin dans le rapport de 1 à 14.2878, et l'or standard à l'argent standard, dans le rapport de 1 à 14.1590.

Le titre standard ou étalon des monnaies, est le titre d'après lequel s'établit le prix des matières d'or et d'argent. Quand le titre de celles-ci est supérieur ou inférieur au standard, on les y ramène en ajoutant ou déduisant une quantité de poids proportionnelle.

### Changes.

| Amsterdam | ± | 12.— | florins | pour | 1 livre sterling. |
|---|---|---|---|---|---|
| Anvers | ± | 25.30 | francs | — | 1 » |
| Bombay | ± | 23.— | pence | — | 1 roupie |
| Cadix | ± | 49 — | » | — | 1 piastre forte. |
| Calcutta | ± | 24.— | » | — | 1 roupie. |
| Copenhague | ± | 9.— | rixbanqthalers | — | 1 livre sterling. |
| Francfort s/ Mein | ± | 118.⅓ | florins au pied de 52 ½ | — | 10 » |
| Gênes | ± | 25.40 | lire nuove | — | 1 » |
| Hambourg | ± | 13.65 | marcs banco | — | 1 » |
| Lisbonne | ± | 54.½ | pence | — | 1000 reis effectifs. |
| Livourne | ± | 25.40 | lire nuove | — | 1 livre sterling. |
| Madras | ± | 23.— | pence | — | 1 roupie. |
| Madrid | ± | 49.— | » | — | 1 piastre forte |
| Messine | ± | 124.— | » | — | 1 once. |
| Milan | ± | 25.40 | lire italiennes | — | 1 livre sterling. |
| Naples | ± | 40 — | pence | — | 1 ducat del regno. |
| Palerme | ± | 125.— | » | — | 1 once. |
| Paris | ± | 25.20 | francs | — | 1 livre sterling. |
| Rio de Janeiro | ± | 30 — | pence | — | 1000 reis papier. |
| Saint-Pétersbourg. | ± | 32.½ | » | — | 1 rouble argent. |
| Trieste ⎫ Vienne ⎭ | ± | 13.92 | florins. | — | 1 livre sterling. |

### Poids.

La livre légale de commerce en Angleterre est la livre avoirdupois qui est égale au poids de la dixième partie d'un gallon impérial d'eau distillée, à la température de 62° Fahrenheit, sous la pression barométrique de 30 pouces anglais. Voici ses composés et ses subdivisions.

| | Quintaux | Quarters | Stones | Livres | Onces | Drachmes | Grains | Rapports |
|---|---|---|---|---|---|---|---|---|
| Tonneau (ton). . = | 20 | 80 | 160 | 2240 | — | — | — | 1015.94 kilog. |
| Quintal(hundredweight) = | | 4 | 8 | 112 | — | — | — | 50.8 » |
| Quarter. . . . = | | | 2 | 28 | — | — | — | 12.7 » |
| Stone. . . . , = | | | | 14 | — | — | — | 6.35 » |
| LIVRE (pound). . = | | | | | 16 | 256 | 7000 | 453.54 grammes |
| Once (ounce) . . = | | | | | 16 | 487½ | 28.35 » |
| Drachmes (drams). = | | | | | | $27^{11}/_{32}$ | 1.77 » |
| Grain. . . . . = | | | | | | | | 0.0648 » |

Tels sont les poids établis en 1825; antérieurement à cette époque, on divisait souvent la drachme en 3 scrupules, et le scrupule en 10 grains, ce qui faisait pour la livre 7680 grains avoirdupois équivalents aux 7000 grains poids de troy; le grain avoirdupois valait 5.9055 centigrammes.

1 kilogramme = 2 livres avoirdupois 2049 dix-millièmes, ou = 2 livres 3 onces 4 drachmes 12⅛ grains.

Nous devons faire observer que la valeur de la stone varie suivant les objets qu'elle sert à peser; ainsi :

Stone de viande...... = 8 livres a. d. p.     Stone de laine........ = 14 livres a. d. p.
Stone de poisson.... = 8        »             Stone de fromage.. = 16            »
Stone de verre........ = 5        »             Stone de chanvre.. = 32            »
Seam de verre = 24 stones = 120 livres a. d. p.
Truss de paille = 36 livres a. d. p.
Truss de foin = 56 livres a. d. p.
Truss de foin nouveau jusqu'au 1er septembre = 60 livres a. d. p.
Firkin de beurre pèse 56 livres a. d. p.
Firkin de savon pèse 64 livres a. d. p.

La laine se pèse au moyen des poids suivants : 1 last ou load = 12 sacks = 24 weys = 156 tods = 312 stones = 624 cloves ou nails = 4368 livres a. d. p. = 1980 kil.

Pour peser l'or, l'argent, les monnaies, les bijoux, les perles, la soie, le pain, les grains, et les médicaments, pour noter les poids dans les analyses chimiques, pour déterminer la densité alcoolique des spiritueux, et pour comparer les différents poids entre eux, on emploie la livre troy qui ne vaut que 373 grammes; elle se subdivise comme suit :

|  | Onces | Deniers | Grains | Mites | Rapports |
|---|---|---|---|---|---|
| Livre troy . . . = | 12 | 240 | 5760 | 115200 | 373.2 grammes |
| Once . . . . . = |  | 20 | 480 | 9600 | 31.1 » |
| Denier ou pennyweight. = |  |  | 24 | 480 | 1.56 » |
| Grain. . . . . = |  |  |  | 20 | 6.48 centigr. |
| Mite ou vingtième. = |  |  |  |  | 3.24 milligr. |

Le mite se subdivisait autrefois en 24 doits, en 576 periots, en 13824 blanks; mais ces sous-multiples sont maintenant tombés en désuétude, et on divise le grain en dixièmes, centièmes et millièmes. On le divise quelquefois encore en 20 mites.

Les sous-multiples de l'once varient suivant les objets qu'elle sert à peser; ainsi l'once pour les diamants et les pierreries = 151½ carats de 4 grains; l'once pour les perles = 20 deniers de 30 grains; l'once pour les médicaments se subdivise en 8 drams de 3 scrupules de 20 grains.

Carat-diamant = 2.053 décigrammes.     Carat-perle...... = 2.073 décigrammes.
Grain-diamant = 5.132 centigrammes     Grain-perle...... = 5.183 centigrammes.

Pour la vente des charbons on se sert de poids spéciaux :

Le keel de Newcastle contient 8 chaldrons de Newcastle et pèse 424 quintaux anglais, soit 21538 kil.; il est estimé contenir 16⅝ chaldrons de Londres.
Le chaldron de Newcastle = 53   quintaux = 2692 kil.
Le chaldron de Londres.... = 25½     »     = 1295  »
Le poids légal pour le charbon est maintenant le tonneau de 10 sacks ou de 20 quintaux, soit 2240 livres avoirdupois ou 1016 kil.

Hundredweight s'écrit en abrégé *cwt.*
Livre troy.         »      »    *℔.*
Once               »      »    *oz.*
Pennyweight        »      »    *dwt.*

### *Mesures de longueur.*

L'unité de mesure, en usage en Angleterre, est le pied (*foot*) qui se divise en 12 pouces (*inches*), et le pouce en 10 lignes (*lines*), subdivisées aussi décimalement. Le pied = 30.479449 centimètres; le pouce = 25.39954113 millimètres; la ligne = 2.539954113 millimètres.

Pour le mesurage du travail d'œuvre on divise le pouce en 12 lignes, la ligne en 12 secondes, et la seconde en 12 tierces. Quelquefois aussi on subdivise le pouce en 3 barleycorns ou grains d'orge; les ouvriers le divisent également en 8 parties.

La palm (*palm*) = 3 pouces.

L'empan (*span*) = 3 palmes = 9 pouces.

La main (*hand*) qui sert à mesurer la taille des chevaux = 4 pouces.

1 mètre = 3 pieds 3 pouces 3 lignes 7079 dix-millièmes de ligne, ou 39 pouces 3708 dix-millièmes de pouce, ou 3 pieds 2809 dix-millièmes de pied, ou bien encore 1 yard 0936 dix-millièmes de yard.

1 décimètre = 3 pouces 9 lignes 3708 dix-millièmes de ligne, ou 0.3281 pied.

1 centimètre = 3 lignes 9371 dix-millièmes de ligne, ou 0.0328 pied.

1 millimètre = 0.3937 ligne.

Voici les multiples du pied le plus souvent employés :

| | Milles | Stades | Chaînes | Perches | Toises | Verges | Coudées | Pieds | Rapports | |
|---|---|---|---|---|---|---|---|---|---|---|
| Lieue (league) . . . = | 3 | 24 | 240 | 960 | 2640 | 5280 | 10560 | 15840 | 4.8279 | kilom. |
| Mille légal (mile) . . = | | 8 | 80 | 320 | 880 | 1760 | 3520 | 5280 | 1.6093 | » |
| Stade (furlong) . . = | | | 10 | 40 | 110 | 220 | 440 | 660 | 201.1644 | mètres |
| Chaine de 100 links (chain) = | | | | 4 | 11 | 22 | 44 | 66 | 20.1164 | » |
| Perche (pole ou rod) . = | | | | | 2¾ | 5½ | 11 | 16½ | 5.0291 | » |
| Toise (fathom) . . = | | | | | | 2 | 4 | 6 | 1.8288 | » |
| Verge (yard) . . . = | | | | | | | 2 | 3 | 0.9144 | » |
| Coudée (cubit) . . = | | | | | | | | 1½ | 0.4572 | » |
| Pied (foot) . . . = | | | | | | | | | 0.3048 | » |

Le mille usuel n'est compté que pour 5000 pieds, soit 1524 mètres.

La perche des forêts (*woodland pole*) est comptée pour 18 pieds, soit 5.4863 mètres.

La perche de plantation (*forest pole*) est comptée pour 21 pieds, soit 6.4007 mètres.

On se sert encore pour mesurer les étoffes, et particulièrement les draps, de l'ancienne aune et quelquefois de l'aune française (non celle de Paris, mais celle de quelques provinces); voici leurs rapports et leurs subdivisions :

| | Aunes | Verges | Quarts | Ongles | Pouces | Rapports | |
|---|---|---|---|---|---|---|---|
| Aune fran^se (french ell) = | 1⅛ | 1½ | 6 | 24 | 54 | 1.372 | mètres |
| Aune (ell) . . . = | | 1¼ | 5 | 20 | 45 | 1.143 | » |
| Verge (yard) . . . = | | | 4 | 16 | 36 | 914.38 | millim. |
| Quart (quarter) . . = | | | | 4 | 9 | 228.60 | » |
| Ongle (nail) . . . = | | | | | 2¼ | 57.15 | » |
| Pouce (inch) . . = | | | | | | 25.40 | » |

### *Mesures de superficie.*

Les principales mesures de superficie usitées en Angleterre sont :

| | Yardland | Acres | Roods | Chains | Pole carrés | Yards carrés | Pieds carrés | Rapports | |
|---|---|---|---|---|---|---|---|---|---|
| Hide . . . . = | 3⅓ | 100 | 400 | 1000 | 16000 | 484000 | 4356000 | 40.4671 | hectares |
| Yardland . . . = | | 30 | 120 | 300 | 4800 | 145200 | 1306800 | 12.1401 | » |
| Acre . . . . = | | | 4 | 10 | 160 | 4840 | 43560 | 40.4671 | ares |
| Rood ou fardingdeals . = | | | | 2½ | 40 | 1210 | 10890 | 10.1168 | » |
| Chain carrée . . = | | | | | 16 | 484 | 4356 | 4.0467 | » |
| Pole ou rod carré . = | | | | | | 30¼ | 272¼ | 25.2919 | mèt. car. |
| Yard carré . . . = | | | | | | | 9 | 0.8364 | » |
| Pied carré . . . = | | | | | | | | 0.0929 | » |

La valeur du yardland que nous avons indiquée ci-dessus comme étant de 30 acres, varie suivant les localités entre 15 et 40 acres.

1 hectare = 2.4711 acres anglaises, ou = 107643 pieds carrés anglais.

### *Mesures de solidité.*

Le yard cube contient 27 pieds cubes ou 46656 pouces cubes et vaut 764.5134 décimètres cubes.

Le pied cube contient 1728 pouces cubes et vaut 28.3153 décimètres cubes.

Le pouce cube contient 1000 lignes cubes et vaut 16.3862 centimètres cubes.

Le tonneau d'encombrement est de 42 pieds cubes, soit 1.1892 mètre cube.

On compte généralement le tonneau de chargement des navires pour 40 pieds cubes, soit 1.1326 mètre cube.

Le mètre cube = 35.3164 pieds cubes anglais = 61027.0515 pouces cubes anglais.

### *Mesures de capacité pour les matières sèches.*

L'unité de mesure de capacité, tant pour les matières sèches que pour les liquides, est le gallon impérial (*imperial-standard-gallon*) qui contient 10 livres avoirdupois d'eau distillée, pesée avec des poids en cuivre, à la température de 62° Fahrenheit et à la pression barométrique de 30 pouces ; son volume correspond à 277.2738 pouces cubes.

Voici les multiples et les sous-multiples du gallon pour le mesurage des matières sèches.

| | | Weys | Quarters | Cooms | Strikes | Bushels | Pecks | Gallons | Pottles | Quarts | Pintes | Gills | Rapports |
|---|---|---|---|---|---|---|---|---|---|---|---|---|---|
| Last | = | 2 | 10 | 20 | 40 | 80 | 320 | 640 | 1280 | 2560 | 5120 | 20480 | 29.078 hectol. |
| Wey ou tun | = | | 5 | 10 | 20 | 40 | 160 | 320 | 640 | 1280 | 2560 | 10240 | 14.539 » |
| Quarter | = | | | 2 | 4 | 8 | 32 | 64 | 128 | 256 | 512 | 2048 | 290.7813 litres |
| Coom | = | | | | 2 | 4 | 16 | 32 | 64 | 128 | 256 | 1024 | 145.3906 » |
| Strike | = | | | | | 2 | 8 | 16 | 32 | 64 | 128 | 512 | 72.6953 » |
| Bushel impér<sup>al</sup> | = | | | | | | 4 | 8 | 16 | 32 | 64 | 256 | 36.3477 » |
| Peck | = | | | | | | | 2 | 4 | 8 | 16 | 64 | 9.0869 » |
| Gallon impér<sup>al</sup> | = | | | | | | | | 2 | 4 | 8 | 32 | 4.5435 » |
| Pottle | = | | | | | | | | | 2 | 4 | 16 | 2.2717 » |
| Quart | = | | | | | | | | | | 2 | 8 | 1.1359 » |
| Pinte | = | | | | | | | | | | | 4 | 0.5679 » |
| Gill | = | | | | | | | | | | | | 1.4198 décil. |

L'ancien bushel de Winchester, qui était autrefois la mesure légale, avait les mêmes multiples et sous-multiples que ci-dessus, mais valait 35.24 litres.

1 litre = 1.76 pinte = 0.22 gallon impérial.

1 hectolitre = 176.0773 pintes = 22.0097 gallons impériaux = 2.7512 bushels.

*Mesures de capacité pour les liquides.*

Depuis 1825, l'unité de mesure de capacité pour les liquides est, comme pour les matières sèches, le gallon impérial, avec les mêmes sous-multiples que pour les matières sèches, mais avec des multiples différents :

| | | Pipes | Puncheons | Hogsheads | Tierces | Barrels | Kilderkins | Firkins | Gallons | Pottles | Quarts | Pintes | Gills | Rapports |
|---|---|---|---|---|---|---|---|---|---|---|---|---|---|---|
| Tonne ou tun | = | 2 | 3 | 4 | 6 | 7 | 14 | 28 | 252 | 504 | 1008 | 2016 | — | 11.4495 hect |
| Pipe ou butt | = | | 1½ | 2 | 3 | 3½ | 7 | 14 | 126 | 252 | 504 | 1008 | — | 5.7248 » |
| Puncheon | = | | | 1⅓ | 2 | 2⅓ | 4⅔ | 9⅓ | 84 | 168 | 336 | 672 | — | 3.8165 » |
| Hogshead | = | | | | 1½ | 1¾ | 3½ | 7 | 63 | 126 | 252 | 504 | — | 2.8624 » |
| Tierce | = | | | | | 1⅙ | 2⅓ | 4⅔ | 42 | 84 | 168 | 336 | — | 1.9083 » |
| Barrel | = | | | | | | 2 | 4 | 36 | 72 | 144 | 288 | — | 1.6356 » |
| Kilderkin ou rundlet | = | | | | | | | 2 | 18 | 36 | 72 | 144 | 576 | 81.7822 litr. |
| Firkin ou ¼ barrel | = | | | | | | | | 9 | 18 | 36 | 72 | 288 | 40.8911 » |
| Gallon imp<sup>al</sup> | = | | | | | | | | | 2 | 4 | 8 | 32 | 4.5435 » |
| Pottle | = | | | | | | | | | | 2 | 4 | 16 | 2.2717 » |
| Quart | = | | | | | | | | | | | 2 | 8 | 1.1359 » |
| Pinte | = | | | | | | | | | | | | 4 | 5.6793 décil |
| Gill | = | | | | | | | | | | | | | 1.4198 » |

Mais les anciennes mesures ne sont pas encore complétement tombées en désuétude. Le gallon qui servait à mesurer le vin et les eaux-de-vie (*wine gallon*) ne valait que 3.79 litres, tandis que le gallon pour la bière valait 4.62 litres.

Voici les anciennes mesures employées dans le commerce de la bière :

| | | Pipes | Hogsheads | Barrels | Kilderkins | Firkins | Gallons | Pottles | Quarts | Pintes | Gills | Rapports |
|---|---|---|---|---|---|---|---|---|---|---|---|---|
| Tonne ou tun | = | 2 | 4 | 6 | 12 | 24 | 216 | 432 | 864 | 1728 | 6912 | 9.981 hectol. |
| Pipe ou butt | = | | 2 | 3 | 6 | 12 | 108 | 216 | 432 | 864 | 3456 | 4.991 » |
| Hogshead | = | | | 1½ | 3 | 6 | 54 | 108 | 216 | 432 | 1728 | 2.495 » |
| Barrel | = | | | | 2 | 4 | 36 | 72 | 144 | 288 | 1152 | 1.664 » |
| Kilderkin | = | | | | | 2 | 18 | 36 | 72 | 144 | 576 | 83.18 litres. |
| Firkin | = | | | | | | 9 | 18 | 36 | 72 | 288 | 41.59 » |
| Gallon de bière | = | | | | | | | 2 | 4 | 8 | 32 | 4.6209 » |
| Pottle | = | | | | | | | | 2 | 4 | 16 | 2.3105 » |
| Quart | = | | | | | | | | | 2 | 8 | 1.1553 » |
| Pinte | = | | | | | | | | | | 4 | 5.7761 décil. |
| Gill | = | | | | | | | | | | | 1.444 » |

Jusqu'en 1803, les mesures ci-dessus ne servaient que pour le porter ou la bière de houblon ; on employait pour l'ale, ou bière blanche sans houblon, un firkin ne contenant que 8 gallons ; les multiples de ce firkin étaient en proportion, soit un neuvième à déduire des rapports qui précèdent. Un acte de 1803 décida que le firkin serait de 9 gallons pour toutes les bières sans distinction.

Voici les anciennes mesures employées dans le commerce des vins et eaux-de-vie. On remarquera que le barrel ne contient dans ce cas que 1 ¾ kilderkin, tandis que le barrel de bière en contient 2.

| | Pipes | Puncheons | Hogsheads | Tierces | Barrels | Kilderkins | Gallons | Pottles | Quarts | Pintes | Gills | Rapports |
|---|---|---|---|---|---|---|---|---|---|---|---|---|
| Tonneau . . = | 2 | 3 | 4 | 6 | 8 | 14 | 252 | 504 | 1008 | 2016 | 8064 | 9.539 hec. |
| Pipe ou butt . = | | 1½ | 2 | 3 | 4 | 7 | 126 | 252 | 504 | 1008 | 4032 | 4.769 » |
| Puncheon . . = | | | 1⅓ | 2 | 2⅔ | 4⅔ | 84 | 168 | 336 | 672 | 2688 | 3.18 » |
| Hogshead ou barrique. = | | | | 1½ | 2 | 3½ | 63 | 126 | 252 | 504 | 2016 | 2.385 » |
| Tierce . . . = | | | | | 1⅓ | 2⅓ | 42 | 84 | 168 | 336 | 1344 | 1.59 » |
| Barrel . . . = | | | | | | 1¾ | 31½ | 63 | 126 | 252 | 1008 | 1.192 » |
| Kilderkin ou rundlet = | | | | | | | 18 | 36 | 72 | 144 | 576 | 68.13 litr. |
| Gallon à vin . = | | | | | | | | 2 | 4 | 8 | 32 | 3.785 » |
| Pottle . . . = | | | | | | | | | 2 | 4 | 16 | 1.893 » |
| Quart . . . = | | | | | | | | | | 2 | 8 | 9.463 décil. |
| Pinte . . . = | | | | | | | | | | | 4 | 4.732 » |
| Gill . . . . = | | | | | | | | | | | | 1.183 » |

On compte approximativement 6 gallons à vin pour 5 gallons impériaux.

Le gallon d'huile était égal au gallon à vin ; on l'estimait à 7 ½ livres avoirdupois, soit 3.4 kil.

Voir ci-dessus, après les mesures de capacité pour les matières sèches, le rapport du litre et de l'hectolitre en mesures anglaises.

---

## LUBECK.

*Monnaies.* La ville de Lubeck a adhéré à la convention monétaire de 1857 ; elle fait donc usage du thaler de Prusse qui = F. 3.71 et de ses composés ; *voir* Zollverein. Les monnaies en circulation sont : En or, le ducat *ad legem imperii* = F. 11.77 ; le double et le demi-ducat, la pièce de 5 ducats et celle de 10 ducats appelée portugalaise, en proportion. En argent : l'ancien thaler ou écu courant de 3 marcs courants ou 48 schilling = F. 4.58,37 ; le marc courant = 16 schilling = F. 1.52,79 ; le schilling = 12 pfennige = F. 0.09,55. Le nouveau thaler de Prusse est pris pour 2 ¼ marcs, ce qui suppose au marc courant une valeur de F. 1.48.

La monnaie de compte était autrefois le marc courant de 16 schilling = F. 1.52,79 ; on compte plus généralement maintenant en marcs-banco comme à Hambourg ; le marc-banco = 16 schilling-banco = F. 1.87,20 ; le schilling-banco = 12 pfennige = F. 0.11,70.

Les changes sont les mêmes qu'à Hambourg.

*Poids.* Voir Hambourg, paragraphes Nouveaux poids et Anciens poids.

*Mesures de longueur.* L'unité est le pied qui est d'environ ¼ % plus long que celui de Hambourg.

| | Aunes | Pieds | Pouces | Theilen | Lignes | Rapports |
|---|---|---|---|---|---|---|
| Perche ou ruthe . = | 8 | 16 | 192 | 1536 | 2304 | 4.6064 mètres |
| Aune ou ell . . = | | 2 | 24 | 192 | 288 | 575.8 millim. |
| Pied ou fuss . . = | | | 12 | 96 | 144 | 287.9 » |
| Pouce ou zoll . . = | | | | 8 | 12 | 23.9917 » |
| Theil ou partie. . = | | | | | 1½ | 2.999 » |
| Ligne ou linie . . = | | | | | | 1.9993 » |

La lieue géographique de 15 au degré = 7408.9 mètres. On la compte généralement pour 1600 perches, ce qui ne lui donne qu'une valeur de 7370.24 mètres.

*Mesures de superficie.* La perche ou ruthe carrée = 256 pieds carrés = 21.218948 mètres carrés. Le scheffel ou boisseau vaut, suivant la qualité des terres, de 60 à 80 perches carrées. Le last représentant l'espace qu'on peut ensemencer avec un last de grains = 96 scheffel, = suivant la qualité des terres, 5760 à 7680 perches carrées.

*Mesures de solidité.* Le faden a 6 ¾ pieds de long et de haut et le plus souvent 2 pieds de bûche ; il = 88 ⁸/₉ pieds cubes = 2.1212 stères.

*Mesures de capacité pour les matières sèches.* Elles varient suivant les objets qu'elles servent à mesurer.

| | Dromt | Tonne | Scheffel | Fass | Rapports | | |
|---|---|---|---|---|---|---|---|
| | | | | | Froment, Seigle | | Avoine |
| Last . . . . . = | 8 | 24 | 96 | 384 | 32.07 hectol. | | 37.67 hectol. |
| Dromt . . . . = | | 3 | 12 | 48 | 4.009 | » | 4.708 » |
| Tonne . . . . = | | | 4 | 16 | 1.336 | » | 1·57 » |
| Scheffel . . . = | | | | 4 | 33.4 litres | | 39.24 litres |
| Fass . .. . . = | | | | | 8.35 | » | 9.81 » |

Le scheffel de malt est le même que celui de froment; mais comme il doit être comble, sa capacité effective correspond à celle du scheffel d'avoine. La chaux et les grains se vendent aussi à la demi-tonne danoise ou du Holstein; cette tonne = 1.3911 hectolitre.

D'ailleurs un grand nombre de marchandises au lieu de se vendre à la mesure se vendent au poids; on se sert en général de la tonne ou schiffpfund de 20 liespfund ou 280 livres.

*Mesures de capacité pour les liquides.* Ce sont les mêmes qu'à Hambourg. Le fass de bière est égal à l'ohm ou aime, et le fass d'eau-de-vie à l'oxhoft. L'oessel ou plank se divise en 2 orts.

Les marchandises se vendent généralement à 2 mois de crédit; les vins et les spiritueux se vendent à 3 mois; l'escompte pour comptant est de 1 à 1¼ %. Le courtage varie entre ¼ et 1 % à la charge de chacune des parties.

---

## MADRAS (INDES ANGLAISES).

*Monnaies.* Le mohur d'or ou roupie d'or de Madras est égal au mohur de la Compagnie; il pèse 11.6626 grammes, est à 917 millièmes et vaut 15 roupies d'argent = F. 36.82,35. La roupie d'argent, qui est aussi égale à la roupie de la Compagnie, est du même poids et du même titre que le mohur d'or et vaut F. 2.37,57.

Voir, pour plus de détails, l'article Calcutta.

On compte à Madras en roupies de la Compagnie à 16 annas à 12 pices = F.2.37,57. On divise encore quelquefois la roupie en 12 fanams. On comptait aussi en pagodes-star à 42 fanams à 80 caches = 3½ roupies = F. 8.31,25.

*Poids.* La valeur réelle du candy, dont nous donnons ci-après les multiples et les sous-multiples, est de 482.29 livres avoirdupois, soit 218.74 kil., mais les Anglais le comptent pour 500 livres avoirdupois; c'est cette valeur que nous avons cru devoir adopter.

| | Maunds | Vis | Seers | Pollams | Pagodes | Rapports anglais | Rapports français |
|---|---|---|---|---|---|---|---|
| Candy ou baruay. = | 20 | 160 | 800 | 6400 | 64000 | 500.— livres.a.d.p. | 226.77 kil. |
| Maund ou manungus. = | | 8 | 40 | 320 | 3200 | 25.— » | 11.3385 » |
| Vis ou visay . . = | | | 5 | 40 | 400 | 3.125 » | 1.4173 » |
| Seer . . . . . = | | | | 8 | 80 | 10.— onces a.d.p. | 283.4625 gr. |
| Pollam . . . . = | | | | | 10 | 1.25 » | 35.4331 » |
| Pagode ou varahuns . = | | | | | | 54.6875 grains | 3.5433 » |

La garce ou gursay = 20 candys = 9645 ⁵/₇ livres avoirdupois = 4375 kil.

Le pécul = 132 livres avoirdupois = 59.875 kil.

L'or et l'argent se pèsent à la pagode star ou étoilée qui = 52.56 grains anglais = 3.4055 grammes.

Les diamants se pèsent au carat de 4 grains que l'on estime égal à 3⅛ ou 3.2 grains anglais = 2.073 décigrammes. Quelquefois on le considère comme égal au carat anglais = 3.168 grains anglais = 2.053 décigr.

Les perles se pèsent au mangalin qui se divise en 16 parties et = 6 grains anglais = 3.8875 décigr.; mais elles se vendent au chow, poids nominal qui se divise en 64 parties. Pour faire le calcul, on carre le nombre de mangalins et on divise les trois quarts du produit par le nombre de perles; le résultat est le nombre de chows.

*Mesures de longueur.* Covid ou cubit = 18 pouces anglais = 457.2 millim. Guz qui n'est autre que le yard = 36 pouces anglais = 914.4 millim.

*Mesures de superficie.* Cawney = 4 biggahs de Calcutta = 24 mauneys = 57600 pieds carrés anglais = 53.5102 ares. Mauney ou ground représente un carré ayant 60 pieds anglais de long sur 40 de large = 2400 pieds carrés anglais = 222.96 mètres carrés.

*Mesures de capacité.* Les mesures suivantes servent à la fois pour les grains et pour les liquides ; quelques-unes d'entre elles ne servent que dans l'un ou l'autre cas.

|  | Candys | Parahs | Marcals | Puddys | Ollocks | Rapports anglais | | Rapports français | |
|---|---|---|---|---|---|---|---|---|---|
| Garce. . . . = | 20 | 80 | 400 | 3200 | 25600 | 16.9 | quarters | 49.16 | hectol. |
| Candy . . . = | | 4 | 20 | 160 | 1280 | 54.098 | gallons | 2.4579 | » |
| Parah . . . = | | | 5 | 40 | 320 | 13.524 | » | 61.45 | litres. |
| Marcal ou maund. = | | | | 8 | 64 | 2.705 | » | 12.29 | » |
| Puddy . . . = | | | | | 8 | 2.705 | pintes | 1.5362 | » |
| Ollock . . . = | | | | | | 0 338 | » | 1.92 | décilit. |

Quand le grain se vend au poids, on compte la garce pour 9256 ½ livres avoir-dupois = 4198 kil.; la garce n'équivaudrait alors qu'à 18 candys 12 $^4/_5$ maunds ; cette valeur diffère sensiblement de celle que nous avons donnée plus haut.

---

## MADRID (Espagne).

### *Nouveau système monétaire.*

Par décret de la reine Isabelle, en date du 15 Avril 1848, le réal est constitué unité monétaire. Le titre des monnaies d'or et d'argent est fixé à 900 millièmes. Les nouvelles monnaies sont :

En or : Le doublon d'Isabelle, valant 100 réaux = F. 25.78,30. Un décret du 31 Janvier 1861, a ordonné en outre l'émission de pièces d'or de 40 et de 20 réaux.

En argent : Le douro de 20 réaux = F. 5.20,60 ; le demi-douro ou écu de 10 réaux, la peseta de 4 réaux, la demi-peseta de 2 réaux en proportion. Le réal = F. 0.26.

En cuivre : Le demi-réal, le double-dixième ou cinquième de réal, le dixième de réal et le demi-dixième.

La monnaie de compte est le réal, divisé en 10 décimes : on n'emploie guère les multiples du réal, c'est-à-dire, le doublon valant 10 écus ou 100 réaux, ni l'écu valant 10 réaux. Le décret de 1848 prescrivait cependant l'emploi du doublon et de l'écu dans la comptabilité des bureaux de l'état ; il autorisait également, comme monnaies de compte auxiliaires, le duro, la peseta, la media peseta, le medio réal, la doble décima et la media décima.

### *Ancien système monétaire.*

Voici la liste des anciennes monnaies espagnoles dont la circulation est encore autorisée et qui se rencontrent surtout dans les colonies.

En or : Le doublon de 8 écus d'or et de 16 piastres, appelé aussi quadruple, once d'or ou pistole quadruple, de 1730 à 1772 = F. 85.44,01.
La même pièce de 1772 à 1786 = F. 83.49,82.
La même pièce depuis 1786 = F.81.55,64.
Le doublon de 4 écus, ou pistole double, moitié du précédent, en proportion.
Le doublon d'or, ou pistole simple, moitié du doublon de 4 écus, en proportion.
L'écu d'or, ou demi-pistole, moitié de la pistole simple, en proportion.
Le petit écu d'or, ou escudillo, ou piastre forte, moitié de l'écu d'or, en proportion.
En argent : La piastre forte aux deux globes ou à colonnes, de 1730 à 1772 = F. 5.51,23.
La piastre forte à l'effigie ou à colonnes, depuis 1772 = F. 5.42,87. — On évalue souvent cette piastre à F. 5.38,70.
La ½ piastre, ou peso, ou écu de veillon; le ¼ de piastre ou peseta columnaria; le ⅛ et le $^1/_{16}$ de piastre en proportion.
La peseta provincial, 5$^{me}$ de la piastre = F 1.04,99.
Le réal de plata nueva ou ½ peseta, moitié de la précédente, soit 10$^{me}$ de la piastre =F. 0.52,49.
Le readillo ou réal de veillon, ¼ de la peseta, moitié du précédent, soit 20$^{me}$ de piastre = F. 0.26,46.

En cuivre : le double cuarto ou ochata = 8 maravédis de veillon à 10 dineros de Castille = F. 0.06,32. Le cuarto, le medio cuarto ou ochavo, le medio ochavo ou maravedi de veillon valant 2 blancas, et la blanca en proportion. Ces monnaies sont maintenant échangées à raison de 1 réal pour 8½ cuartos ou 34 maravedis, 1 media peseta pour 17 cuartos, 1 peseta pour 34 cuartos, 1 escudo pour 85 cuartos et 1 douro pour 170 cuartos.

*Monnaies de compte.*

Les monnaies de compte employées en Espagne, étaient de 8 espèces différentes : 1° celle de Castille ; 2° celle de Mexique ; 3° celle d'Aragon ; 4° celle de Majorque ; nous donnons plus loin les valeurs de ces quatre monnaies ; 5° celle de Navarre, *voir* Navarre ; 6° celle de Valence, *voir* Alicante ; 7° celle des Iles Canaries, *voir* Canaries (Iles) ; et 8° celle de Catalogne, *voir* Barcelone.

*Monnaies de compte de Castille.* — Cette monnaie était la plus courante : elle se compose de plusieurs valeurs différentes qui se trouvent classées dans les quatre § qui suivent :

§. I. Les monnaies de compte ordinaires de Castille, qu'on employait dans la presque totalité de l'Espagne, étaient le réal de plate et le réal de veillon avec leurs subdivisions.

| | Cuartos | Ochavos | Maravedis | Rapports. |
|---|---|---|---|---|
| Réal de plate vieille. = | 16 | 32 | 34 | F. 0.50,70 |
| Cuarto » » . = | | 2 | $2^{1}/_{8}$ | » 0.03,17 |
| Ochavo » » . = | | | $1^{1}/_{16}$ | » 0.01,58 |
| Maravedi » » . = | | | | » 0.04,49 |

| | Maravedis | Deniers | Rapports. |
|---|---|---|---|
| Réal de veillon. . = | 34 | 340 | F. 0.26,93 |
| Maravedi » . . = | | 10 | » 0.00,79 |
| Denier » . . = | | | » 0.00,08 |

Un réal de plate = $1^{15}/_{17}$ réal de veillon. 1 maravedi de plate = $1^{15}/_{17}$ maravedi de veillon. On tenait quelquefois les écritures seulement en maravedis, en comptant alors par mille et millions de maravedis. Le réal de veillon était la monnaie de compte la plus généralement employée, aussi quand on parlait de réaux seulement, on devait entendre des réaux de veillon.

§. II. Les anciennes monnaies de change qui servaient pour le commerce avec l'étranger et surtout pour la cote des fonds publics et des changes, étaient idéales comme les précédentes.

| | Piastres | Réaux de plate | Réaux de veillon | Maravedis de plate | Maravedis de veillon | Rapports. |
|---|---|---|---|---|---|---|
| Doublon de plate ou pistole de change . = | 4 | 32 | $60^{4}/_{17}$ | 1088 | 2048 | F. 16 22,14 |
| Piastre de change. = | | 8 | $15^{1}/_{17}$ | 272 | 512 | » 4.05,53 |
| Réal de plate . . = | | | $1^{15}/_{17}$ | 34 | 64 | » 0.50,69 |
| Réal de veillon . = | | | | $18^{1}/_{16}$ | 34 | » 0.26,93 |
| Maravedi de plate = | | | | | $1^{15}/_{17}$ | » 0.01,49 |
| Maravedi de veillon. = | | | | | | » 0.00,79 |

On employait aussi le ducat de change de 375 maravedis de plate ou $705^{15}/_{17}$ maravedis de veillon et qu'on divisait en 20 sueldos (sous) à 12 dineros (deniers) chaque. Ce ducat valait ainsi F. 5.59,10.

§. III. On employait dans le commerce intérieur les monnaies de compte de Castille, nouvelles ou provinciales.

Doublon de plate neuve ou provinciale de 60 réaux de veillon............=F. 16.16
Piastre d° d° de 15 d° ............= » 4.04
Réal d° d° { de 2 d° ...... } = » 0.53,86
{ ou de 34 maravedis de plate neuve ........ }
Ducat de plate à 11 réaux de plate vieille ou 704 maravedis de veillon= » 5.58
Ducat de veillon à 11 réaux de veillon ou 374 maravedis de veillon= » 2.96

§. IV. Il existait encore d'autres monnaies de compte de Castille qui ne servaient que dans certaines occasions, c'étaient :
Le ducat d'or de 45¾ réaux de veillon = F. 12.32.
Le ducat de chargement ou de voiture de 22½ réaux de veillon à Malaga et de 12 réaux de plate vieille à Cadix ; dans le premier cas, il = F. 6.06 ; dans le second cas, il = F. 6.08.

L'écu au soleil de 32 réaux de veillon = F. 8.62.
L'écu d'or de 40 réaux de veillon = F.10.77.
Le réal de plate courante de 612 deniers de Castille à Bilbao = F. 4.85 et le réal de plate de 512 deniers de Castille dans la même ville = F. 4.06.
Le doublon d'or de tête de 14 réaux 9 maravedis de veillon = F. 3.84.
Le ducat de plate neuve de 16 ½ réaux de veillon = F. 4.44

*Monnaie de compte de Mexique.* — On emploie cette monnaie dans les possessions espagnoles en Amérique, et elle sert aussi de base pour les monnaies réelles de la péninsule. Ainsi, quand on dit 8 réaux pour une piastre d'Espagne, on entend le réal de Mexique. Voici les rapports de cette monnaie.

|  | | Réaux | Cuartos | Maravedis | Rapports. |
|---|---|---|---|---|---|
| Piastre . . . . . | = | 8 | 128 | 272 | F. 5.37 |
| Réal . . . . . . | = | | 16 | 34 | » 0.67,13 |
| Cuarto . . . . | = | | | 2⅛ | » 0.04,19 |
| Maravedis de Mexique . | = | | | | » 0.01,97 |

*Monnaie de compte d'Aragon.* — On compte en livre qui se subdivise comme suit :

|  | | Réaux | Sous | Deniers | Maravedis de veillon | Rapports. |
|---|---|---|---|---|---|---|
| Livre. . . . . . | = | 10 | 20 | 320 | 640 | F. 5.07 |
| Réal . . . . . . | = | | 2 | 32 | 64 | » 0.50,70 |
| Sous . . . . . . | = | | | 16 | 32 | » 0.25,35 |
| Deniers . . . . | = | | | | 2 | » 0.04,58 |
| Maravedi de veillon . . | = | | | | | » 0.00,79 |

*Monnaie de compte de Majorque.* — On compte en livre mallanquina, se divisant comme la précédente, mais ne valant que F. 3.59,06.

1 livre mallanquina = 453⅓ maravedis de veillon.
96 » » = 85 piastres de change de Castille.
24 réaux » = 17 réaux de plate.
La piastre de change qui s'emploie quelquefois à Majorque, s'y divise en 20 sous à 12 deniers.

## Changes.

| Amsterdam | ± | 2. 45 florins des Pays-Bas | pour 1 piastre de 20 réaux |
|---|---|---|---|
| Gênes | ± | 5. 25 francs | — 1 » » |
| Hambourg | ± | 45. — schillings banco | — 1 » » |
| Lisbonne | ± | 900. — reis | — 1 » » |
| Londres | ± | 50. 20 pence sterling | — 1 » » |
| Naples | ± | 1. 24 ducat | — 1 » » |
| Paris | ± | 5. 25 francs | — 1 » » |

### NOUVEAU SYSTÈME DE POIDS ET MESURES.

Un décret royal du 19 Juillet 1849 a sanctionné une loi par laquelle les Cortès prescrivaient l'adoption du système métrique français dans tous les pays de la domination espagnole. Les nouvelles mesures étaient applicables à partir du 1ᵉʳ Janvier 1860.

### ANCIEN SYSTÈME DE POIDS ET MESURES.

#### Poids.

|  | | Quintal ordin. | Arrobes | Livres | Marcs | Onces | Ochaves | Adarmes | Tomines | Grains | Rapports. |
|---|---|---|---|---|---|---|---|---|---|---|---|
| Quintal macho. . | = | 1½ | 6 | 150 | 300 | 2400 | 19200 | — | — | — | 69.07 kil. |
| Quintal ordinaire. | = | | 4 | 100 | 200 | 1600 | 12800 | — | — | — | 46.05 » |
| Arrobe . . . . | = | | | 25 | 50 | 400 | 3200 | — | — | — | 11.51 » |
| Livre de Castille . | = | | | | 2 | 16 | 128 | 256 | 768 | 9216 | 460.5 gram. |
| Marc. . . . . | = | | | | | 8 | 64 | 128 | 384 | 4608 | 230.25 » |
| Once. . . . . | = | | | | | | 8 | 16 | 48 | 576 | 28.78 » |
| Ochave . . . . | = | | | | | | | 2 | 6 | 72 | 3.6 » |
| Adarme . . . . | = | | | | | | | | 3 | 36 | 179.883 centigr. |
| Tomine . . . . | = | | | | | | | | | 12 | 59.961 » |
| Grain. . . . . | = | | | | | | | | | | 4.997 » |

La tonelada est de 20 quintaux = 921 kil.
La livre employée dans la pharmacie était plus légère que la livre de Castille; voici sa valeur et ses subdivisions.

| | Marcs | Onces | Drachmes | Scrupules | Oboles | Caractères | Grains | Rapports |
|---|---|---|---|---|---|---|---|---|
| Livre de pharmacie = | 1½ | 12 | 96 | 288 | 576 | 1728 | 6912 | 345.37 gram. |
| Marc. . . . = | | 8 | 64 | 192 | 384 | 1152 | 4608 | 230.25 » |
| Once. . . . = | | | 8 | 24 | 48 | 144 | 576 | 28.78 » |
| Drachme. . . = | | | | 3 | 6 | 18 | 72 | 3.598 » |
| Scrupule ou denier = | | | | | 2 | 6 | 24 | 1.199 » |
| Obole. . . . = | | | | | | 3 | 12 | 5.995 déci. |
| Caractère . . = | | | | | | | 4 | 1.998 » |
| Grain. . . . = | | | | | | | | 0.499 » |

Le titre de l'or s'exprime par le marc qui = 24 carats ou quilates ; le carat = 4 grains = 32 parties = 9.5938 grammes. Pour exprimer le titre de l'argent on ne divise le marc qu'en 12 deniers ; le denier = 24 grains = 19.1875 grammes. Les diamants, les pierres précieuses et les perles se pèsent à l'once que l'on divise en 140 carats = 27.953 grammes ; le carat de diamants = 4 grains = 1.999 décigramme.

*Mesures de longueur.*

| | Varas | Codos | Pieds | Grands palmes | Sesmas | Petits palmes | Pouces | Doigts | Lignes | Points | Rapports |
|---|---|---|---|---|---|---|---|---|---|---|---|
| Estadal . . . = | 4 | 8 | 12 | 16 | 24 | 48 | 144 | 192 | 1728 | 20736 | 3.34 mètres |
| Vara. . . . = | | 2 | 3 | 4 | 6 | 12 | 36 | 48 | 432 | 5184 | 835.— milli. |
| Codo ou coudée . = | | | 1½ | 2 | 3 | 6 | 18 | 24 | 216 | 2592 | 417.5 » |
| Pied. . . . = | | | | 1⅓ | 2 | 4 | 12 | 16 | 144 | 1728 | 278.33 » |
| Grand palme ou ¼ = | | | | | 1½ | 3 | 9 | 12 | 108 | 1296 | 208.75 » |
| Sesma ou ⅙ . = | | | | | | 2 | 6 | 8 | 72 | 864 | 139.16 » |
| Petit palme. . = | | | | | | | 3 | 4 | 36 | 432 | 69 58 » |
| Pouce ou pulgada. = | | | | | | | | 1⅓ | 12 | 144 | 23.19 » |
| Doigt . . . = | | | | | | | | | 9 | 108 | 17.39 « |
| Ligne . . . = | | | | | | | | | | 12 | 1.93 » |
| Point . . . = | | | | | | | | | | | 0.16 » |

Outre ces mesures légales on employait encore :

Le pas géométrique qui valait 1⅔ de vara = 5 pieds = 1.39 mètre.

La braza (brasse) appelée encore toesa (toise) ou estado qui valait 1⅓ pas = 2 varas = 4 codos = 6 pieds = 1.67 mètre.

La cuerda ou corde qui valait 8¼ varas = 24¾ pieds = 33 grands palmes = 6.89 mètres.

La lieue, d'après laquelle sont marquées les routes faites depuis 1766, se compose de 4800 pas = 8000 varas = 24000 pieds ; elle est de 16.64 au degré et équivaut à 6.68 kilomètres.

La lieue géographique de 17.5 au degré est rendue obligatoire, depuis 1718, pour régler les échelles des cartes géographiques ; on la compte pour 22815 pieds = 6.35 kilomètres.

La lieue marine de 20 au degré, appelée aussi lieue commune, était la vraie lieue espagnole ; elle se comptait pour 4000 pas = 6666⅔ varas = 20000 pieds = 5.57 kilomètres. On la comptait quelquefois pour 19800 pieds.

Le mille, tiers de l'ancienne lieue, se composait de 1000 pas ou 5000 pieds = 1.39 kilomètre.

*Mesures de superficie.*

La fanegada ou fanega était la mesure légale du royaume depuis 1801 ; elle représentait un carré de 24 estadales de côté.

| | Celemines | Cuartillos | Estadales carrés | Varas carrées | Pieds carrés | Rapports |
|---|---|---|---|---|---|---|
| Fanegada ou fanega. = | 12 | 48 | 576 | 9216 | 82944 | 64.26 ares |
| Celemine . . . = | | 4 | 48 | 768 | 6912 | 5.35 » |
| Cuartillo . . . = | | | 12 | 192 | 1728 | 1.34 » |
| Estadal carré . . = | | | | 16 | 144 | 11.16 mèt. car, |
| Vara carrée . . = | | | | | 9 | 69.723 déc.car. |
| Pied carré . . . = | | | | | | 7.747 » |

On employait aussi la fanegada ou aranzada de 20 estadales de côté ; elle avait alors une superficie de 400 estadales carrés = 1600 brazas carrées = 6400 varas carrées = 57600 pieds carrés = 44.62 ares. Quelquefois aussi la fanegada équivalait à un rectangle de 25 estadales de long sur 20 de large ; elle valait alors 500 estadales carrés = 8000 varas carrées = 72000 pieds carrés = 55.78 ares.

Quand on employait ces deux mesures, on considérait quelquefois l'estadal comme ayant 11 pieds de long ; ce qui leur donnait les valeurs suivantes :

Fanegada ou aranzada de 400 estadales carrés = 48400 pieds carrés = 37.5 ares.

Fanegada de 500 estadales carrés = 60500 pieds carrés = 46.87 ares.
La première de ces deux mesures était employée avec la valeur de 11 pieds de long pour l'estadal, dans l'arpentage des vignobles et des champs d'avoine et d'orge.

*Mesures de capacité pour les matières sèches.*

| | Fanegas | Cuartillas | Almudes | Medios | Cuartillos | Raciones | Ochavillos | Rapports | |
|---|---|---|---|---|---|---|---|---|---|
| Cahiz . . . . = | 12 | 48 | 144 | 288 | 576 | 2304 | 9216 | 657.6 | litres |
| Fanega . . . . = | | 4 | 12 | 24 | 48 | 192 | 768 | 54.8 | » |
| Cuartilla . . . = | | | 3 | 6 | 12 | 48 | 192 | 13.7 | » |
| Almud ou celemine . = | | | | 2 | 4 | 16 | 64 | 4.567 | » |
| Medio . . . . = | | | | | 2 | 8 | 32 | 2.283 | » |
| Cuartillo . . . = | | | | | | 4 | 16 | 1.142 | » |
| Racio ou ochavo . = | | | | | | | 4 | 0.285 | » |
| Ochavillo . . . = | | | | | | | | 0.071 | » |

*Mesures de capacité pour les liquides.*

La mesure de capacité employée pour le vin était l'arroba étalon de Tolède ; elle contenait 35 livres d'eau distillée.

| | Pipes | Arrobes | Cuartillas | Azumbres | Cuartillos | Copas | Rapports. | |
|---|---|---|---|---|---|---|---|---|
| Botte. . . . . = | $1^1/_9$ | 30 | 120 | 240 | 960 | 3840 | 484.11 | litres. |
| Pipe . . . . . = | | 27 | 108 | 216 | 864 | 3456 | 435.7 | » |
| Arrobe mayor ou cantaro = | | | 4 | 8 | 32 | 128 | 16.14 | » |
| Cuartilla . . = | | | | 2 | 8 | 32 | 4.034 | » |
| Azumbre . . = | | | | | 4 | 16 | 2.017 | » |
| Cuartillo . . = | | | | | | 4 | 5.043 | décil. |
| Copa. . . . = | | | | | | | 1.26 | » |

La pipe de vin de Pedro Ximenèz est de 340.76 à 363.48 litres, et rend à Hambourg 96 à 100 stubchen.

L'arrobe employée comme poids pour le vin, pèse 32 livres = 14.72 kil.

L'unité de capacité employée pour l'huile est l'arroba menor qui contient 27 livres ¼ d'eau distillée.

| | Pipes | Arrobes | Cuartillas | Libras | Cuarterones | Onces | Rapports | |
|---|---|---|---|---|---|---|---|---|
| Botte. . . . . = | $1^8/_{69}$ | 38½ | 154 | 962½ | 3850 | 15400 | 483.73 | litres |
| Pipe . . . . . = | | 34 ½ | 138 | 862½ | 3450 | 13800 | 433.47 | » |
| Arrobe menor . . = | | | 4 | 25 | 100 | 400 | 12.564 | » |
| Cuartilla . . = | | | | 6¼ | 25 | 100 | 3.141 | » |
| Libra . . . = | | | | | 4 | 16 | 50.256 | cent. |
| Cuarteron ou panilla. = | | | | | | 4 | 12.564 | » |
| Once. . . . = | | | | | | | 3.141 | » |

L'arrobe employée comme poids pour l'huile, pèse 25 livres = 11.51 kil.

L'escompte de change est de 6 % par an ; le courtage de change de 1 %ₒ, et la commission de change de ⅓ à ¼ %.

---

## MALACCA (Indes Anglaises.)

On compte par piastre à 100 cents.

Bahar = 3 piculs = 405 livres avoirdupois = 183.69 kil.
Picul = 100 cattis = 1600 tales = 135 livres avoirdupois = 61.23 kil.
Kip d'étain = 15 bedoors = 30 tampangs = 40.69 livres avoirdupois = 18.45 kil.
Buncal, poids pour l'or et l'argent, = 16 mians = 712.2 grains anglais = 46.47 grammes.

Orlong, mesure de longueur, = 20 jumbas = 40 depas = 160 hastas ou cubits ou covids = 80 yards anglais = 73.1507 mètres.
Le covid est souvent compté pour 18 ²/₁₅ yards anglais = 460.6 millim.; les mêmes mesures carrées servent pour mesurer les surfaces.

Last riz = 50 mass = 500 gantangs = 6.878 quarters anglais = 20 hectol.
Coyang = 80 » = 800 » = 11 » = 32 »
Le coyang riz se divise aussi en 40 piculs = 5400 livres avoirdupois = 2449 kil.

## **MALAGA** (Espagne.)

*Monnaies.* Voir Madrid. On comptait quelquefois en piastre de change valant 15 réaux de veillon au lieu de 15 $^1/_{17}$ = F. 3.94. Plus rarement on divisait le réal en 8 ¼ cuartos, 17 ochavos, 68 blancas, 136 cornados, 340 deniers.

*Poids et mesures de longueur.* Voir également Madrid.

*Mesures de superficie.* La fanegada est de $^1/_{16}$ plus petite que celle de Castille; elle = 8640 vares carrées = 60.3709 ares.

*Mesures de capacité.* Pour les grains, on emploie la fanega de Castille, *voir* Madrid. Pour le vin : Arroba mayor ou cantara = 8 azumbres = 32 cuartillos = 15.85 litres.
La pipe de vin contient 25 arrobes en moyenne = 396.23 litres.
La botte de vin contient 30 arrobes = 475.5 litres. L'huile se vend au poids ; la pipe d'huile contient 34 arrobes menores (mesures) = 427.19 litres, et pèse 34 arrobes de 25 livres = 850 livres = 391 kil. La botte d'huile contient 42 arrobes menores = 527.7 litres.
Tonneau d'amandes = 3 quintaux = 300 livres.
Tonneau de figues = 112 ½ livres.
Carga ou tonne de raisin contient 2 paniers et = 1 ¾ quintal = 7 arrobes = 175 livres = 80.5 kil.

Le grand last est de 8800 livres et le petit last de 6200.

La commission d'achat est de 2 %.

---

## **MALTE**, *voir* La Valette.

---

## **MANAGUA** (Nicaragua.)

Les monnaies, poids et mesures sont les mêmes qu'en Espagne, *voir* Madrid.

Un décret du 1ᵉʳ Juillet 1861 porte que les monnaies macuquinas, qui représentent ½ piastre, 2 réaux, 1 réal, et ½ réal, ne seront reçues dans les caisses publiques que pour 40, 20, 10 et 5 centièmes de piastre forte. Les onces des républiques hispano-américaines ne doivent également être reçues que pour 15 piastres 60 centièmes.

---

## **MANILLE** (Iles Philippines.)

*Monnaies.* En or, le quadruple espagnol ou indépendant valant 16 piastres fortes = F. 81.55. Ces pièces doivent peser au moins 538 grains espagnols (soit 26.8546 grammes); au-dessous de ce poids le premier grain en moins fait perdre à la pièce 0.09 ½ de piastre et les autres chacun 0.03 ½ jusqu'à 530 grains ; au-dessous de ce poids la pièce cesse d'avoir cours. Le quadruple est la monnaie type et officielle.
Les pièces de 1, 2, 4, 5 et 8 piastres en or, jouissent d'une certaine prime, mais inférieure à celle des pièces argent blanc.
Les piastres fortes argent blanc de l'Espagne et des républiques hispano-américaines, sont en quelque sorte considérées comme une marchandise, et obtiennent une prime de 10 à 12%, sauf la piastre péruviennne de 1855 qui étant plus légère n'a pas cours. La valeur de F. 81.55 pour le quadruple de 16 piastres fait ressortir la piastre courante à F. 5.10; mais la prime porte la valeur de la piastre argent à F. 5.61. Les contrats, marchés, etc., ne stipulant pas que les paiements doivent être effectués en piastres fortes argent blanc, sont par cela même payables en piastres fortes courantes, équivalant à $^1/_{16}$ de quadruple.
On compte en piastre à 8 réaux forts ; le réal se divise en 12 grains ou en 20 cuartos. Dans le haut commerce la piastre se divise en 100 centièmes; c'est d'ailleurs la seule manière de compter légale depuis le 1ᵉʳ Juillet 1857.

*Poids.* Pikol ou pécul = 100 cattis = 137½ livres espagnoles = 63.25 kil.; le plus souvent on le compte pour 140 livres anglaises = 63.50 kil. Catti = 16 teals ou taels = 22 onces espagnoles = 632.5 grammes. On se sert aussi de la livre espagnole que l'on considère comme valant 2 % de plus que la livre anglaise. L'arrobe = 25 livres; le quintal = 102 livres; la tonelada est égale à la tonne anglaise = 1015.94 kil.

Les objets précieux se pèsent au moyen de la piastre qui, bien que ne pesant que 0.9365 once espagnole, est considérée comme pesant une once, = 27.0602 grammes; 8 piastres = 1 marc; 9 piastres = 1 punto fil d'or et d'argent; 10 piastres = 1 tola poids d'or; 11 piastres = 1 tola poids pour la soie; 16 piastres = 1 livre = 432.9632 grammes.

*Mesures de longueur.* On se sert du pied de Castille = 12 pouces = 282.5 millim. et aussi du yard anglais.

*Mesures de capacité.* Le cavan ou caban = 25 gantang = 98.3 litres. Le cavan de riz pèse de 127 à 135 livres avoirdupois, suivant qualité. Le cavan de paddy ne pèse guère plus de 92 livres avoirdupois. Le cruchon de 16 gantas huile de coco Laguna, bonne qualité, pèse net 96 livres avoirdupois.

Les ventes se font payables à 3 mois. — Un seul colis de marchandises trouvé à bord d'un navire venant sur lest, fait considérer ce navire comme porteur d'une cargaison et le rend passible des droits de tonnage correspondants.

---

**MAROC,** *voir* MOGADOR.

---

**MASCATE,** *voir* BENDER-BOUCHER.

---

**MAURICE,** *voir* PORT-LOUIS.

---

**MECKLEMBOURG-SCHWERIN,** *voir* ROSTOCK.

---

**MEXICO** (MEXIQUE).

*Monnaies.* En or : Quadruple ou once de 8 écus ou 16 piastres valant F. 81.55. — ½ quadruple, ¼, ⅛ ou écu, ¹/₁₆ ou piastre, en proportion. Les onces postérieures à 1822 valent environ F. 1 de moins.

En argent : Piastre ou peso de plata de 8 réaux = F. 5.37,58. Nouvelle piastre mexicaine (1843) = F. 5.33,70 ; ½, ¼ ou peseta, ⅛ ou réal, ¹/₁₆ ou demi-réal, en proportion.

En cuivre : Cuartillo ou ¼ de réal, d'une valeur réelle de beaucoup inférieure à la valeur nominale ; aussi cette monnaie perd-elle plus de 50 %.

On compte en piastre à 8 réaux ou à 100 centièmes = F. 5.37,58. Le réal = 4 cuartillos de 3 grains. Dans le change sur France la piastre n'est comptée en moyenne que pour F. 5.10.

Un décret du 15 Mars 1857 prescrit l'adoption du système métrique français dans toute l'étendue de la république ; il a été rendu obligatoire à partir du 1ᵉʳ Janvier 1862. Nous n'en indiquons pas moins l'ancien système.

*Poids.* On se sert de la livre de Castille, *voir* Madrid.
Arrobe = 25 livres = 11.5 kil.
Quintal = 100 livres = 46 kil.
Tercio = 150 livres = 69 kil.
Carga de maïs = 8 arrobes = 200 livres = 92 kil.
Carga de tabac = 12 arrobes = 300 livres = 138 kil.
Carga de toute autre marchandise = 16 arrobes = 400 livres = 184 kil.
Pieza ou demi-carga pèse 8 arrobes.
Tonneau de mer = 20 quintaux = 920 kil.

Monton des mines, dans les environs de Mexico = 3200 livres; ailleurs = 2000 livres.

Le marc se subdivise, pour peser l'or en 50 castellanos à 8 tomines à 12 grains; pour peser l'argent en 8 onces à 8 octaves à 6 tomines à 12 grains. Les poids d'essai et ceux des pierres précieuses sont les mêmes qu'à Madrid.

*Mesures linéaires.* Vara = 3 pieds = 848 millim. Pied = 12 pouces = 144 lignes = 283 millim. On compte dans le commerce 1 yard anglais = 1.08 vara. La lieue = 5000 varas espagnoles = 4175 mètres.

*Mesures de superficie* Sont assez nombreuses et varient suivant les localités, nous citerons les suivantes :

Almud ou estajo =    50 vares carrées.
Etoper = 5000 vares carrées.
Cavalleria de 1104 vares de long sur 552 de large =    609,408 vares carrées.
Dabor     de 1000   »         »      1000       »   = 1,000,000      »
Sitio de 1 lieue de long sur 1 lieue de large = 25,000,000 vares carrées de Castille.

*Mesures de capacité.* Ce sont celles de Castille, *voir* Madrid. La carga correspond au cahiz. On évalue quelquefois la fanega à 55.5 et même à 56.5 litres au lieu de 54.8.

Le tonneau d'encombrement est de 69 pieds cubes.

Le baril de farine doit peser 8 arrobes = 200 livres.

La fanega de cacao pèse 110 livres = 50.6 kil.; celle de cacao de Maracaïbo pèse 96 livres = 44.16 kil.

La fanega de grains est réputée égale à celle de Madrid.

---

## MEXIQUE, *voir* MEXICO.

---

## MILAN (LOMBARDIE.)

Les monnaies qui ont cours en Lombardie, depuis l'annexion, sont la *lira nova di Piemonte*, ou *lira italiana*, égale à notre franc.

On avait successivement employé en Lombardie :

1° La lire du duché de Milan = 0.88 $^8/_{29}$ lire autrichienne = 0.76 $^4/_5$ lire italienne ou franc.

2° La lire autrichienne = 1.13 $^9/_{32}$ ancienne lire de Milan = 0.87 lire italienne ou franc.

3° La lire italienne = 1.30 $^5/_{24}$ ancienne lire de Milan = 1.14 $^{82}/_{87}$ lire autrichienne.

Le nouveau florin de 1857, valant F. 2.47, que l'Autriche a tenté d'imposer à la Lombardie comme monnaie légale et de compte, ne doit être mentionné que pour mémoire.

La lire de Milan sert encore dans les transactions du petit commerce ; on ne la compte que pour 0.80 lire autrichienne. La lire autrichienne qui se divise en 100 centièmes, correspond au tiers de l'ancien florin de Vienne = F. 2.59,86 ; son rapport légal avec la lire italienne ou le franc a été fixé à 0.87.

La circulation des anciennes monnaies est autorisée aux taux suivants :

En or : Souverain de 40 lire autrichiennes (1823) = 35.06 lire italiennes ou francs.
        Sequin de Venise.............................................. = 11.79     »          »
En argent : Écu de 6 lire autrichiennes (1823)...... =  5.12     »          »
            Nouveau florin de convention (1857).. =  2.46     »          »

Les sous-multiples de ces pièces en proportion.

Changes.

| | | | | | |
|---|---|---|---|---|---|
| Amsterdam | ± 211 | lire italiennes | ............................ | pour | 100 florins des Pays-Bas. |
| Ancône | ± 99⅜ | » | ............................ | — | 100 lire à Ancône. |
| Augsbourg | ± 213½ | » | ............................ | — | 100 florins au pied de 52 ½. |
| Bologne | ± 99⅝ | » | ............................ | — | 100 lire à Bologne. |
| Francfort s/ M. | ± 213½ | » | ............................ | — | 100 florins de l'Empire. |
| Gênes | ± 99½ | » | ............................ | — | 100 livres italiennes. |
| Hambourg | ± 188¼ | » | ............................ | — | 100 marcs banco. |
| Livourne | ± 99¾ | » | ............................ | — | 100 livres italiennes. |
| Londres | ± 25.10 | » | ............................ | — | 1 livre sterling. |
| Naples | ± 425¾ | » | ............................ | — | 100 ducats. |
| Paris | ± 99¾ | » | ............................ | — | 100 francs. |
| Rome | ± 522 | » | ............................ | — | 100 écus romains. |
| Venise | ± 246 | » | ............................ | — | 300 livres d'Autriche. |
| Vienne | ± 179 | » | ............................ | — | 100 florins        » |

Le système de poids et mesures français est maintenant en vigueur dans tout le nouveau royaume d'Italie (*voir* Turin); voici toutefois l'indication et la valeur des anciens poids et mesures usités à Milan.

### ANCIENS POIDS ET MESURES.

Le système métrique français avait été introduit en Lombardie dès 1803, mais avec des différences dans les dénominations et dans les subdivisions. La libbra qui correspondait à notre kilogramme = 10 onces = 100 grossi = 1000 denari = 10000 grani. Le rubbio = 10 libbras; le quintale = 100 libbras; la tonnelata ou miglio = 1000 libbras.

Le metro ou braccio = 10 palmi = 100 diti = 1000 atomi. Le miglio = 1000 metri. La lega metrica = 10000 metri.

Le metro carré = les mêmes mesures que ci-dessus élevées au carré. Le tavole = 100 metri carrés. La tornatura = 10000 metri carrés.

Le metro cube = les mêmes mesures que ci-dessus élevées au cube. La soma, qui correspond à notre hectolitre, = 10 mines = 100 pintes = 1000 coppi.

Mais l'usage des anciens poids et mesures antérieurs à 1803 n'avait pas été abandonné; ils servaient conjointement avec ceux qui précédent. En voici la liste sommaire :

Libbra piccola ou sottila = 12 oncie = 288 denari = 6912 grani = 326.8 grammes; elle servait pour peser la soie filée, les cocons, en général tous les comestibles, et dans la pharmacie.

Libbra grossa = 4 quarti = 28 oncie = 762.5 grammes; elle servait pour peser la viande, l'huile, le beurre, la soie grège, etc.

7 libbre piccole = 3 libbre grosse.

Le rubbio d'huile pesait 25 libbre grosse, soit 19.06 kil.

Les métaux précieux se pesaient au marc qui = 234.9973 grammes et se divisait en 8 oncie à 24 denari à 24 grani.

Les titres des métaux précieux s'exprimaient en marc que l'on divisait pour l'or en 24 carati à 24 ou 32 particole, et pour l'argent en 12 denari à 24 grani.

Piede = 12 pollici = 0.4352 mètre.

Braccio ou aune = 12 oncie = 144 punti = 1728 atomi = 0.595 mètre.

Cavezzo ou pertica, ou trabucco = 6 piede = 2.611 mètres; dans le nouveau système on évaluait la pertica à 2 ½ mètres.

Mille = 1652.21 mètres.

Pertica quadrata = 6.544 ares.

Pour les matières sèches : Mina = 14 rubbi = 28 moggi = 224 staje = 448 starelli = 896 quartari = 40.9456 hectolitres.

Soma de riz = 12 staje = 219.35 litres et pèse 230 libbre grosse ou 175 kil.

Carga ou carica d'avoine = 9 staje = 164.51 litres.

Pour les liquides : Brenta = 3 staje = 6 mine = 12 quartari = 16 basse = 48 pinte = 96 boccali = 75.54 litres.

---

## MOGADOR (Maroc.)

*Monnaies.* Les monnaies de ce pays sont très irrégulières; il est presque impossible d'en déterminer la valeur. L'unité est le réal qui correspond à la piastre espagnole. Le mitskal ou metikal = ¼ réal. On se sert surtout de monnaies d'Espagne.

On compte comme suit :

| | Onces | Muzunas | Fluces | Kirat | Rapports |
|---|---|---|---|---|---|
| Metikal ou mitskal. . = | 10 | 40 | 960 | 3840 | F. 2.63 |
| Once ou ukia. . . = | | 4 | 96 | 384 | » 0.26 |
| Muzuna ou blankillo . = | | | 24 | 96 | » 0.06,5 |
| Fluce ou feluz . . . = | | | | 4 | » 0.00,26 |
| Kirat . . . . . = | | | | | » 0.00,06 |

Dans le haut commerce on compte en piastres fortes d'Espagne ou douros à 100 centièmes.

*Poids.* Le quintal ou kintar = 100 livres ou artal, ou rottle; la livre vaut dans le Nord, à Tanger, Tétuan, etc., 500 gram., et dans le Sud, à Mogador, Mazagan, etc., 537 gram. La valeur du quintal est en proportion; quelquefois il est compté pour 150 livres.

*Mesures.* L'aune appelée codo ou dreah = 8 tomins = 0.57 mètre. Le pik morisco=
660.96 millimètres.

Le caffiso pour les matières sèches = 16 wibas ou webas = 192 saws, sahas ou zahs
= 5.284 hectolitres. On se sert principalement de la fanega de Castille à 12 almudes
= 54.8 litres.

Les liquides se vendent au poids, sauf l'huile qui se vend à la kula de 22 artales;
la kula s'évalue à 15 litres.

## MOKA (ARABIE.)

*Monnaies.* La monnaie réelle se compose de piastres espagnoles et de thalers de
convention. La monnaie de compte est une piastre dont 1215 = 1000 piastres espagnoles, et qui vaut F. 4.45; on la divise en 80 kabik ou cavecrs.

*Poids.* On se sert généralement des suivants :

| | Farcells | Maunds | Rattles | Vakias | Rapports |
|---|---|---|---|---|---|
| Bahar . . . . = | 15 | 150 | 300 | 4500 | 204.09 kil. |
| Farcell ou farzil. = | .................. | 10 | 20 | 300 | 13.61 » |
| Maund ou mon . = | ........................................... | | 2 | 30 | 1.361 » |
| Rattle ou rottolo. = | ................................................................. | | | 15 | 680.5 gram. |
| Vakia ou once. . = | ......................................................................................... . | | | | 45.35 » |

Le rattle de café ne vaut que 14 ½ vakias.

Pour les métaux précieux on emploie le beak qui = 1 ½ vakia = 10 miscals =
15 coffalas = 240 carats = 46.65 gram.

*Mesures de longueur.* Le guz ou guèze = 635 millimètres; le covido ou covid =
483 millim., ou 457 millim. suivant d'autres.

*Mesures de capacité.* Le teman ou tommond de riz contient 40 kellas ou memecdas
et pèse environ 76 kil.

Pour les liquides, le gudda ou cuddy = 8 nufficahs = 128 vakias = 2 gallons à vin
d'Angleterre = 7.57 litres.

La balle de café doit peser net 274 livres de 0.455 kil., soit 124.67 kil. Il se vend
au comptant net. Les marchandises étrangères se vendent à terme ou comptant sous
9 % d'escompte.

## MOLDAVIE.

*Monnaies.* La circulation monétaire se fait au moyen des monnaies turques, russes
et autrichiennes.

On compte en piastres appelées également lee ou lëu qui se divisent en 40 paras et
valent environ F. 0.32.

Le ducat d'or autrichien vaut   37   piastres.
Le florin................................. »   7 ½   »
L'irmelik d'or de 20 piastres »   14   »
Le rouble argent ................... »   12   »

Mais le trésor ne prend ces monnaies en paiement qu'en leur donnant une valeur
de 15 à 17 % moins élevée.

*Poids.* L'oka = 4 cheki ou littre = 400 drames ou drachmes = 1.2829 kil.; on
compte généralement 44 okas = 100 livres de Vienne.

*Mesures.* L'endèse ou petite aune employée pour les toiles = 0.6623 mètre;
l'halebi ou halibin ou grande aune employée pour les draps et les soieries = 0.7013
mètre. La stingène ou toise = 2.22 mètres; la prégine ou perche = 3 stingènes. La
lieue contient 2000 stingènes et correspond exactement à notre ancienne lieue de
25 au degré.

La faltche = 80 praschines = 1.4194 hectare; la praschine = 36 stingènes carrées =
1.7742 are.

Le kilo de grains = 20 demerlis = 240 okas = 3.81 hectolitres; l'oka = 1.59 litre.
Le vedro ou viadra, employé exclusivement pour les liquides, = 10 okas.

### **MONTE-VIDEO** (Uruguay.)

*Monnaies.* Depuis 1854 on frappe : En or : des pièces de 4 patagons ou écus valant F. 20.27; des pièces de 2 et de 1 patagons en proportion : En argent : des pièces de ½ patagon ou 5 réaux valant F. 2.39; des pièces de 2 ½ et de 1 ¼ réaux en proportion. Le patagon = 10 réaux; le réal = 100 reis ou centimes.

Il circule beaucoup de monnaies d'or et d'argent d'Espagne et des républiques hispano-américaines.

On compte en piastres courantes à 10 réaux, à 100 centimes = F. 4.26. 5 piastres courantes = 4 piastres d'Espagne. Autrefois on divisait la piastre courante en 8 réaux à 100 reis.

Les quadruples ou onces en or sont tarifées à 19 piastres courantes 160 centimes.

*Poids et mesures*, comme Madrid.

### **MONTRÉAL** (Canada), *voir* Québec.

### **MUNICH** (Bavière.)

Pour le nouveau système monétaire établi par la convention du 24 Janvier 1857, *voir* l'article Zollverein. La Bavière a adopté le florin au pied de 52 ½. — On frappe maintenant : En argent : pièces de 3 ½ et 1 ¾ florins (monnaie d'union); pièces de 2, 1 et ½ florins (monnaie du pays). En billon d'argent : pièces de 6 et 3 kreutzers. En cuivre : pièces de ½ kreutzer, de ¼ kreutzer ou 1 pfennig.

Pour les anciennes monnaies, *voir* Augsbourg.

Cours des changes comme à Francfort, sauf qu'ils se cotent maintenant en florins au pied de 52 ½.

Les poids, comme à Augsbourg. — Pour l'évaluation des titres on se sert de la livre de 500 grammes divisée en millièmes.

Les mesures de longueur et de capacité comme à Augsbourg.

### **MUSCAT** (Perse.)

Voir les articles Bender-Boucher et Ispahan.
A Muscat les comptes se tiennent en goz ; 20 goz = 1 mamodij;
21 mamodis = 1 piastre.
1 maund de 24 cuchas = 3.953 kil.

### **NANGASAKI** (Japon.)

*Monnaies.* La difficulté des relations avec le Japon, l'étrangeté de son système monétaire, les importantes modifications qu'il a éprouvées, (la même pièce qui valait il y a un siècle et demi F. 52 ne vaut plus aujourd'hui que F. 19), ne nous permettent de donner sur les monnaies de cet empire que des indications approchées. Voici les renseignements que fournissent les documents les plus récents :

En alliage à quantités à peu près égales d'or et d'argent : l'itclsi-rio-bang ou cobang = 4 itclsibous = 60 monmés = F. 19.—; le demi-cobang ou nipu, l'itslsibou ou itsibou, et le demi-itsibou en proportion.

En argent presque pur : L'itsibou = F. 1.97; l'itakana = 43 monmés.

En billon : le mon qui porte plusieurs noms différents, et dont 1000 font 1 monmé.

Le rapport de l'or à l'argent est environ de 1 à 5. Les japonais regardent la piastre espagnole comme égale à 3 itsibous d'argent.

On compte comme suit :

| | Monmés | Puns | Casches | Focjes | Rapports |
|---|---|---|---|---|---|
| Tael ou tail . . . = | 10 | 100 | 1000 | 10000 | F. 3.22,30 |
| Monmé ou mas. . . = | | 10 | 100 | 1000 | » 0.32,23 |
| Pun ou condorin . = | | | 10 | 100 | » 0.03,22 |
| Casche, sen ou rin . = | | | | 10 | » 0.00,32 |
| Focje ou moo. . . = | | | | | » 0.00,03 |

La valeur que nous indiquons ci-dessus pour le tael résulte d'un essai d'après lequel 1 kilo d'argent fin donnerait 114.92 cobangs, le cobang valant d'ailleurs 6 taels; mais souvent on compte 1600 casches pour une piastre, ce qui donne au tael une valeur de F. 3.33.

*Poids.* Voici l'évaluation des poids japonais :

| | Kin | Fyakmés | Monmés | Puns | Rins | Mons | Rapports |
|---|---|---|---|---|---|---|---|
| Kwan-mé . = | 6¼ | 10 | 1000 | 10000 | 100000 | 1000000 | 1.75 kil. |
| Kin ou livre. = | | 1³/₅ | 160 | 1600 | 16000 | 160000 | 280.— gram. |
| Fyakmé . . = | | | 100 | 1000 | 10000 | 100000 | 175.— » |
| Monmé . . = | | | | 10 | 100 | 1000 | 1.75 » |
| Pun . . . = | | | | | 10 | 100 | 0.175 » |
| Rin . . . = | | | | | | 10 | 17.5 milligr. |
| Mon . . . = | | | | | | | 1.75 » |

Suivant Doursther, on se sert aussi du pécul ou pikul à 100 cattis valant 58.96 kil.

*Mesures de longueur.* Le sasi ou syak qui = 10 suns = 100 buns = 1000 rins, a une valeur variable :

Rane-sasi le plus généralement employé = 0.303 mètre;
Tsune-sasi = 0.379 mètre ;
Ken ou inck = 6 rane-sasi plus 3 suns = 1.909 mètre;
Zjoo à 2 ken = 3.818 mètres;
Tsyo ou matsi = 114.54 mètres;
Ri ou lieue = 4.1234 kilomètres.

*Mesures de superficie.* Pou ou ken carré = 3.6443 mètres carrés.
Se.............. = un rectangle de 6× 5 pou = 30 pou = 108.3290 mètres carrés.
Tan ............. = » » 20×15 » = 300 » = 10.8329 ares.
Tsyo ou tsjor = » » 60×50 » = 3000 » = 108.3290 »

*Mesures de capacité.* Le kock = 10 to = 100 syo = 1740 litres. Le syo = 10 go = 100 évak = 17.4 litres.
La balle de riz est censée contenir 35 syo = 6.09 hectolitres.

---

## NAPLES (Deux-Siciles).

Les monnaies, poids et mesures du nouveau royaume d'Italie sont les mêmes que ceux de France; *voir* Turin. Nous n'en donnons pas moins l'indication des monnaies, des poids et des mesures en usage avant l'annexion.

### Changes.

| | | | | |
|---|---|---|---|---|
| Amsterdam........ ± 209 | lire italiennes | ........................ pour | 100 | florins hollandais. |
| Ancône................. ± 98.80 | » | ........................ — | 100 | lire italiennes. |
| Augsbourg......... ± 210 | » | ........................ — | 100 | florins au pied de 52 ½ |
| Florence............. ± 99 | » | ........................ — | 100 | lire italiennes. |
| Francfort s/ M... — 210 | » | ........................ — | 100 | florins au pied de 52 ½ |
| Gênes ................. ± 99 | » | ........................ — | 100 | lire italiennes. |
| Hambourg......... ± 183 ½ | » | ........................ — | 100 | marcs banco. |
| Londres ............. ± 24.75 | » | ........................ — | 1 | livre sterling. |
| Milan................. ± 98.85 | » | ........................ — | 100 | lire italiennes. |
| Palerme............. ± 98.90 | » | ........................ — | 100 | » |
| Paris ................. ± 98.10 | » | ........................ — | 100 | francs. |
| Rome................. ± 523 | » | ........................ — | 100 | écus. |
| Trieste............. }<br>Vienne............. } ± 177 | » | ........................ — | 100 | florins de banque. |
| Venise..... ............ ± 244 | » | ........................ — | 100 | » espèces. |

### ANCIENNES MONNAIES.

En or : Oncette de 3 ducats = F. 12.99,11; pièces de 6, 15 et 30 ducats en proportion. Pièces de 20 et de 40 lire frappées sous Murat, ayant la même valeur que nos pièces de 20 et de 40 francs.

En argent : Ducato de 5 tari, ou 10 carlini ou 100 grani = F. 4.24,87. Scudo de 12 carlini ou 120 grani = F. 5.09,85; pièces de 6, de 2 et de ½ carlini en proportion. Monnaies frappées sous Murat d'après le système monétaire de France. Les monnaies du siècle dernier, qui circulent encore, sont de poids et de titres très variables.

La monnaie de compte était le ducato di regno effectif à 5 tari = 10 carlini = 100 grani = F. 4.25. Le grano se divise en 10 cavalli ou en 2 tornesi.

Le taux légal de la conversion des anciennes monnaies en lire est de 23.53 grani pour 1 lire nouvelle.

### ANCIEN SYSTÈME DE POIDS ET MESURES.

#### *Poids.*

Le cantaro grosso ou grand quintal = 100 rottoli = 89.105 kil. Le rottolo = 10 décimes = 1000 trapesi = 890.997 grammes; telle est la valeur du rottolo de Naples qui se divise aussi en 33 ⅓ onces; mais la valeur de ce poids varie selon les localités et selon les marchandises qu'il sert à peser; la valeur de l'once (= 26.73 grammes) est seule constante.

La tonnellata = 1140 rottoli = 1015.74 kil.

Pour peser les marchandises précieuses on se sert de la livre et non du rottolo.

| | Livres | Onces | Trapesi | Acini | Rapports |
|---|---|---|---|---|---|
| Centajo piccolo . . = | 100 | 1200 | 36000 | 720000 | 32.076 kil. |
| Livre . . . . . = | | 12 | 360 | 7200 | 320.76 gram. |
| Once . . . . = | | | 30 | 600 | 26.73 » |
| Trapeso ou scrupolo = | | | | 20 | 89.10 centigr. |
| Acino ou grano . . = | | | | | 4.455 » |

A ces subdivisions on ajoute quelquefois le drachme = ¹/₁₀ d'once, et l'obole = ½ trapesi.

Les titres s'expriment en millièmes, ou bien par once de 24 carats à 100 parties pour l'or, et par once de 12 deniers à 100 parties pour l'argent.

#### *Mesures de longueur.*

| | Canne | Passi | Braccio | Palmi | Oncie | Minuti | Decimi | Rapports |
|---|---|---|---|---|---|---|---|---|
| Catena ou chaine. = | 7½ | 8 | 22½ | 60 | 720 | 3600 | 7200 | 15.7209 mèt. |
| Canna. . . . = | | 1¹/₁₅ | 3 | 8 | 96 | 480 | 960 | 2.0961 » |
| Passo ou pertica . = | | | 2¹³/₁₆ | 7½ | 90 | 450 | 900 | 1.9651 » |
| Braccio ou brasse. = | | | | 2⅔ | 32 | 160 | 320 | 698.7 » |
| Palmo . . . . = | | | | | 12 | 60 | 120 | 262.0145 » |
| Once ou pouce . = | | | | | | 5 | 10 | 21.835 » |
| Minute . . . . = | | | | | | | 2 | 4.367 » |
| Decime ou point = | | | | | | | | 2.184 » |

La catena se compte aussi à 5 passi = 9.82 mètres.

La canne contient quelquefois aussi 10 palmi, ce qui lui donne une valeur de 2.62 mètres.

Le palmo se divise aussi en 10 decimi et 100 centesimi et s'évalue à 264.55 mill.

Le miglio ou mille contient 1000 passi = 1.8519 kilomètre.

#### *Mesures de superficie.*

Le moggio ou moggia = 100 cannes carrées = 10000 palmi carrés = 6.9987 ares.
L'ancien moggio    = 900 passi carrés   = 50625 palmi carrés = 34.7549 »

#### *Mesures de capacité pour les matières sèches.*

| | Tomoli | Mezette | Quarti | Stopelli | Misure | Quartarole | Rapports |
|---|---|---|---|---|---|---|---|
| Carro. . . = | 36 | 72 | 144 | 288 | 864 | 3456 | 19.881 hectol. |
| Tomoli . . = | | 2 | 4 | 8 | 24 | 96 | 55.22 litres |
| Mezetta . . = | | | 2 | 4 | 12 | 48 | 27.61 » |
| Quarto . . = | | | | 2 | 6 | 24 | 13.805 » |
| Stopello . . = | | | | | 3 | 12 | 6.9025 » |
| Misura . . = | | | | | | 4 | 2.3008 » |
| Quartarole . = | | | | | | | 0.5752 » |

La canna de bois à brûler = 4.74 stères.

*Mesures de capacité pour les liquides.*

Pour le vin : Carro = 2 botte = 24 barile = 10.469 hectol. Le barile contient à Naples 60 caraffe et à la campagne 66 caraffe = 43.62 litres. — La botte se compte dans le commerce pour 5 hectolitres.

La pipe de vin contient 14 barile = 6.1068 hect.

Pour l'huile, on emploie les mesures suivantes :

|            |   | Staja | Quarti | Pignatte | Misurelle | Rapports |        |
|------------|---|-------|--------|----------|-----------|----------|--------|
| Salma.     | = | 16    | 256    | 320      | 1536      | 161.96   | litres.|
| Stajo.     | = |       | 16     | 20       | 96        | 10.1225  | »      |
| Quarto     | = |       |        | 1 ¼      | 6         | 0.6326   | »      |
| Pignatta.  | = |       |        |          | 4 ⁴/₅     | 0.506    | »      |
| Misurelle. | = |       |        |          |           | 0.1054   | »      |

En gros, l'huile se vend plutôt au poids, soit au cantaro, soit au rottolo. On compte qu'une salma pèse 165 ⅓ rottoli = 147 kil ; les cotes se font généralement au stajo de 10 ⅓ rottoli.

---

## NAVARRE (Espagne).

Nous avons indiqué à l'article *Madrid* l'ancien et le nouveau système de monnaies, poids et mesures, usités en Espagne. La province de Navarre employait autrefois une monnaie de compte toute locale, c'était une livre valant F. 0.84c,50, et que l'on divisait soit en 10 gruesos à 6 maravedis, soit en 20 sous à 12 deniers ; on comptait aussi en real flojo valant F. 0.50 c,70. 1 livre de Navarre = 1 ⅔ real flojo.

On comptait 1 piastre = 6 ⅔ livres de Navarre.

La livre (poids) de Navarre valait 1 ¹/₁₆ livre de Castille ; elle se subdivisait comme elle, et = 489.3 grammes.

---

## NEUCHATEL (Suisse.)

Le système monétaire français est en vigueur en Suisse.

Avant 1850, on comptait à Neuchatel en livres à 20 sous à 12 deniers ; cette livre qui s'appelait aussi franc de Suisse = F. 1.48.

Nous avons donné à l'article *Bâle* le nouveau système de poids et mesures promulgué en Suisse le 23 Décembre 1851.

La livre usitée autrefois à Neuchatel se divisait en 2 marcs, 16 onces, 128 gros, 384 deniers, 9216 grains ; lorsqu'elle servait à peser les marchandises, elle prenait le nom de poids de fer ou de commerce, et valait 520.1 grammes ; lorsqu'elle servait à peser l'or, l'argent, et les marchandises fines, elle s'appelait poids de marc et valait 489.3 grammes.

L'aune ou stab, ou encore doppel elle, = 1.111 mètre : la demi-aune ou elle, ou encore halberstab, = 0.556 mètre.

Le pied du pays se divisait en 12 pouces à 12 lignes et valait 293.26 millim. Il y avait aussi le pied d'arpentage dont 16 = 15 ⅔ pieds du pays.

La perche d'arpentage valait 16 pieds d'arpentage = 4.5944 mètres, soit pour la perche carrée 256 pieds carrés = 21.1083 mètres carrés.

Pour les vignes, cependant, on comptait 16 pieds du pays à la perche ; elle = donc 4.6921 mètres ; et la perche carrée = 22.0160 mètres carrés.

---

## NEW-YORK (États-Unis.)

*Monnaies.* L'unité monétaire aux États-Unis est le dollar ou piastre que l'on divise en 100 cents.

Les monnaies en circulation sont : En or, le double aigle ou pièce de 20 dollars, valant F. 103.64 ; l'aigle de 10 dollars, le ½ aigle de 5 dollars, le ¼ aigle de 2 ½ dollars, la pièce de 3 dollars et le dollar en proportion. Un nouveau dollar = donc F. 5.18. En argent : le dollar = F. 5.34; le ½, le ¼, le ⅛ ou demi-dime, le $^1/_{10}$ ou dime, et la pièce de 3 cents, en proportion. En cuivre : cent et ½ cent ; depuis 1857 on frappe des cents en nickel.

Les monnaies frappées avec l'or de la Californie sont considérées comme ayant une valeur un peu moindre. Par contre, les anciennes monnaies d'or des États-Unis obtiennent une prime de 6 %, et les anciennes monnaies d'argent, une prime de 4 % sur les nouvelles.

En 1853 on décida que l'or serait, comme en Angleterre, la seule monnaie légale ; l'argent ne sert plus que pour faire l'appoint.

On compte en dollar à 100 cents ; le dime de 10 cents et le mill, dont 10 valent 1 cent, ne sont plus employés.

Changes.

| | | |
|---|---|---|
| Amsterdam...... ± 0 dollar 43 cents ............................................ pour | 1 | florin des Pays-Bas |
| Anvers............... ± F. 5.20 .................................................... — | 1 | dollar |
| Berlin............... ± 0 dollar 73 cents ........................................ — | 1 | thaler de Prusse |
| Brême............... ± 0 » 80 » .............................................. — | 1 | thaler en or |
| Francfort s/M.. ± 0 » 42 » .............................................. — | 1 | florin du Sud |
| Hambourg......... ± 0 » 38 » .............................................. — | 1 | marc banco |
| Londres........... ± 109 ½ cents ............................................... — | 4 | schillings 6 deniers |
| Paris ............... ± F. 5.30 ................................................... — | 1 | dollar |

*Poids.* Sont les mêmes qu'en Angleterre, *voir* Londres ; on fait donc usage de la livre avoirdupois qui = 453.544 grammes. On compte souvent le quarter à 25 livres au lieu de 28, et le quintal à 100 livres au lieu de 112.

Pour le sel, le poids du firkin ou boisseau est officiellement fixé 56 l. a. d. p. = 25.398 kil.

*Mesures de longueur.* Comme en Angleterre, *voir* Londres. Le mille marin = 1.852 kilomètre.

*Mesures de superficie.* Sont également celles que nous avons données à l'article *Londres.* Dans la Louisiane on se sert encore quelquefois de l'ancien arpent de Paris qui valait 34.1887 ares.

*Mesures de solidité.* Voir *Londres.*

*Mesures de capacité.* Les mesures de capacité employées aux États-Unis sont celles qui étaient en usage en Angleterre avant le 1$^{er}$ mai 1825, c'est-à-dire pour les matières sèches le Bushel de Winchester, et pour les liquides le gallon à vin anglais (wine gallon.)

| MATIÈRES SÈCHES | Bushels | Pecks | Gallons | Pottles | Quarts | Pintes | Pouces cubes | Rapports |
|---|---|---|---|---|---|---|---|---|
| Quarter . . . . . = | 8 | 32 | 64 | 128 | 256 | 512 | 17203.2 | 2.819 hectol. |
| Bushel de Winchester = | | 4 | 8 | 16 | 32 | 64 | 2150.4 | 35.237 litres |
| Peck . . . . . = | | | 2 | 4 | 8 | 16 | 537.6 | 8.809 » |
| Gallon de Winchester = | | | | 2 | 4 | 8 | 268.8 | 4.405 » |
| Pottle. . . . . = | | | | | 2 | 4 | 134.4 | 2.202 » |
| Quart. . . . . = | | | | | | 2 | 67.2 | 1.101 » |
| Pinte . . . . = | | | | | | | 33.6 | 0.551 » |
| Pouce cube . . . = | | | | | | | | 1.64 centil. |

On emploie quelquefois le gallon impérial dont nous avons donné les multiples et les divisions à l'article *Londres.*

| LIQUIDES | Pottles | Quarts | Pintes | Gills | Pouces cubes | Rapports |
|---|---|---|---|---|---|---|
| Gallon à vin = | 2 | 4 | 8 | 32 | 231 | 3 785 litres |
| Pottle. . . = | | 2 | 4 | 16 | 115 ½ | 1.893 » |
| Quart. . . = | | | 2 | 8 | 57 ¾ | 9.463 décilitres |
| Pinte . . . = | | | | 4 | 28 ⅞ | 4.732 » |
| Gill . . . = | | | | | 7 $^7/_{32}$ | 1.183 » |
| Pouce cube . = | | | | | | 0.164 » |

On compte généralement 120 gallons à la pipe.

On emploie aussi quelquefois le gallon de bière que nous avons donné à l'article *Londres.*

---

**NICARAGUA** *voir* Managua.

## NORWÈGE *voir* Christiania.

## NOUVELLE GRENADE.

Nous avons indiqué à l'article *Carthagène* les monnaies, poids et mesures de la Nouvelle-Grenade. Une loi du 18 juillet 1857 a apporté dans le système monétaire de cette République les modifications suivantes :

Il sera frappé de nouvelles piastres en argent d'une valeur de 20 % plus élevée que l'ancienne ; elles se diviseront en 10 décimes ; 1 nouveau décime correspondra à l'ancien denier ou réal : les anciennes piastres de 8 deniers ou réaux prendront le nom de pièces de 8 décimes. La valeur de cette nouvelle piastre est de F. 4.95.

Il sera frappé en or des onces ou doubles condors valant 20 piastres nouvelles, des condors de 10 piastres, des doublons de 5 piastres, des thalers de 2 piastres et des piastres. La piastre d'or a une valeur de F. 4.99.

Les monnaies françaises sont admises sur la base de F. 5 pour 1 piastre.

## NUREMBERG (Bavière).

Les monnaies, poids et mesures actuellement en usage à Nuremberg sont ceux que nous avons donnés aux articles *Augsbourg* et *Munich*. Il nous suffira d'indiquer ici quelques anciens poids et mesures locaux.

Le cours des changes est à Nuremberg comme à Francfort.

*Anciens poids.* La livre de commerce de Nuremberg a les mêmes sous-multiples que celle de Bavière ; mais elle ne vaut que 510.2117 gram. ; la livre pour peser l'or et l'argent = 477.138 gram. ; le marc, moitié de la livre précédente = 238.569 gram. Le marc de Cologne à Nuremberg = 233.832 gram.

Pour exprimer le titre de l'argent le marc se divise en 16 loth, et le loth en 4 quentchen à 4 pfening ou deniers.

*Anciennes mesures de longueur.* Le pied de ville = 12 pouces = 144 lignes = 30.386 millim. La grande ruthe ou perche = 16 pieds ; la petite ruthe = 12 pieds ; l'aune ou elle = 656.45 millim. Il y a aussi le pied des artilleurs qui vaut 293.15 millim.

*Anciennes mesures de superficie.* Le morgen ou tagewerk, pour les terres de labour et les bois = 200 grandes perches carrées = 51200 pieds carrés = 47.2735 ares. Le morgen ou acker pour les prairies ou pacages = 160 petites perches carrées = 23040 pieds carrés = 21.2731 ares.

*Anciennes mesures de capacité.* Les matières sèches se mesuraient avec deux mesures différentes : pour le blé, les semences, les fruits écossés et en général les grains lisses, on se servait du korn simmer ou simmer à blé = 2 korn malter = 16 korn metze = 318.14 litres ; 1 korn metze = 19.8836 litres. Pour l'avoine et les grains rugueux on se servait du hafer simmer ou simmer à avoine qui = 4 hafer malter = 32 hafer metze = 588.35 litres ; 1 hafer metze = 18.386 litres.

Pour les liquides on se servait des mesures suivantes :

|  |  | Fuder | Ohm | Eimer | Visir vierteln | Visir maass | Seideln | Schoppen | Achteln | Rapports | |
|---|---|---|---|---|---|---|---|---|---|---|---|
| Stück ou pièce. | = | 1 ⅓ | 8 | 16 | 512 | 1024 | 2048 | 4096 | 8192 | 11.741 | hectol. |
| Fuder . . . . | = |  | 6 | 12 | 384 | 768 | 1536 | 3072 | 6144 | 8.805 | » |
| Ohm . . . . | = |  |  | 2 | 64 | 128 | 256 | 512 | 1024 | 1.468 | » |
| Eimer . . . | = |  |  |  | 32 | 64 | 128 | 256 | 512 | 73.38 | litres |
| Visir viertel . | = |  |  |  |  | 2 | 4 | 8 | 16 | 2.293 | » |
| Visir maass . | = |  |  |  |  |  | 2 | 4 | 8 | 1.147 | » |
| Seidel . . . | = |  |  |  |  |  |  | 2 | 4 | 5.733 | décil. |
| Schoppe . . | = |  |  |  |  |  |  |  | 2 | 2.866 | » |
| Achtel . . . | = |  |  |  |  |  |  |  |  | 1.433 | » |

La valeur de la pièce était quelque peu variable.

Dans le commerce de détail on se servait d'une série de mesures plus petites que les précédentes; la schenkmaass = 1.0785 litre = 16 visir maass = 17 schenkmaass.

---

## ODESSA (Russie).

On trouvera à l'article *Saint-Pétersbourg* les indications relatives aux monnaies, poids et mesures en usage à Odessa; nous nous bornerons ici aux quelques indications suivantes.

On compte quelquefois encore à Odessa en roubles papier ou de banque dont 3 ½ = 1 rouble argent.

*Changes.*

| | | | | |
|---|---|---|---|---|
| Constantinople . | ± 6 | kopeck argent | pour | 1 piastre |
| Gênes . . . . | ± 407 | livres italiennes | — | 100 roubles argent |
| Hambourg . . | ± 164 | roubles argent | — | 300 marcs banco |
| Livourne . . | ± 408 | livres italiennes | — | 100 roubles argent |
| | ou ± 21 ⅛ | roubles argent | — | 100 livres italiennes |
| Londres . . | ± 39 ⅛ | pence sterling | — | 1 rouble argent |
| | ou ± 615 | kopeck argent | — | 1 livre sterling |
| Marseille . . | | | | |
| Paris . . . | ± 407 | francs | — | 100 roubles argent |
| St-Pétersbourg . | ± 99 ½ | roubles argent | — | 100 » » |
| Trieste. . . . | ± 159 | florins au pied de 45 | — | 100 » » |

Le kilo de blé contient 2 ½ tschetwert.

Le last est généralement de 16 tschetwert soit 33 ½ hectolitres.

---

## PADANG (Sumatra.)

*Monnaies de compte.* On compte à Padang, comme en Hollande, en florins (gulden) à 100 cents valant F. 2.10 ; ou en piastres espagnoles, ou encore en rixdales indiennes à 48 stubers indiens. 1 rixdale indienne = F. 4.26 ; 1 ¼ rixdale = 1 piastre.

*Poids.* On emploie le pecul chinois qui = 100 cattys = 16.52 kil. Le bahar = 330 cattys = 203 kil. Le catty = 10 tales = 22 ¼ réaux = 615.2 grammes.

*Mesures de longueur.* Le depoh = 2 hailoh = 1.83 mètre. Le hailoh = 2 estos = 4 jankals = 8 tempohs = 1 yard anglais = 914.4 millimètres.

*Mesures de capacité.* Le coyang ou copang = 80 ballys = 800 gantangs = 4800 cattys = 39.2 hectol. On estime le coyang à 2953 kil.

---

## PALERME (Sicile.)

Le système de monnaies, poids et mesures de France est maintenant légalement en usage dans toute l'étendue du nouveau royaume d'Italie.

*Monnaies.* Nous avons donné à l'article *Naples* les anciennes monnaies du royaume des Deux-Siciles. Depuis 1818, on compte à Palerme comme à Naples, en ducat à 100 grani. En Sicile, le gran prend le nom de baïoque, et le cavallo (ou dixième de gran), celui de picciolo.

La monnaie de compte employée avant 1818 est encore d'un usage fréquent : c'est l'once à 30 tarins à 20 grains. 1 once = 3 ducats; le tarin se divisait aussi en 2 carlins; mais il ne faut pas perdre de vue que le tarin , le carlin et le gran de cette monnaie de compte n'ont que la moitié de la valeur des mêmes monnaies à Naples.

*Changes.*

| | | | |
|---|---|---|---|
| Amsterdam . { ± | 93.50 grani | .................................... | pour 1 florin des Pays-Bas |
| { ou ± | 4 tarins 13 ½ grani | .................................... | — 1 » |
| Augsbourg . . ± | 94.30 grani | .................................... | — 1 florin au pied de 52 ½ |
| Gênes . . . ± | 43.45 » | .................................... | — 1 livre italienne |
| Hambourg . . ± | 82.75 » | .................................... | — 1 marc banco |
| Livourne . . ± | 43.55 » | .................................... | — 1 livre italienne |
| Londres . . ± | 1125.— » | .................................... | — 1 livre sterling |
| Marseille . . . ± | 43.50 » | .................................... | — 1 franc |
| Naples. . . . ± | 198.— » | .................................... | — 1 ducat |
| Paris . . . ± | 43.45 » | .................................... | — 1 franc |
| Trieste. . . . ± | 111.50 » | .................................... | — 1 florin autrichien |
| Venise. . . . ± | 37.— » | .................................... | — 1 livre autrichienne |

*Poids.* Le rottolo ordinaire du commerce = 2 ½ livres = 30 onces = 793.88 gram. Le rottolo grosso = 2 ¾ livres = 33 onces = 873.27 gram. Le cantaro ou quintal = 100 rottoli = 250 livres = 79.39 kil. ; on le compte quelquefois pour 102 rottoli. La livre légale des Deux-Siciles = 12 onces = 360 trapesi = 7200 acini = 320.76 gram. La livre de la Sicile proprement dite = 12 onces = 5760 cocci = 7128 acini de Naples = 317.55 gram. Pour peser l'or et l'argent on se sert de cette dernière livre que l'on divise en 12 onces, 96 drachmes, 288 scrupules, 5760 grains, 46080 ottavi.

*Mesures linéaires.* Le palmo = 12 onces = 144 lignes = 1728 points = 0.2581 mètre. La canna ou aune = 8 palmes = 2.0648 mètres. Le passeto = 2 palmi. La chaîne ou cortena = 32 palmi. Le cordo = 123 palmi. Le mille ou miglio = 45 cordes = 5760 palmi = 1.4866 kilomètre.

*Mesures de superficie.* Le quartiglio ou canna carrée = 64 palmi carrés et vaut 4.2633 mètres carrés.

*Mesures de capacité pour les matières sèches.* La salma = 4 bisacie = 16 tomoli = 275.09 litres. Le tomolo = 4 modilli = 16 carozzi = 64 quarti = 256 quartigli = 17.193 litres.

Pour les légumes secs, les noisettes, la graine de lin, etc., on emploie la salme comble ou grossa qui est de ¼ plus forte, soit de 20 tomoli = 343.86 litres. On la divise aussi en 16 tomoli grossi.

*Mesures de capacité pour les liquides.* La pipe = 12 barils = 412.63 litres. La salma = 8 barils = 275.09 litres. Le baril = 2 quartari = 34.386 litres. L'huile se vend généralement au cantaro (poids); on se sert aussi du caffiso de 13 ¾ rottoli.

La commission d'achat ou de vente est ordinairement de 3 % ; le ducroire de 2 %. Le courtage pour les articles d'importation est de 1 % ; pour les articles d'exportation d'environ ½ % ; pour les grains, il est exceptionnellement de 2 à 3 %.

---

**PALMAS (LAS)** *voir* Canaries (Iles).

---

**PARAGUAY.**

On compte en piastres à 8 réaux. Le doublon en or vaut 17 ½ piastres, ce qui suppose à la piastre une valeur de F. 4.66.

*Poids et mesures.* La livre = 496.63 grammes. L'arrobe = 25 livres = 12.416 kil. La vare = 0.85 mètre.

L'almude = 13.4186 litres ; la fanega = 12 almudes = 161.0237 litres. — Le frasco = 2.4444 litres ; la pipe = 195 frascos.

---

**PARANA** *voir* Buenos-Ayres.

**PARIS** (FRANCE).

### MONNAIES ACTUELLES.

Aux termes de la loi du 18 germinal an III (7 avril 1795), l'unité monétaire a pris en France le nom de *franc*. La loi du 7 germinal an XI (28 mars 1803) a décidé que 5 grammes d'argent au titre de 900 millièmes ou de 9 dixièmes, constitueraient le franc. L'unité monétaire consiste donc en 4 grammes et demi d'argent fin. Le franc fut divisé en 10 décimes de 10 centimes chacun, soit en 100 centimes.

Le rapport entre la valeur de l'or et de l'argent étant alors de 1 à 15 ½, on décida que le franc en or serait d'un poids quinze fois et demie moindre, soit de 0.32258 gramme. La fixation d'un rapport invariable entre l'or et l'argent, constitue le double étalon monétaire. Ce rapport oscillant constamment dans la pratique, sous l'influence des causes les plus diverses, il en résulte nécessairement qu'un franc en argent vaut tantôt plus, tantôt moins qu'un franc en or. Dans la première moitié de ce siècle, les monnaies d'or étaient plus recherchées que les monnaies d'argent, et, à valeur nominale égale, valaient en fait un peu plus. Depuis l'exploitation des placers de la Californie et de l'Australie, c'est le phénomène contraire qui s'est produit, et les monnaies d'argent jouissent d'un certain agio.

L'échelle décimale n'admettant que les diviseurs 2 et 5, la détermination des différentes pièces qui composent notre système monétaire, a été obtenue en divisant par 2 et 5 les multiples et les sous-multiples décimaux du franc. Ainsi, étant données les pièces de F. 0.01, 0.10, 1. —, 10 —, et 100 —, on a eu les pièces de F. 0.02, 0.05, 0.20, 0.50, 2. —, 5. —, 20. —, 50. —. Il en résulte que chaque pièce décimale a son double et sa moitié, à l'exception de la pièce d'un demi-centime et de celle de F. 200. —, qui ont été exclues du système, la première parce que sa valeur serait trop minime, et la seconde parce qu'elle serait trop forte.

La règle que nous venons d'exposer n'a pas été rigoureusement suivie dès le principe; ainsi on fabriquait autrefois des pièces de 40 fr. en or et de 25 centimes en argent qui ne sont pas décimales, mais on a cessé d'en émettre. Voici le tableau des pièces que l'on frappe actuellement.

| Métal | Valeur nominale des pièces | Dates des décrets ou lois ordonnant leur émission | Poids exact ou droit | Tolérance du poids | Titre | Tolérance du titre | Diamètre ou module |
|---|---|---|---|---|---|---|---|
| | Fr. C. | | grammes | millièm. | {millièmes | millièmes | millièm. |
| Or | 100. — | 12 décembre 1854 | 32.258 | 1 | 900 | 2 | 35 |
| » | 50. — | dᵒ | 16.129 | 2 | 900 | 2 | 28 |
| » | 20. — | 7 germinal an XI | 6.45161 | 2 | 900 | 2 | 21 |
| » | 10. — | 12 janvier 1854 / 7 avril 1855 | 3.2258 | 2.5 | 900 | 2 | 19 |
| » | 5. — | 12 janvier 1854 / 7 avril 1855 | 1.6129 | 3 | 900 | 2 | 17 |
| Argent | 5. — | 7 germinal an XI | 25. — | 3 | 900 | 2 | 37 |
| » | 2. — | dᵒ | 10. — | 3 | 900 | 2 | 27 |
| » | 1. — | dᵒ | 5. — | 5 | 900 | 2 | 23 |
| » | 0.50 | 25 mai 1864 | 2.50 | 7 | 835 | 3 | 18 |
| » | 0.20 | dᵒ | 1. — | 10 | 835 | 3 | 15 |
| Bronze | 0.10 | 6 mai 1852 | 10. — | 10 | | | 30 |
| » | 0.05 | dᵒ | 5. — | 10 | 950 cuivre | 10 p. le cuivre | 25 |
| » | 0.02 | dᵒ | 2. — | 15 | 40 étain | 5 p. l'étain | 20 |
| » | 0.01 | dᵒ | 1. — | 15 | 10 zinc | 5 p. le zinc | 15 |

Le bronze de ces dernières monnaies est composé de 95 parties de cuivre pur, 4 d'étain et 1 de zinc.

Les nouvelles pièces de F. 0.50 et 0.20 au titre de 835 millièmes sont reçues dans les caisses publiques quelle qu'en soit la quantité; mais, entre particuliers, elles ne peuvent être employées dans les paiements, si ce n'est de gré à gré, que pour 20 francs et au-dessous.

Les monnaies de bronze ne sont également reçues que comme appoint, et on ne peut être tenu d'en accepter pour une valeur supérieure à F. 4.99.

Du tableau qui précède il résulte que :

F.   200 en monnaie d'argent pèsent 1 kilogramme.
/ F. 3,100 en monnaie d'or        dᵒ   1     dᵘ
  F. 1,000 en monnaie d'argent    dᵒ   5     dᵒ
  F. 1,000 en monnaie d'or        dᵘ       322 grammes 58 centigrammes.

Ceci suppose, bien entendu, d'abord que toutes les pièces sont droites de poids ou que la tolérance en moins des unes est balancée par la tolérance en plus des autres, et ensuite qu'elles sont neuves; car l'usure résultant de la circulation, c'est-à-dire le *frai*, leur fait perdre une portion plus ou moins importante de leur poids.

On s'est appliqué à donner aux différentes pièces de monnaie des diamètres différents suivant leur poids et le métal dont elles sont formées, et on a eu soin qu'aucun de ces diamètres ne fût le même pour les monnaies d'or, d'argent et de bronze, afin qu'elles ne pussent être confondues dans les piles.

Les pièces de même métal et de même valeur ont, au contraire, rigoureusement le même diamètre, et ce diamètre étant fixé en nombres entiers de millimètres, on peut obtenir, en en juxtaposant un certain nombre, des mesures de longueur exactes. Ainsi 19 pièces de 5 fr., en argent et 11 pièces de 2 fr. mises à la suite les unes des autres, donnent une longueur d'un mètre. Il en est de même de 20 pièces de 2 fr. et 20 de 1 fr. On doit remarquer cependant que les pièces de 5 fr. en argent et de 20, 50 et 100 fr. en or, portent, depuis 1830, une légende en relief sur la tranche; la saillie de cette légende rendra moins exactes les mesures que l'on voudra prendre, si l'on n'a soin de veiller à ce que les lettres n'empêchent pas le contact parfait des tranches de s'établir.

Nous avons dit plus haut que 1 kilogramme de monnaie d'argent avait une valeur de F. 200, et 1 kilogramme de monnaie d'or une valeur de F. 3100; c'est là ce qu'on appelle la valeur nominale ou légale. Les frais de fabrication qui sont fixés pour l'argent, depuis le 1ᵉʳ octobre 1849, à F. 1.50, et pour l'or, depuis le 22 mars 1854, à F. 6.70 le kilo, sont compris dans cette valeur; d'où il résulte que, d'après le tarif actuel de l'Hôtel des Monnaies, la valeur intrinsèque ou réelle d'un kilogramme d'argent, au titre de 900 millièmes, n'est que de F. 198.50, et celle d'un kilogramme d'or, au même titre, que de F. 3093.30. Ainsi la pièce de 5 fr., comme monnaie fabriquée, vaut légalement 5 francs, tandis que comme lingot elle ne vaudrait que F. 4.96ᶜ, 25. Les F. 0.03ᶜ,75 représentent l'écart entre la valeur nominale et la valeur intrinsèque, sont destinés à indemniser l'État de ses frais de fabrication; ils cessent évidemment d'être exigibles aux limites du territoire.

Voici la liste des pièces émises depuis 1795, et qu'on a retirées de la circulation ou cessé de frapper.

| | | | | |
|---|---|---|---|---|
| En or..... | Pièces de F. | 40.— | du poids de 12.90322 grammes et du diamètre de 26 millimètres. On a cessé d'en frapper. | |
| » | » | » 10.— | de 17 millimètres de diamètre; leur cours forcé a cessé le 15 octobre 1855. | |
| » | » | » 5.— | de 14 millimètres de diamètre; leur cours forcé a cessé le 31 juillet 1859. | |
| En argent | » | » 0.25 | du poids de 1.25 gramme et du diamètre de 15 millimètres; leur cours forcé a cessé le 1ᵉʳ octobre 1852. | |
| » | » | » 0.50 | de mêmes poids et diamètre que celles actuelles, mais au titre de 900 millièmes. | |
| » | » | » 0.20 | de mêmes poids et diamètre que celles actuelles, mais au titre de 900 millièmes. | |
| En billon | » | » 0.10 | créées par la loi du 15 septembre 1807; elles ont cessé d'avoir cours forcé le 1ᵉʳ janvier 1846. | |

| | | | | | | |
|---|---|---|---|---|---|---|
| En cuivre | » | » 0.10 | du poids droit de 20 gr., et de 31 millim. de diamètre. | | | |
| » | » | » 0.05 | » | 10 | 27 | » » |
| » | » | » 0.01 | » | 2 | 18 | » » |

Ces trois dernières pièces, créées par les lois du 3 brumaire an V (24 octobre 1796) et du 29 pluviôse an VII (17 février 1799), et dont la loi du 19 avril 1852 a ordonné la refonte, ont cessé d'avoir cours légal le 1ᵉʳ octobre 1857.

L'*Annuaire du Bureau des Longitudes pour* 1864, auquel nous empruntons une partie des renseignements qui précèdent, renferme le tableau suivant.

TABLEAU DES FABRICATIONS D'ESPÈCES D'OR ET D'ARGENT FAITES EN FRANCE DEPUIS L'ÉTABLISSEMENT DU SYSTÈME DÉCIMAL (DE 1795 A 1862 INCLUS).

| DÉSIGNATION DES TYPES | OR | ARGENT |
|---|---|---|
| | fr.                c. | fr.           c. |
| Première République. Hercule . . . . | » | 106,237,255.— |
| Napoléon . . . . . . . . . . . | 528,024,440.— | 887,830,055.50 |
| Louis XVIII . . . . . . . . . | 389,333,060.— | 614,830,109.75 |
| Charles X . . . . . . . . . . | 52,918,920.— | 632,511,320.50 |
| Louis-Philippe . .. . . . . . . | 215,912,800.— | 1,756,938,333.— |
| 2<sup>me</sup> République 1848 {Génie pour l'or. . . . . | 56,921,220.— | » |
| Hercule pour l'argent . . . | » | 259,628,845.— |
| Déesse de la liberté . . . . | 370,361,640.— | 199,619,436.60 |
| Napoléon III . . . . . . . . . | 4,312,680,250.— | 198,712,486.40 |
| TOTAL GÉNÉRAL : F. 10,582,460,171.75 | F. 5,926,152,330.— | F. 4,656,307,841.75 |

Ces diverses émissions ont été composées des pièces suivantes :

| OR | | ARGENT | | BRONZE | |
|---|---|---|---|---|---|
| fr. c. | fr.           c. | fr. c. | fr.         c. | fr. c. | fr.         c. |
| Pièces de 100.— | 3,5624,200.— | Pièces de 5.— | 4,434,384,915 — | Pièces de 0.10 | 28,696,677.90 |
| » 50.— | 39,805,650.— | » 2.— | 72,972,442.— | » 0.05 | 22,778,488.40 |
| » 40.— | 204,432,360.— | » 1.— | 90,477,075.— | » 0.02 | 1,643,650.40 |
| » 20.— | 4,749,107,400.— | » 0.50 | 45,133,933.50 | » 0.01 | 1,020,927.50 |
| » 10.— | 743,863,560.— | » 0.25 | 7,671,101.25 | | |
| » 5.— | 153,319,160.— | » 0.20 | 5,668,375.— | | |
| F. 5,926,152,330.— | | F. 4,656,307,841.75 | | F. 54,139,744.20 | |

On n'a pas compris dans ce tableau les pièces suivantes qui ont été démonétisées :

Pièces de 10 fr. en or du petit module de 17 mil., valeur d'émission . 48,589,920.—
  » 5 fr. en or » 14 » » 22,492,940.—
  » 25 cent. en argent . . . . . . . . . . . » 7,671,101.25
Les vieilles monnaies de cuivre. . . . . . . . . » 48,511,907.46

Total de la valeur d'émission des pièces démonétisées. . . . . F. 127,265,868.71

ANCIENNES MONNAIES.

L'unité monétaire était la livre tournois, appelée simplement *livre*, que l'on divisait en 20 sous à 12 deniers; son emploi, dans toute l'étendue du royaume, avait été prescrit par un édit de Louis XIV rendu en 1667.

1 livre tournois = 0.98765 franc. 1 franc = 1.0125 livre tournois.

En or : Les louis d'or de 24 livres tournois, frappés de 1726 à 1785 (louis vieux), valaient F. 25.32; ils pesaient 8.1584 grammes au titre de 901 millièmes. Ceux qu'on frappa de 1786 jusqu'à l'établissement du nouveau système, ou louis neufs, ne valaient que F. 23.74. Ils pesaient 7.6485 grammes au même titre. Les doubles-louis en proportion. Aux termes d'un décret du 12 septembre 1810, les louis neufs de

24 livres étaient admis dans la circulation pour F. 23.55 et les louis de 48 livres pour F. 47.20. Ils ont cessé d'avoir cours forcé à partir du 1er octobre 1834.

En argent : la valeur des écus ou couronnes de 6 livres a varié plusieurs fois de 1709 jusqu'en 1726. Ceux qu'on frappa depuis cette époque jusqu'à la République, pesaient 29.4883 grammes au titre de 906 millièmes et valaient F. 5.94; les écus de 3 livres et les pièces de 24, 12 et 6 sous en proportion. Aux termes des décrets du 18 août et du 12 septembre 1810, ces pièces circulaient : les écus de 6 livres pour F. 5.80; les écus de 3 livres pour F. 2.75; les pièces de 24 sous pour F. 1.—, les pièces de 12 et de 6 sous pour F. 0.50 et F. 0.25. Toutes ces monnaies ont cessé d'avoir cours forcé le 1er octobre 1834.

Il y avait également des pièces de 1, 2 et 6 liards, de 15 et de 30 sous qui ont circulé jusqu'à une époque assez rapprochée de nous; les pièces de 30 sous pesaient 10.1366 grammes au titre de 660 millièmes et valaient F. 1.48c,67; les pièces de 15 sous en proportion.

### *Changes (cours en Juin 1864).*

| Amsterdam | = 212 ¼ francs | pour 100 florins des Pays-Bas |
|---|---|---|
| Anvers | = 99 ¼ » | » 100 francs à Anvers |
| Augsbourg | = 212 — » | » 100 florins au pied de 52 ½ |
| Barcelone | = 5.19 » | » 1 piastre forte |
| Berlin | = 371 ⅓ centimes | » 1 thaler courant |
| Bilbao | = 5.11 francs | » 1 piastre forte |
| Cadix | = 5.10 » | » 1 » » |
| Francfort-s/M | = 211 ¾ » | » 100 florins au pied de 52 ½ |
| Gênes | = 99 ½ » | » 100 livres italiennes |
| Hambourg | = 188 ⅜ » | » 100 marcs banco |
| Lisbonne | = 5.50 » | » 1000 reis effectifs |
| Livourne | = 99 ½ » | » 100 livres italiennes |
| Londres | = 25.21 » | » 1 livre sterling |
| Madrid | = 5.16 » | » 1 piastre forte |
| Messine | = 12.65 » | » 1 once de 3 ducats |
| Milan | = 99 ½ » | » 100 livres italiennes |
| Naples | = 99 ¾ » | » 100 dᵒ |
| Palerme | = 12.65 » | » 1 once de 3 ducats |
| Petersbourg | = 346.— » | » 100 roubles argent |
| Porto | = 5.49 » | » 1000 reis effectifs |
| Rome | = 5.40 » | » 1 écu romain |
| Trieste | = 216 ½ » | » 100 florins au pied de 45 |
| Venise | = 246.— » | » 300 livres autrichiennes |
| Vienne | = 217.— » | » 100 florins au pied de 45 |

N.-B. Le pair pour Vienne est de F. 246.91 pour 100 florins argent au pied de 45.

### ANCIENS POIDS ET MESURES.

*Poids.* L'unité était la livre poids de marc, ainsi nommée pour la distinguer de la livre esterlin ou de Charlemagne qu'elle avait remplacée.

| | Marcs | Onces | Gros | Deniers | Grains | Rapports |
|---|---|---|---|---|---|---|
| Livre | 2 | 16 | 128 | 384 | 9216 | 489.50585 grammes |
| Marc | | 8 | 64 | 192 | 4608 | 244.75292 » |
| Once | | | 8 | 24 | 576 | 30.59412 » |
| Gros ou drachme | | | | 3 | 72 | 3.82426 » |
| Denier ou scrupule | | | | | 24 | 1.27475 » |
| Grain | | | | | | 5.31148 centigram. |

On divisait le grain en 24 primes ou carobes.

1 kilogramme = 2.042877 livres.

Pour les fortes pesées on employait le quintal qui valait 100 livres, le last ou charge qui valait 3 quintaux, et le millier qui valait 10 quintaux ou 1000 livres.

Dans le commerce des métaux précieux, on divisait le marc en 20 esterlins de 2 mailles, la maille se subdivisait en 2 félins de 7 ½ grains poids de marc. Le carat employé dans la joaillerie valait 4 grains dont 1 = 3.876 grains poids de marc = 2.0587 décigram. Le marc d'or se divisait en 24 carats, et le carat en 32 grains; le marc d'argent contenait 12 deniers, et le denier, 24 grains.

La livre esterlin ou de Charlemagne en usage dans le moyen âge se divisait en 12 onces esterlin, 20 sous esterlin, 240 deniers esterlin, 480 oboles esterlin, 5760 grains esterlin, et égalait 367.1 grammes.

*Mesures linéaires.* Le pied de roi = 12 pouces = 144 lignes = 1728 points = 0.324839 mètre. Le pouce = 0.02707 mètre. La ligne = 2.256 millim. Le pouce géométrique se divisait en 10 lignes de 10 points.

La toise d'ordonnance dite toise du Pérou = 6 pieds de roi = 1.9490363 mètre.

L'aune se divisait en demi, quarts, tiers, sixièmes, huitièmes, etc.; elle valait 526 5/6 lignes = 1.18845 mètre.

La perche de l'arpent de Paris..... = 18 pieds = 5.8471 mètres.
La perche de l'arpent commun..... = 20 pieds = 6.4968      »
La perche de l'arpent d'ordonnance = 22 pieds = 7.1465 mètres. On l'appelait aussi perche des eaux et forêts.

*Mesures itinéraires.* Le pas militaire = 2 pieds = 0.6497 mètre. Le pas ordinaire = 2 ½ pieds = 0.8121 mètre. Le pas géométrique = 5 pieds = 1.6242 mètre.
Le mille = 1000 toises = 1.949 kilomètre.
La lieue commune de 25   au degré = 4.4454 kilomètres.
La lieue moyenne de 22 2/9   »     = 5.0001      »
La lieue de poste de 28 1/2   »     = 3.8981      »     ; cette dernière valait 2 milles ou 2000 toises anciennes.

Les mesures nautiques étaient: La lieue marine, de 20 au degré = 3 milles marins = 5.5567 kilomètres; le mille marin se divisait en 120 nœuds et = 1.8522 kilomètre. L'encablure = 120 brasses = 194.9036 mètres. La brasse = 5 pieds.

*Mesures de surface.* La toise carrée contenait 36 pieds carrés et = 3.7987 mètres carrés. On se servait également de parallélogrammes ayant 1 toise de longueur et 1 pied, ou 1 pouce, ou 1 ligne, ou 1 point de largeur; on leur donnait suivant le cas, les noms de toise-pied, toise-pouce, toise-ligne, toise-point.

Toise-pied   =   6 pieds carrés   = 63.3124 décimètres carrés.
Toise-pouce = 72 pouces carrés =   5.2760      »      »  *
Toise-ligne   =   6   »      »   = 43.9669 centimètres   »
Toise-point = 72 lignes carrées=   3.6639      »      »

*Mesures agraires.* On a vu aux mesures linéaires que la perche avait des valeurs différentes; il en était nécessairement de même de la perche carrée; mais elle était toujours égale à la centième partie de l'arpent.

| | | | | | |
|---|---|---|---|---|---|
| Perche de Paris . . . = un carré de 18 pieds de côté = | 324 pieds car. | =34.1887 mèt. carrés |
| Perche commune . . = | » | 20 | » | = 400 | » | =42.2083 | » |
| Perche des eaux et forêts = | » | 22 | » | = 484 | » | =51.0720 | » |
| Arpent de Paris . . . = | » | 180 | » | =32400 | » | =34.1887 | ares |
| Arpent commun. . . = | » | 200 | » | =40000 | » | =42.2083 | » |
| Arpent des eaux et forêts = | » | 220 | » | =48400 | » | =51.0720 | » |

Pour évaluer les grandes surfaces, on se servait de la lieue carrée; la lieue commune carrée de 25 au degré = 19.761226 kilom. carrés.

*Mesures de solidité.* La toise cube = 216 pieds cubes = 7.403890 mètres cubes. Le pied cube = 1728 pouces cubes = 34.277 décimètres cubes. Le pouce cube = 1728 lignes cubes = 2985984 points cubes = 19.836375 centimètres cubes. On employait aussi la toise-toise-pied, la toise-toise-pouce, la toise-toise-ligne, c'est-à-dire des parallélipipèdes dont la base avait une toise carrée et dont la hauteur avait 1 pied, ou 1 pouce, ou 1 ligne.

Toise-toise-pied   =   36 pieds cubes =   1.233981 mètre cube.
Toise-toise-pouce =   3   »      »   = 102.831766 décimètres cubes.
Toise-toise-ligne   = 432 pouces »     =   8.569314      »      «
Toise-toise-point =   36   »      »   = 714.109485 centimètres cubes.

L'unité pour le mesurage des bois de charpente était la solive ou pièce qui représentait un volume de 3 pieds cubes ou 5184 pouces cubes = 102.832 décimètres cubes. La solive (qui était la 8ᵐᵉ partie de la somme) se divisait en 6 pieds de solive, en 72 pouces de solive et en 864 lignes de solive. On la divisait aussi en 432 chevilles de 12 pouces cubes.

La voie de Paris pour le bois à brûler = 56 pieds cubes = 1.919526 stère. La corde d'ordonnance, dite aussi des eaux et forêts, valait 2 voies de Paris.

La voie de moellons = 20 pieds cubes = 5.663 décistères. La voie de pierres de taille = 15 pieds cubes.

*Mesures de capacité pour les matières sèches.* L'unité était le boisseau.

| | Mines | Minots | Boisseaux | Quarts | Litrons | Mesurettes | Rapports | |
|---|---|---|---|---|---|---|---|---|
| Setier . . . . = | 2 | 4 | 12 | 48 | 192 | 3072 | 156.1 | litres. |
| Mine . . . . = | | 2 | 6 | 24 | 96 | 1536 | 78.05 | » |
| Minot . . . . = | | | 3 | 12 | 48 | 768 | 39.03 | » |
| Boisseau . . . = | | | | 4 | 16 | 256 | 13.01 | » |
| Quart . . . . = | | | | | 4 | 64 | 3.25 | » |
| Litron . . . . = | | | | | | 16 | 8.1302 | décilit. |
| Mesurette . . . = | | | | | | | 5 08 | centilit. |

Le setier, la mine et le minot employés pour le mesurage de l'avoine avaient une valeur double des précédents, et contenaient par conséquent un nombre double de boisseaux. Le boisseau d'avoine se divisait en 4 picotins. Pour le sel, le setier contenait 16 boisseaux qu'on divisait en 6 mesures ; pour le charbon de bois, il contenait 32 boisseaux. Ainsi, la valeur du boisseau était fixe ; mais celle du setier variait suivant le nombre de boisseaux qu'il contenait. La valeur du muid, qui représentait 12 setiers, variait également selon qu'il s'agissait de setiers de 12, 16, 24 ou 32 boisseaux.

La voie de plâtre se composait de 12 sacs ou de 24 boisseaux. La voie de charbon de terre contenait 90 boisseaux combles ; son évaluation exacte est donc impossible.

*Mesures de capacité pour les liquides.* L'unité était la velte.

| | Feuillettes | Tierçons | Quartauts | Veltes | Quarts | Pintes | Chopines | Rapports | |
|---|---|---|---|---|---|---|---|---|---|
| Muid . . . . = | 2 | 3 | 4 | 36 | 144 | 288 | 576 | 268.12 | litres. |
| Feuillette . . . = | | 1 ½ | 2 | 18 | 72 | 144 | 288 | 134.11 | » |
| Tierçon . . . . = | | | 1 ⅓ | 12 | 48 | 96 | 192 | 89.41 | » |
| Quartauts . . . = | | | | 9 | 36 | 72 | 144 | 67.05 | » |
| Velte ou grand setier. = | | | | | 4 | 8 | 16 | 7.45 | " |
| Quart . . . . = | | | | | | 2 | 4 | 1.86 | » |
| Pinte . . . . = | | | | | | | 2 | 9.3132 | décilit. |
| Chopine . . . = | | | | | | | | 4.6566 | » |

La chopine se subdivisait en 2 demi-setiers, 4 possons, 8 demi-possons, 16 roquilles. A l'entrepôt de Paris, pour calculer la capacité des futailles, on donnait à la pinte une valeur de 9.5121 décilitres ; les multiples en proportion. La feuillette de Bordeaux ne contenait que 15 veltes = 113.1 litres ; celle de Bourgogne et de Champagne en contenait 18, mais qui avaient la valeur de la velte de l'entrepôt de Paris = 136.97 litres.

Le poinçon d'eau-de-vie contenait 27 veltes = 201.16 litres.

La pipe ou queue de vin contenait 2 demi-queues ou barriques = 1 ½ muid.

SYSTÈME DES POIDS ET MESURES TRANSITOIRES DITES USUELLES, DÉCRÉTÉ EN 1812.

Dans l'espoir de faciliter la diffusion du système métrique, le gouvernement autorisa, par un décret du 11 février 1812, l'emploi dans le commerce de détail des anciennes mesures et de leurs subdivisions, avec des valeurs mises en rapport avec celles des mesures métriques. Voici les principales de ces valeurs :

| | | | | |
|---|---|---|---|---|
| Livre usuelle = 500.— grammes. | Pied usuel . . . = 0.333 mètre |
| Once . . . = 31.25 » | Toise usuelle. . . = 2.— » |
| Gros . . . = 3.90625 » | Aune » . . . = 1.20 » |
| Boisseau . . = 12.5 litres | Toise » carrée = 4.— » carrés. |
| | Toise » cube = 8.— » cubes. |

On pouvait diviser le boisseau, ainsi que le litre, en demi, quarts, huitièmes, etc.

Une loi du 4 juillet 1837 interdit l'emploi des mesures usuelles à partir du 1er janvier 1840.

SYSTÈME MÉTRIQUE.

Les conséquences considérables qu'a amenées la création du système métrique et celles que produira dans un avenir plus ou moins rapproché sa diffusion dans le monde, nous engagent à rappeler ici qu'elles ont été son origine et les difficultés qu'à rencontrées son établissement en France.

L'idée de substituer un type unique aux diverses mesures dont la valeur variait suivant les localités, remonte à Charlemagne ; près de dix siècles s'écoulèrent cependant avant qu'elle fût mise à exécution. On songea successivement à généraliser l'emploi des mesures de Paris, puis à organiser un nouveau système basé sur les dimensions de la terre, et pouvant dès lors être adopté par les nations voisines. D'importants travaux furent faits sous Louis XIV pour déterminer la longueur d'un degré terrestre; l'opération la plus complète dura 35 ans (de 1683 à 1718). Cassini le fils, sous la direction duquel elle fut achevée, proposa l'adoption d'une nouvelle mesure égale à la 60,000<sup>me</sup> partie du degré. Dès 1670, Mouton avait émis une opinion analogue. Malgré ces recherches, qui en avaient provoqué de semblables sur divers points du globe, on n'en était encore arrivé en 1766 qu'à faire distribuer aux procureurs généraux des parlements des toises construites sur le modèle de celle qui avait servi à mesurer les degrés au Pérou. Les anciens usages étaient trop profondément enracinés pour céder devant une simple invitation de l'administration.

Enfin, le 8 mai 1790, l'Assemblée Nationale rendit le mémorable décret qui prescrivait l'unification des poids et mesures, et engageait le roi de France à se concerter avec le roi d'Angleterre pour qu'une commission mixte s'occupât de déterminer la nouvelle unité de longueur. Cette unité devait être la longueur du pendule battant la seconde sexagésimale à la latitude de 45 degrés ou à toute autre que l'on trouverait préférable.

Les événements politiques s'opposèrent à la réunion projetée, et la commission à laquelle l'Académie des Sciences confia la solution de cette difficile question, fut exclusivement composée de savants français. La nécessité de fixer une unité de mesure naturelle et invariable, qui, ne renfermant rien d'arbitraire ni de particulier à la situation d'aucun peuple, pût, par cela même, devenir d'un emploi universel, fit rejeter le pendule parce qu'il est assujetti au temps et au lieu. On avait également songé à prendre pour unité une fraction de la longueur de l'équateur; mais cette mesure n'avait pas le caractère de généralité que l'on recherchait. Après plusieurs mois de consciencieux travaux, la commission se décida à proposer pour base du nouveau système de mesure, la grandeur du quart du méridien terrestre, dont la dix-millionième partie deviendrait sous le nom de *mètre*, l'unité fondamentale du système (du grec μετρον mesure.) Cette proposition fut approuvée par un décret de l'Assemblée Nationale du 26 mars 1791, qui ordonna de procéder immédiatement aux opérations nécessaires pour la détermination d'un arc du méridien. Ces travaux furent confiés aux savants Méchain et Delambre. Sans en attendre le résultat, le gouvernement chargea une commission composée de Brisson, Borda, Lagrange, Laplace, Prony et Berthollet de créer un mètre provisoire, basé sur la mesure du degré trouvé par Lacaille en 1740. Une loi du 18 germinal an III (7 avril 1795), fixa à 3 pieds 11 lignes 44 centièmes la longueur de ce mètre (443.44 lignes de Paris), et régla la nomenclature des poids et mesures telle qu'elle existe aujourd'hui.

Lorsque Méchain et Delambre eurent terminé leurs travaux, l'Institut nomma une commission de vingt-deux savants, tant français qu'étrangers, à laquelle il confia le soin de vérifier les calculs de la méridienne et de déterminer l'unité de poids. En tenant compte d'un 334<sup>me</sup> pour l'aplatissement de la terre vers les pôles, il fut reconnu que la distance du pôle boréal à l'équateur, divisée par dix millions, était égale à 443.295936 lignes de Paris. Au moyen de précautions infinies, on trouva le poids d'un certain volume d'eau distillée pesé dans le vide à la température de 4.44 degrés centigrades au-dessus de 0, c'est-à-dire à son maximum de densité; ce volume est celui d'un cube ayant un dixième de mètre de côté. Le poids trouvé fut appelé *kilogramme*. Des étalons en platine du mètre et du kilogramme, construits avec le plus grand soin, furent déposés au Corps Législatif, et adoptés par la loi du 19 frimaire an VIII (10 décembre 1799), comme les étalons définitifs des mesures de longueur et de poids dans toute la France. Le nouveau rapport du mètre aux anciennes mesures fut fixé à 3 pieds 11 lignes 296 millièmes.

Le système métrique décimal fut rendu obligatoire et exclusif le 2 novembre 1801.

Plusieurs erreurs se sont glissées dans les calculs de la longueur du méridien; la plus importante se produisit dans l'estimation de l'aplatissement qui doit être évalué à un 300<sup>me</sup> et non à un 334<sup>me</sup>. D'après les travaux les plus récents, la valeur réelle du mètre devrait être de 443.39 lignes de Paris. C'est cette erreur de moins d'un dixième de ligne qu'invoque l'Angleterre pour justifier son refus d'adopter notre système métrique.

Voici en quels termes la loi du 18 germinal an III (7 avril 1795) règle la nomenclature des nouvelles mesures.

« On appellera :

» *Mètre*, la mesure de longueur égale à la dix-millionième partie de l'arc du » méridien terrestre, compris entre le pôle boréal et l'équateur.

» *Are*, la mesure de superficie pour les terrains, égale à un carré de dix mètres » de côté.

» *Stère*, la mesure destinée particulièrement aux bois de chauffage, et qui sera » égale au mètre cube.

» *Litre*, la mesure de capacité, tant pour les liquides que pour les matières sèches, » dont la contenance sera celle du cube de la dixième partie du mètre.

» *Gramme*, le poids absolu d'un volume d'eau pure, égal au cube de la centième » partie du mètre, et à la température de la glace fondante;

» Enfin, l'unité de monnaies prendra le nom de *franc* pour remplacer celui de » *livre* usité aujourd'hui.

» La dixième partie du mètre se nommera *décimètre*, et sa centième partie » *centimètre*.

» On appellera *décamètre* une mesure égale à dix mètres, ce qui fournit une me-» sure très commode pour l'arpentage.

» *Hectomètre* signifiera la longueur de cent mètres.

» Enfin, *kilomètre* et *myriamètre* seront des longueurs de mille et dix mille » mètres, et désigneront principalement les distances itinéraires.

» Les dénominations des mesures des autres genres seront déterminées d'après les » mêmes principes que celles de l'article précédent.

» Ainsi, *décilitre*, sera une mesure de capacité dix fois plus petite que le litre; » *centigramme* sera la centième partie du poids d'un gramme.

» On dira de même *décalitre* pour désigner une mesure contenant dix litres, hec-» *tolitre* pour une mesure égale à cent litres ; un *kilogramme* sera un poids de mille » grammes.

» On composera d'une manière analogue les noms de toutes les autres mesures.

En résumé, en faisant précéder les noms des cinq unités principales, mètre, arc, stère, litre, gramme,

```
du mot myria, on multiplie cette unité par 10,000, c'est-à-dire qu'on exprime une mesure 10,000 fois plus grande.
»   kilo      —            —        1,000,    —    —    1,000 »  d°
»   hecto     —            —         100,     —    —     100 »  d°
»   deca      —            —          10,     —    —      10 »  d°
»   deci   on divise cette unité par  10,    —    —      10 »  plus petite.
»   centi     —            —         100,     —    —     100 »  d°
»   milli     —            —        1,000,    —    —    1,000 »  d°
```

Mais tous les composés des unités principales et des mots qui précèdent ne sont pas usités. Nous indiquons plus loin ceux que l'usage a seuls consacrés.

*Poids.* Nous avons vu que l'unité légale est le gramme; mais on considère souvent dans le commerce le kilogramme comme unité principale. Les multiples du kilogramme ne suivent pas, pour leur nomenclature, la règle générale : ce sont la tonne et le quintal.

| | Quintaux | Kilogr. | Hectogr. | Décagram. | Grammes | Décigram. | Contigram. | Milligram. | |
|---|---|---|---|---|---|---|---|---|---|
| Tonne métrique = | 10 | 1000 | 10000 | 100000 | 1000000 | — | — | — | 1000.— kil. |
| Quintal métriq. = | | 100 | 1000 | 10000 | 100000 | — | — | — | 100.— » |
| Kilogramme . . = | | | 10 | 100 | 1000 | 10000 | 100000 | 1000000 | 1.— » |
| Hectogramme . = | | | | 10 | 100 | 1000 | 10000 | 100000 | 0.1 » |
| Décagramme . . = | | | | | 10 | 100 | 1000 | 10000 | 0.01 » |
| Gramme . . . = | | | | | | 10 | 100 | 1000 | 1.—gram. |
| Décigramme . . = | | | | | | | 10 | 100 | 0.1 » |
| Centigramme. . = | | | | | | | | 10 | 0 01 » |
| Milligramme . . = | | | | | | | | | 0.001 » |

*Mesures linéaires :* L'unité est le mètre.

| | Kilomètres | Hectomèt. | Décamèt. | Mètres | Décimètres | Centimètres | Millimètres | | |
|---|---|---|---|---|---|---|---|---|---|
| Myriamètre . . = | 10, | 100 | 1000 | 10000 | — | — | — | 10000.— | mètre |
| Kilomètre. . . = | | 10 | 100 | 1000 | — | — | — | 1000.— | » |
| Hectomètre . . = | | | 10 | 100 | 1000 | 10000 | 100000 | 100.— | » |
| Décamètre. . . = | | | | 10 | 100 | 1000 | 10000 | 10.— | » |
| Mètre . . . = | | | | | 10 | 100 | 1000 | 1.— | » |
| Décimètre. . . = | | | | | | 10 | 100 | 0 1 | » |
| Centimètre . . = | | | | | | | 10 | 0.01 | » |
| Millimètre. . . = | | | | | | | | 0.001 | » |

*Mesures de superficie.* On les distingue en mesures de superficie proprement dites, en mesures topographiques et en mesures agraires.

L'unité des mesures de superficie est le mètre carré, c'est-à-dire un carré dont les côtés ont un mètre de longueur.

| | Décimètres carrés | Centimètres carrés | Millimètres carrés | | | |
|---|---|---|---|---|---|---|
| Mètre carré . . = | 100 | 10000 | 1000000 | 1.— | mètre carré | |
| Décimètre carré. = | | 100 | 10000 | 0 01 | » | » |
| Centimètre carré = | | | 100 | 0.0001 | » | » |
| Millimètre carré. = | | | | 0.000001 | » | » |

Nous n'avons pas besoin de faire remarquer que le décimètre carré ne doit point être confondu avec le dixième de mètre carré; le premier est contenu 100 fois dans le mètre carré, tandis que le second n'y est contenu que 10 fois; il en est de même du centimètre carré et du millimètre carré qui sont dix fois plus petits que le centième et le millième de mètre carré. La même observation s'applique à toutes les mesures de surface.

Les mesures topographiques servent à déterminer les surfaces des états, des départements, etc.

| | Kilomètres carrés | Hectomètres carrés | Décamètres carrés | Mètres carrés | | |
|---|---|---|---|---|---|---|
| Myriamètre carré. = | 100 | 10000 | 1000000 | 100000000 | 1.— | myriam. carré |
| Kilomètre carré. = | | 100 | 10000 | 1000000 | 1.— | kilom. carré |
| Hectomètre carré. = | | | 100 | 10000 | 0.01 | » » |
| Décamètre carré. = | | | | 100 | 0.0001 | » » |

L'unité des mesures agraires est l'are; on sait que cette mesure est un carré dont les côtés ont 10 mètres de longueur, et qui contient par conséquent 100 mètres carrés. Le seul multiple de l'are que l'on emploie est l'hectare, et le seul sous-multiple le centiare; les autres composés, milliare, déciare, etc., ne sont pas usités parce que la longueur de leurs côtés ne saurait être exprimée exactement en quantités décimales.

| | Ares | Centiares | Mètres carrés | | |
|---|---|---|---|---|---|
| Hectare. . . . = | 100 | 10000 | 10000 | 1.— | hectare |
| Are . . . . = | | 100 | 100 | 0.01 | » |
| Centiare . . . = | | | 1 | 0.0001 | » |

*Mesures de solidité ou de volume.* On les distingue en mesures de solidité proprement dites et en mesures pour le bois de chauffage; on emploie pour les premières le mètre cube et pour les secondes le stère.

Le mètre cube est un cube d'un mètre de côté.

| | Décimètres cubes | Centimètres cubes | Millimètres cubes | | |
|---|---|---|---|---|---|
| Mètre cube . . = | 1000 | 1000000 | 1000000000 | 1.— | mètre cube |
| Décimètre cube = | | 1000 | 1000000 | 0.001 | » |
| Centimètre cube. = | | | 1000 | 0.000001 | » |
| Millimètre cube. = | | | | 0.000000001 | » |

Nous ferons ici une observation analogue à celle que nous avons faite pour les mesures de surface : il ne faut pas confondre le dixième de mètre cube avec le décimètre cube; le premier n'est contenu que 10 fois dans un mètre cube, tandis que le second est contenu mille fois. De même le centième de mètre cube égale 10000 centimètres cubes.

Le stère est un solide égal à un mètre cube.

| | Stères | Décistères | | |
|---|---|---|---|---|
| Décastère . . . = | 10 | 100 | 10.— | stères. |
| Stère. . . . = | | 10 | 1.— | » |
| Décistère . . . = | | | 0 1 | » |

On remarquera que le décistère est un solide égal à un dixième de stère; il ne devra donc pas être confondu avec le décimètre cube.

*Mesures de capacité*. L'unité principale est le litre qui, avec ses composés et ses subdivisions, sert à mesurer indistinctement les liquides et les matières sèches.

| | | Hectolitres | Décalitres | Litres | Centilitres | Décilitres | | |
|---|---|---|---|---|---|---|---|---|
| Kilolitre . . . = | | 10 | 100 | 1000 | 10000 | 100000 | 10.— | hectolitres |
| Hectolitre. . . = | | | 10 | 100 | 1000 | 10000 | 1.— | » |
| Décalitre , . . = | | | | 10 | 100 | 1000 | 0.1 | » |
| Litre. . . . = | | | | | 10 | 100 | 1 — | litre |
| Décilitre . . . = | | | | | | 10 | 0.1 | » |
| Centilitre . . . = | | | | | | | 0.01 | » |

Nous croyons inutile d'entrer dans des détails sur les mesures effectives. Leur fabrication est réglementée par une ordonnance royale du 16 Juin 1839 et par plusieurs circulaires ministérielles de la même année, dont les principales dispositions sont reproduites dans un très grand nombre d'ouvrages.

---

## PARME (ITALIE.)

Le système français des monnaies, poids et mesures est maintenant en usage dans le nouveau royaume d'Italie.

### ANCIENS POIDS ET MESURES DU GRAND DUCHÉ DE PARME.

*Poids*. La livre usitée dans le commerce et la pharmacie = 12 onces à 12 deniers à 24 grains = 326.4 grammes. Le marc de Milan employé pour les matières d'or et d'argent = 235 grammes.

*Mesures de longueur*. Le braccio employé pour mesurer le drap et la toile = 0.64 mètre; celui qui sert pour la soie = 0.588 mètre. Le braccio de legno pour l'arpentage = 12 onces = 144 punti = 1728 atomi = 0.542 mètre. La perche ou pertica = 6 bracci de legno.

*Mesures de superficie*. Le biolca = 6 staji = 72 tavole = 288 pertiches carrées = 10368 bracci carrés = 30.4744 ares.

*Mesures de capacité*. Le staro ou stajo, pour les grains, = 2 mine = 16 quartaroli = suivant les uns 51.42 litres, suivant les autres 47 litres. La brenta, pour les liquides, = 72 boccali = 72 litres.

---

## PAYS-BAS *voir* Amsterdam.

---

## PÉKIN *voir* Canton.

---

## PENANG *voir* Singapore.

---

## PÉROU.

Nous avons donné à l'article Lima le système monétaire établi au Pérou par la loi du 2 octobre 1857; une loi du 31 janvier 1863 a établi un système nouveau, calqué sur celui de la France, avec cette différence que l'unité est le Soleil valant F. 5. —, et divisé en 10 deniers ou en 100 centièmes.

| | | Valeur réelle | Poids | Titre |
|---|---|---|---|---|
| Or. | Pièce de 20 soleils | F. 100.— | 32.258 gram | 900 mill. |
| » | Pièces de 10, 5, 2, 1 soleils en proportion. | | | |
| Argent. | Soleil de 100 centièmes | » 5.— | 25.— | » 900 » |
| » | Pièces de 50, 20, 10 et 5 centièmes en proportion. | | | |
| Cuivre. | Pièces de 2 et de 1 centième valant F. 0.10 et F. 0.05. | | | |

Le rapport établi entre la nouvelle monnaie et l'ancienne piastre donne à cette dernière une valeur de F. 4.—

L'établissement du système métrique des poids et mesures a été récemment décrété au Pérou.

---

**PERSE** *voir* Bender-Boucher, Ispahan et Muscat.

---

**PHILIPPINES** (Iles) *voir* Manille.

---

**PIÉMONT** *voir* Gênes, Sardaigne (Ile de) et Turin.

---

**PONDICHÉRY** (Possession française dans l'Inde.)

*Monnaies.* Nous avons indiqué à l'article Calcutta les principales monnaies qui circulent dans l'Inde; nous mentionnerons en outre les suivantes :

|  |  | Valeur réelle | Poids | Titre |
|---|---|---|---|---|
| Or. | Pagode étoilée de Madras | F. 9.38 | 3.406 gram. | 800 mill. |
| » | Pagode de Pondichéry | » 8.30 | 3.402 » | 708 » |
| » | Pagode sultanine de Seringapatam | » 10.14 | 3.434 » | 858 » |
| Argent. | Roupie rajah de Pondichery | » 2.40 | 11.414 » | 947 » |
| » | Roupie d'Arcot | » 2.40 | 11.429 » | 944 » |
| » | Fanam de Pondichery (double fanam en proportion) | 0.30 | 1.480 » | 908 » |

Le gros fanam de Madras = F. 0.37 ⅓ ; le fanam de Trinquebar = F. 0.26 ⅔. La principale monnaie de cuivre est le cash de Pondichery qui = F. 0.01 ⅔.

On compte en pagodes de F. 8.30 que l'on divise en 28 fanams de F. 0.30; ou bien en roupies à 8 fanams de 18 cash chacun. Les sommes importantes s'expriment en lacks de 100,000 roupies = F. 240,000 et en crores ou karoy de 100 lacks = 24 millions de francs.

*Poids.* L'unité est le candi.

|  | Maunds | Touques | Vis | Seer | Pollams | Rapports |
|---|---|---|---|---|---|---|
| Candi ou bam . = | 20 | 128 | 160 | 800 | 6400 | 234.96 kilogram. |
| Maund ou taulan = | | 6 ⅖ | 8 | 40 | 320 | 11.75 » |
| Touque ou tooke = | | | 1 ¼ | 6 ¼ | 50 | 1.84 » |
| Vis ou bisse . . = | | | | 5 | 40 | 1.47 » |
| Seer ou seyra . = | | | | | 8 | .293.70 grammes |
| Pollam ou paloin = | | | | | | 36.71 » |

On évalue quelquefois le seer à 272 grammes et le pollam à 34 grammes.

Le pollam, quand il est employé dans les pesées de métaux précieux, se divise décimalement. L'unité pour les essais d'or et d'argent est le tical que l'on divise en 10 toques; ce dernier se subdivise en 128 parties pour l'or et en 100 parties pour l'argent.

Les perles se pèsent au calanchi qui = 14 centigram. et vaut 20 manchadis.

*Mesures de longueur.* Pour l'arpentage on se sert du bambou ou côle qui = 3.65 mètres.

|  | Astames | Coudées | Empans | Pouces | Rapports |
|---|---|---|---|---|---|
| Vilcadé . . . . = | 2 | 4 | 8 | 96 | 2 079 mètres. |
| Astame ou guez . = | | 2 | 4 | 48 | 1.04 » |
| Coudée ou hath . = | | | 2 | 24 | 51.97 centimètres. |
| Empan . . . , = | | | | 12 | 25.99 » |
| Pouce ou doigt . = | | | | | 2.188 » |

*Mesures de superficie.* Le carré = 3 velys = 60 mas ou canis = 798.33 ares.

Le mas = 100 congis ou côles carrés = 13.3055 ares.

*Mesures de capacité.* Les liquides, aussi bien que les graines, se vendent de pré-férence au poids.

|  | Gallons | Markals | Pakka | Mesures | Rapports | |
|---|---|---|---|---|---|---|
| Garce . . . . = | 125 | 1500 | 3080 | 6000 | 44.869 | hectol. |
| Gallon . . . . = | | 12 | 24 | 48 | 35.895 | litres. |
| Markal . . . . = | | | 2 | 4 | 2.992 | » |
| Pakka . . . . = | | | | 2 | 1.4956 | » |
| Mesure . . . . = | | | | | 0.7478 | » |

On mesure les liquides avec une pinte qui = 7.45 litres.

Le canam de graines oléagineuses = 24 markals. Le doba d'huile = 16 markals. La balle ou courge contient 20 pièces. Le souroutout de bétel est de 3000 feuilles, l'adoucou de 48 feuilles. Le paquet de peaux de bœuf est de 100 pièces.

---

## PORT-AU-PRINCE (Haïti).

N.-B. — C'est par erreur qu'au mot *Dominicaine* (Ancienne république) nous avons renvoyé à *Port-au-Prince*; c'est à *Saint-Domingue* qu'il faut se reporter.

*Monnaies.* Les monnaies d'or et d'argent de tous les pays ont cours dans la République et sont acceptées par le Trésor; on les convertit en piastres fortes ou gourdes qui valent invariablement F. 5.33. Le quadruple est compté pour 16 gourdes. Quant aux monnaies nationales, elles sont altérées dans une très-forte proportion et ne sauraient être exactement évaluées. La gourde d'Haïti frappée avant 1825 (argent) était nominalement l'équivalent de la piastre forte; des émissions exa-gérées de papier-monnaie l'ont fait disparaître de la circulation et ont fait tomber la valeur de la gourde-papier à F. 0.30. Son cours en 1861 a varié entre F. 0.35 et F. 0.45.

On compte en gourdes à 100 centimes. La gourde de compte = F. 5.33.

Le petit commerce compte aussi en gourdes qui = 4 gourdins = 8 escalins = 48 sous = 100 centimes.

On comptait aussi en livres à 20 sous à 12 deniers. La livre = F. 0.64 ½. La gourde = 165 sous de Haïti.

Le change se cote sur Paris à ± F. 4.— pour 100 gourdes de Haïti, et sur Londres à ± 65 gourdes de Haïti pour 1 livre sterling.

*Poids.* On se sert de l'ancienne livre française; *voir* Paris.

*Mesures de longueur et de surface.* Pied = 12 pouces = 12 lignes = 32.5 centim. Aune = 1.1885 mètre. Pas = 1.1369 mètre. Pied carré = 10.5521 décim. carrés. Pouce carré = 7.3278 centim. carrés. Le carreau = 10000 pas carrés = 129.263 ares. La caballeria = 10 carreaux.

*Mesures de capacité.* Les grains se mesurent au bushel de Winchester, les liquides à l'ancien gallon à vin; *voir* Londres. On se sert aussi du pot qui = 2 pintes de Paris = 4 chopines. On compte 1 gallon = 2 pots, quoique 1 gallon = en réalité 3.785 litres, et 2 pots = 3.725 litres.

---

## PORT-LOUIS (Ile Maurice).

*Monnaies.* Ce sont celles de France et d'Angleterre; on se sert en outre de piastres espagnoles et de roupies de la Compagnie.

On compte comme en Angleterre en livres sterling à 20 shillings à 12 deniers; le petit commerce compte également, soit en dollars courants appelés aussi piastres colo-niales que l'on divise en 100 cents, soit en livres coloniales divisées en 20 sous. Le dollar courant = £ 0.4ˢ.2ᵈ = F. 5.25; la livre coloniale = F. 0.53.

On compte une pièce de F. 5 = 1 dollar; 1 dollar = 10 livres coloniales; 1 roupie de la Compagnie = 48 cents; 1 piastre espagnole = 108 à 109 cents.

14

*Poids et Mesures*. On emploie ceux d'Angleterre; dans l'intérieur on se sert encore des anciens poids et mesures de France. On compte 100 livres poids de marc = 108 livres avoirdupois; 7 aunes = 9 yards; 3 veltes = 5 gallons impériaux, et 1 velte = 2 gallons à vin. Le quintal est de 100 livres avoirdupois, et la tonne de 20 quintaux.

---

**PORTO-RICO,** *voir* Saint-Jean.

---

**PORTUGAL,** *voir* Lisbonne.

---

**PRUSSE,** *voir* Berlin, Dantzick et Kœnisberg.

---

**QUEBEC** (CANADA).

*Monnaies*. On compte en livres courantes de Canada à 20 shillings à 12 deniers. Cette livre = F. 22.70 = 18 shillings sterling; elle équivaut donc à la livre sterling réduite de 10 %, et le shilling courant de Canada = F. 1.14.

On comptait aussi en livre à 20 sous à 12 deniers : 1 livre sterling étant comptée pour 26 livres 14 sous, la valeur de cette dernière serait de F. 0.91°6.

*Poids et Mesures*. Sont ceux d'Angleterre; pour mesurer les grains, on se sert encore de notre ancien minot qui = 39.03 litres; on compte 90 minots pour 100 bushels de Winchester.

---

**QUITO** (EQUATEUR).

*Nouveau système*. Une loi du 5 Décembre 1856 a prescrit l'adoption du système décimal français pour les monnaies, poids et mesures usités dans l'étendue de la République. Le 21 Novembre 1857, les Chambres substituèrent au franc, comme unité monétaire, la piastre, avec une valeur de 5 francs ; enfin une loi du 4 Décembre de la même année prohiba l'importation de la monnaie étrangère d'or ou d'argent inférieure en titre ou en poids à la monnaie décimale. Les pièces de F. 5 et leurs équivalents sont admis dans les caisses de l'État pour 10 réaux du nouveau système ou pour 9 réaux de la monnaie faible qui a cours dans le pays.

*Ancien système*. Piastre faible = 8 réaux = 100 centièmes = F. 4.40.

On employait les anciens poids et mesures d'Espagne que nous avons donnés à l'article *Madrid*. On se servait également de quelques mesures anglaises, telles que le gallon impérial, le yard, le pouce, dont on trouvera la valeur à l'article Londres.

---

**RHODES.**

*Monnaies*. La circulation se compose de monnaies turques et étrangères; parmi ces dernières dominent les pièces d'or françaises.
Medjidié d'or de 100 piastres = F. 23.07.
Hayrié d'or de 23 piastres 10 paras = F. 5.36.
Medjidié d'argent de 20 piastres = F. 4.62.
Les pièces de fabrication récente de 50 et de 20 piastres en or et celles de 5 et de 1 piastre en argent ont une valeur proportionnelle. Les anciennes pièces de 6 piastres

(altilik), de 5 piastres (bechlik), de 2 ½ piastres (yuslik), de 1 piastre (grouch), de 20, 10 et 5 paras, quoique de mauvais aloi, sont comptées comme bonnes.

La pièce de F. 20 française vaut 86 piastres 27 paras.

La pièce de 1 livre sterling vaut 109 piastres 19 paras.

La pièce de 5 drachmes grecque vaut 19 piastres 24 paras.

*Poids.* *Voir* Constantinople.

*Mesures.* Le pik = 8 roups = 656 millim. Le pik qui sert à mesurer le drap = 697 millim. Le quilo de blé = 8 cafiz = 33.148 litres.

---

**RIGA** (Russie).

On trouvera à l'article *Saint-Pétersbourg* toutes les indications nécessaires sur les monnaies, poids et mesures qui sont actuellement en usage dans l'empire de Russie ; nous nous bornerons à mentionner ici ceux qui étaient autrefois employés à Riga.

*Monnaies.* On comptait jusqu'en 1810 en thaler courant de Riga ou thaler d'Albert qui = F. 5.37 ; on le divisait en 90 groschen. Le gros = F. 0.59°70. La parité des thalers d'Albert en roubles argent, pour les titres stipulés en thalers, est fixée à 126 roubles pour 100 thalers, ce qui ne donnerait à ces derniers qu'une valeur de F.5.04.

*Poids.* La livre de Riga est plus forte que celle de Russie ; 100 livres de Riga = 102 livres 42 zolotniks de Russie ; on la divise comme suit :

|  | Lispfund | Livres | Marcs | Onces | Loths | Quentens | Oertlein | Rapports | |
|---|---|---|---|---|---|---|---|---|---|
| Schiffpfund . . = | 20 | 400 | 800 | 6400 | 12800 | 51200 | 204800 | 167.22 | kilog. |
| Lispfund . . . = | | 20 | 40 | 320 | 640 | 2560 | 10240 | 8.36 | » |
| Livre . . . . = | | | 2 | 16 | 32 | 128 | 512 | 418.05 | gramm. |
| Marc . . . . = | | | | 8 | 16 | 64 | 256 | 209.03 | » |
| Once . . . . = | | | | | 2 | 8 | 32 | 26.13 | » |
| Loth . . . . = | | | | | | 4 | 16 | 13.064 | » |
| Quenten . . . = | | | | | | | 4 | 3.266 | » |
| Oertlein . . . = | | | | | | | | 0.8165 | » |

Le lof est le quart du schiffpfund et contient 100 livres.

Le last de navire contient 2 tonnes de 2400 livres.

Le poids de pharmacie est la livre de Nuremberg, dont nous avons donné la valeur à l'article *Hambourg.*

*Mesures de longueur.* L'aune = 2 pieds = 4 quartiers = 548.2 millim. On compte 13 aunes pour 10 archines. Le pied se divise en 12 pouces, et, lorsqu'il s'agit de mesurer la circonférence des mâts de navires et des bois ronds, en 4 palmes.

Le mille = 7 werstes = 7.4675 kilomètres.

*Mesures de capacité.* Pour les matières sèches on emploie la tonne.

|  | Lof | Kulmets | Kannen | Stoff | Rapports | |
|---|---|---|---|---|---|---|
| Tonne ou baril . = | 2 | 12 | 54 | 108 | 136.57 | litres. |
| Lof. . . . . = | | 6 | 27 | 54 | 68.29 | » |
| Kulmet . . . = | | | 4 ½ | 9 | 11.38 | » |
| Kanne. . . . = | | | | 2 | 2.529 | » |
| Stoff. . . . = | | | | | 1.264 | » |

On compte 24 tonnes au last : 3 lof sont comptés pour 1 tschetwert ; mais le last et la tonne varient avec les articles qu'ils servent à mesurer ; ainsi :

Last de froment, d'orge, de sarrasin............ = 48 lof.     Tonne de harengs.......... = 96 stoff.
Last de seigle............................. = 45 »     Tonne de sel................. = 106¾ »
Last d'avoine, de poix, de malt.................... = 60 »     Tonne charbon de terre = 496 »
Last de graine de lin pour semis................... = 24 »
Last de graine de lin et de chanvre pour huile. = 48 »

*Mesures de capacité pour les liquides.* L'unité est le stoff, dont 90 = 9 ½ wedros russes, soit pour le nouveau stoff 1.2752 litre ; autrefois le stoff valait 1.3053 litre.

| | Oxhoft | Aimes | Ancres | Wedro | Viertel | Stoff | Rapports |
|---|---|---|---|---|---|---|---|
| Foudre . . . . = | 4 | 6 | 24 | 72 | 120 | 720 | 918.144 litres. |
| Oxhoft ou barrique . = | | 1 ¼ | 6 | 18 | 30 | 180 | 229.536 » |
| Aime. . . . . = | | | 4 | 12 | 20 | 120 | 153.024 » |
| Ancre . . . . . = | | | | 3 | 5 | 30 | 38.256 » |
| Wedro . . . . = | | | | | 1 ⅔ | 10 | 12.752 » |
| Viertel . . . . = | | | | | | 6 | 7.6512 » |
| Stoff . . . . . = | | | | | | | 1.2752 » |

On emploie quelquefois aussi le stekan qui = 15 stoff.

On compte 180 stoff à la barrique de vin de France, 28 stoff à l'ancre de vin de Mitau, et 90 stoff à la tonne de bière.

---

## RIO-DE-JANEIRO (BRÉSIL).

Le système monétaire du Brésil était autrefois le même que celui du Portugal ; mais des émissions exagérées de papier-monnaie ont considérablement réduit la valeur de l'unité qui est, comme en Portugal, le reis ou le milreis (c'est-à-dire 1#000 reis). Une loi du 8 Octobre 1833 avait établi que l'oitave d'or à 22 carats (3.585 grammes à 917 millièmes) vaudrait 2#500 reis, ce qui donnait au milreis une valeur de F. 4.52. Mais une nouvelle loi du 11 Septembre 1846 ordonna le retrait des anciennes monnaies et de quelques monnaies étrangères, sur le pied de 4#000 reis l'oitave d'or à 22 carats. C'est sur cette base qu'ont lieu les émissions actuelles ; elles ont été ordonnées par un décret du 20 Septembre 1847 et par une loi du 28 Juillet 1849.

### Monnaies actuelles

| | | Valeur | Poids légal | Titre |
|---|---|---|---|---|
| Or. ........ | Pièce de 20#000 reis ................................... | F. 56.50 | 17.926 gram. | 917 |
| | Pièce de 10#000 et de 5#000 reis en proportion. | | | |
| Argent. | Pièce de 2#000 reis ............................... | 5.19 | 25.495 » | 917 |
| | Pièce de 1#000, 500, 200 et 100 reis en proportion. | | | |

### Monnaies anciennes.

| | | Valeur | Poids légal | Titre |
|---|---|---|---|---|
| Or ......... | Portugaise ou peça, ou meia dobra de 6#400 anciens reis, comptée avant 1846 pour 10#000 reis, maintenant pour 16#000 reis................. | 45.29 | 14.344 » | 917 |
| | Moeda ou pièce de 4#000 anciens reis, comptée avant 1846 pour 5#625 reis, maintenant pour 9#000 reis........ | 25.48 | 8.068 » | 917 |
| | Pièces de 2#000 et de 1#000 anciens reis dans la même proportion. | | | |
| Argent. | Patacon de 960 anciens reis, compté avant 1846 pour 1#200 reis, maintenant pour 1#920 reis ......................... | 5.48 | 26.895 » | 917 |

Les anciennes pièces frappées avec une valeur de 1920, de 1280, de 960 (patacon) ; de 640, de 480 (crusade), de 320 (pataca), de 160, de 120, de 80, de 20 (vintem) anciens reis, circulaient avant 1846 avec une valeur de 25 % plus élevée ; maintenant elles ont une valeur nominale double de leur valeur d'émission.

La monnaie de compte est le reis ou le milreis (1000 reis) ; on donne le nom de conto de reis à 1#000 mil reis ou un million de reis. D'après le tableau ci-dessus des monnaies actuelles, le milreis en or vaut F. 2.82c50, et en argent, F. 2.59c50. En prenant l'or pour base, le pair serait de 361 reis pour F. 1 ; en prenant l'argent, il serait de 385 reis pour F. 1. Mais le change est très-variable. En 1825, il était de 190 reis pour F. 1. La dépréciation qu'a éprouvée le papier-monnaie et l'élévation que le gouvernement a fait subir à la valeur nominale des monnaies métalliques, ont fait tomber le change aux cours qui suivent.

### Changes.

| | | | |
|---|---|---|---|
| Hambourg. . . | ± 692 reis.......................... | pour | 1 marc banco. |
| Lisbonne . . . | { ± 100 % de prime }<br>{ ou ± 200 milreis à Rio } | » | 100 milreis à Lisbonne. |
| Londres . . . . | ± 25 ¾ pence sterling.................. | » | 1000 reis. |
| Paris . . . . . | ± 360 reis.......................... | » | 1 franc. |

### NOUVEAU SYSTÈME DE POIDS ET MESURES.

Une loi du 26 Juin 1862 a prescrit l'adoption du système métrique français, en ce qui concerne les mesures linéaires, de superficie, de capacité et de poids. La substitution de ce système à l'ancien devra se faire graduellement, de manière que dans dix ans l'usage légal des anciens poids et mesures aura entièrement cessé.

### ANCIEN SYSTÈME DE POIDS ET MESURES.

Les poids et mesures en usage au Brésil, ne sont pas, ainsi que l'affirment la plupart des ouvrages qui ont traité de cette matière, identiquement les mêmes que ceux qui existent en Portugal. Aucun acte administratif n'ayant posé les bases légales du système que la colonie avait emprunté à la mère-patrie, des altérations notables s'y sont graduellement introduites, et les mesures employées à Rio, non-seulement ne sont plus les mêmes que celles en usage à Lisbonne, mais encore diffèrent sensiblement de celles adoptées dans les autres villes de l'Empire. A défaut de document officiel, nous extrayons les renseignements qui suivent de notes publiées en 1838 et 1839 par le Stéréomètre de la Douane de Rio, dans le *Jornal do Commercio*, et d'un travail sur les poids et mesures du Brésil, publié par l'Almanach administratif de Rio de 1856.

### *Poids.*

La livre brésilienne peut être considérée comme ayant la même valeur que la livre portugaise; cependant le Stéréomètre de la Douane lui donne une valeur un peu moindre.

| | Arrobes | Livres | Marcs | Onces | Oitaves | Grains | Rapports |
|---|---|---|---|---|---|---|---|
| Quintal . . . = | 4 | 128 | 256 | 2048 | 16384 | — | 58.72 kilogr. |
| Arrobe. . . . = | | 32 | 64 | 512 | 4096 | — | 14.68 » |
| Livre ou arratel. = | | | 2 | 16 | 128 | 9216 | 458.75 grammes. |
| Marc . . . . = | | | | 8 | 64 | 4608 | 229.375 » |
| Once . . . . = | | | | | 8 | 576 | 28.672 » |
| Oitave ou gros . = | | | | | | 72 | 3.587 » |
| Grain . . . . = | | | | | | | 4.98 centigr. |

L'oitave, qu'on appelle aussi drachme, se divise également en 3 scrupules ou deniers de 24 grains, et, pour les pierres précieuses, en 18 carats ou quilate de 4 grains. — Le carat = 1.992 décigramme.

La livre de pharmacie ne contient que 12 onces à 8 drachmes ou oitaves, à 3 scrupules à 24 grains.

Le tonneau de fret contient 13 ½ quintaux ou 54 arrobes = 792.72 kil.

Le tarif des douanes mentionne comme unités sur lesquelles doivent porter les droits, pour la farine la barrica, et pour la poudre le baril; la barrica pèse 6 arrobes = 88.08 kil., et le baril 2 arrobes = 29.36 kil.

### *Mesures de longueur.*

| | Vares | Pieds | Palmos | Pouces | Lignes | Rapports |
|---|---|---|---|---|---|---|
| Brasse. . . . = | 2 | 6 ⅔ | 10 | 80 | 960 | 2.2 mètres. |
| Vare . . . . = | | 3 ⅓ | 5 | 40 | 480 | 1.1 » |
| Pied . . . . = | | | 1 ½ | 12 | 144 | 0.33 » |
| Palmo craveiro . = | | | | 8 | 96 | 0.22 » |
| Pouce . . . . = | | | | | 12 | 2.75 centim. |
| Ligne . . . . = | | | | | | 0.23 » |

La toise = 6 pieds.

La ligne se divise en 12 points. Le pouce = 1 ½ doigt.

Le covado que l'on emploie pour mesurer les étoffes de coton, de laine et de soie = 3 palmes ⅝ pouce = 24.69 pouces = 0.678975 mètre. On le compte généralement pour ⅔ mètre, et pour 3 palmes seulement.

La lieue = 5050.5 vares = 5.5555 kilomètres. Telle est l'évaluation du *Jornal do Commercio*. Mais la lieue terrestre du Brésil étant de 18 au degré, sa longueur réelle est de 6.1741 kilom. D'un autre côté, on compte 1 lieue = 3 milles; 1 mille = 1000 brasses, ce qui donnerait à la lieue une valeur de 6.6 kilom. On compte quelquefois la lieue pour 2840 brasses, soit 6.248 kilom. Il est impossible de concilier ces diverses indications.

### Mesures de superficie.

| | Vares carrées | Pieds carrés | Palmes carrées | Pouces carrés | Lignes carrées | Rapports |
|---|---|---|---|---|---|---|
| Brasse carrée. . = | 4 | 133 $\frac{1}{3}$ | 100 | 6400 | 921600 | 4.84 mètres carrés. |
| Vare carrée . . = | | 34 $\frac{1}{3}$ | 25 | 1600 | 230400 | 1.21 » » |
| Pied carré . . = | | | 2 ¼ | 144 | 20736 | 10.89 décim. carrés. |
| Palme carrée. . = | | | | 64 | 9216 | 4.84 » » |
| Pouce carré. . = | | | | | 144 | 7.56 centim.carrés. |
| Ligne carrée. . = | | | | | | 5.25 millim.carrés. |

### Mesures de capacité pour les matières sèches.

| | Alqueires | Quartas | Selamines | Rapports |
|---|---|---|---|---|
| Moio . . . . = | 60 | 240 | 960 | 21.761 hectolitres. |
| Alqueire du pays = | | 4 | 16 | 36.269 litres. |
| Quarta. . . = | | | 4 | 9.067 » |
| Selamin . . = | | | | 2.267 » |

Ces rapports sont ceux que donne le *Jornal do Commercio*. Suivant l'Almanach de Rio, l'alqueire-étalon de la Chambre municipale contient 40.1209 litres ; les multiples et sous-multiples en proportion.

La fanga ou fanega = 4 alqueires. La quarta = 2 oitaves. L'oitave = 2 maquias.

Pour le mesurage du sel on emploie trois alqueires différents : l'alqueire dit de Lisbonne contenant 1688 pouces cubes = 35.105 litres ; un autre alqueire contenant 1960 pouces cubes = 40.762 litres ; enfin un autre alqueire contenant 1918 pouces cubes = 39.888 litres.

Le tonneau de jauge contient 74.5 palmes cubes = 0.793276 mètre cube.

### Mesures de capacité pour les liquides.

| | Canadas | Quartilhos | Martelinhos | Rapports |
|---|---|---|---|---|
| Pipa . . . . = | 180 | 720 | 2880 | 4.7916 hectolitres. |
| Canada ou medida . = | | 4 | 16 | 2.662 litres. |
| Quartilho ou garrafa = | | | 4 | 0.665 » |
| Martelinho . . = | | | | 0.1663 » |

Le tonneau = 2 pipas.

L'Almanach de Rio donne pour la canada du pays la valeur de 2.8125 litres, calculée d'après l'étalon municipal. Cette évaluation est probablement exacte, car on compte dans le commerce la barrique de Bordeaux de 225 litres pour 80 canadas. Les rapports que nous avons indiqués ayant tous été calculés sur les étalons de la Douane, une différence de 0.15 litre entre les deux types s'explique facilement.

---

## ROME (Etats Pontificaux).

### Monnaies.

Les monnaies frappées dans les Etats de l'Eglise sont :

| | | Valeur | Poids légal | Titre |
|---|---|---|---|---|
| Or | Doppia ou pistole (1818) | F. 17.27 | 5.470 gram. | 917 mil. |
| | Zecchino ou sequin (1769) | 11.80 | 3.426 » | 1000 » |
| | Pièce de 10 écus (1835) (pièce de 5 et de 2 ½ en proportion) | 53.60 | 17.336 » | 900 » |
| | Scudo ou écu (1854) (pièce de 2 ½ en proportion) | 5.36 | 1.734 » | 900 » |
| Argent. | Scudo ou écu de 100 bajocchi | 5.36 | 26.432 » | 917 » |
| | Scudo ou écu de 100 bajocchi (1854) | 5.36 | 26.835 » | 900 » |

Il y a des pièces de 50 bajocchi, de 30 (testoni), de 20 (papetti), de 10 (paoli), de 5 (grossi) bajocchi. Les pièces qui n'excèdent pas 20 bajocchi sont, depuis 1854, au titre de 800 millièmes.

On compte en écus à 100 baïoques ou bajocchi, valant F. 5.36. L'écu se divise quelquefois en 10 paoli à 10 baïoques. On le divisait autrefois en 3 ⅓ testoni, 5 papeti, 10 paoli, 20 grossi, 100 bajocchi, et 500 quattrini.

On comptait aussi autrefois en ducato di camera à 16 paoli du Trésor du Pape, et en scudo di stampa d'oro. Le ducato di camera = F. 7.15, et le scudo di stampa = F. 8.04.

## *Changes.*

| | | | | | |
|---|---|---|---|---|---|
| Amsterdam . . | ± | 39.30 bajocchi | ........................................ pour | 1 | florin des Pays-Bas. |
| Augsbourg . . | ± | 44.10 » | ........................................ » | 1 | florin au pied de 52 ½ |
| Florence . . Gênes . . . | ± | 18.65 » | ........................................ » | 1 | livre italienne. |
| Hambourg . . | ± | 35.30 » | ........................................ » | 1 | marc banco. |
| Londres . . . | ± | 460.— » | ........................................ » | 1 | livre sterling. |
| Madrid. . . . | ± | 79.50 » | ........................................ » | 1 | piastre forte. |
| Marseille. . . | ± | 18.20 » | ........................................ » | 1 | franc. |
| Milan . . . . | ± | 18.60 » | ........................................ » | 1 | livre italienne. |
| Naples. . . . | ± | 79.50 » | ........................................ » | 1 | ducat del regno. |
| Paris . . . . | ± | 18.25 » | ........................................ » | 1 | franc. |
| Venise. . . . | ± | 15.75 » | ........................................ » | 1 | livre autrichienne. |
| Vienne . . . | ± | 36.60 » | ........................................ » | 1 | florin de Vienne. |

### NOUVEAU SYSTÈME DE POIDS ET MESURES.

L'usage du système métrique français a été décrété en 1848.

### ANCIEN SYSTÈME DE POIDS ET MESURES.

*Poids.* On se servait pour peser les marchandises, l'or, l'argent et les médicaments d'une livre qui = 339.0728 grammes. Elle se divisait en 12 onces à 24 deniers à 24 grains, soit 6912 grains. Dans la pharmacie on divisait l'once en 8 drammes, 24 scrupules ou 576 grains. La decina = 10 livres ; le centinajo ou cantaro piccolo (petit quintal) = 100 livres ; le migliago ou cantaro grosso = 1000 livres.

Le titre des matières d'or et d'argent s'exprimait en carats et en douzièmes; l'or pur était à 24 carats à 12 deniers, et l'argent pur à 12 douzièmes ou onces à 24 deniers.

*Mesures de longueur.* Le pied = 1 ⅓ palme = 297.7 millimètres. Le passo = 5 pieds = 1.4885 mètre.

| | | |
|---|---|---|
| Canne du commerce. . . = 8 palmes = 24 parties........................... | = 1.992 mètre. | |
| » des architectes . . = 10 palmes des architectes = 120 oncie = 600 minutes = 1200 décimes................. | = 2.234 | » |
| » sacrée . . . . . = 1 ½ brasse sacrée = 9 palmes sacrées...... | = 1.125 | » |
| » des marchands . . = 2 brasses des marchands = 8 palmes des marchands.......................................... | = 1.696 | » |

La brasse des tisserands = 3 palmes = 0.636 mètre.
Le mille ou miglio de 100 passi = 1487.95 mètres.

*Mesures agraires.* Le rubbio = 4 quarte = 7 pezze = 16 scorzi = 32 quartucci = 112 catene carrées = 11200 stajoli carrés = 370300 palmes carrées = 184.8491 ares.

*Mesures de capacité pour les matières sèches.* Le rubbio = 2 rubbiatelli = 4 quarte = 8 quartarelli = 12 staja = 16 starelli = 22 scorzi = 88 quartucci = 294.42 litres.

Pour le sel le rubbio se divise en 2 quarte, 12 scorzi ou 48 quartucci. Le rubbio est estimé peser en froment 640 livres, en légumes secs 720 livres, en sel 600 livres.

*Mesures de capacité pour les liquides.* Le barile de vin = 32 boccali = 128 fogliette = 512 quartucci = 58.34 litres. La botta = 16 barili.

Le barile d'huile = 38 boccali = 112 fogliette = 448 quartucci = 57.49 litres. La soma d'huile employée dans le commerce de gros = 2 pelli ou mastelli = 20 cuguatelli = 80 boccali = 164.25 litres ; elle pèse 440 livres, soit 149 kil.

---

## ROSTOCK (MECKLEMBOURG-SCHWERIN).

*Monnaies.* Le système monétaire du Mecklembourg a subi de fréquentes modifications.

|          |                                                                    | Valeur | Poids légal | Titre |
|----------|--------------------------------------------------------------------|--------|-------------|-------|
| Or       | Ducat ou thaler d'or de 2 ¾ thalers (1822). ............ | F. 11.83 | 3.490 gram. | 986 mil. |
|          | Pistole de Frédéric-Franz de 5 thalers (1828) ........ | 20.50 | 6.657 » | 896 » |
|          | La double et la demi en proportion | | | |
| Argent.  | Florin ou gulden de ⅔ thaler et de 2 marcs (1789) | 2.89 | 17.316 » | 750 » |
|          | Florin ou gulden de ⅔ thaler et de 2 marcs (1840) | 2.89 | 12.922 » | 1000 » |
|          | Thaler de 48 schillings (1848) ............................. | 3.67 | 22.272 » | 750 » |
|          | Pièce de ½ thaler de 16 schillings (1848)............. | 1.84 | 8.352 » | 667 » |
|          | Pièce de ¼ thaler de 8 schillings (1848)............. | 0.92 | 5.345 » | 521 » |

On compte maintenant en thaler de Prusse = F. 3.70°37 = 30 silbergroschen de 12 pfennig.

On comptait précédemment en thaler du pays = F. 3.67°05 = 24 gros = 48 schilling = 96 sechslinge = 192 witten ou dreilinge = 576 pfennig.

Autrefois on comptait en florin ou pièce de ⅔ qui = 2 marcs = 32 schilling = F. 2.89, ou bien en thaler valant 1 ½ florin = 3 marcs = 48 schilling = F. 4.33.

Enfin, à une époque plus reculée encore, on comptait en ancien thaler valant 3 marcs de Lubeck ou 48 schilling = F. 4.58.

*Poids.* Depuis le 1ᵉʳ Juin 1861 la livre en usage dans le duché de Mecklembourg est égale au 1/2 kilogramme.

Elle se divise comme suit :

|            | Loths | Quentchen | Cent | Horn | Rapports |
|------------|-------|-----------|------|------|----------|
| Livre . . . . = | 30 | 300 | 3000 | 30000 | 500. — grammes. |
| Loth . . . . = | | 10 | 100 | 1000 | 16.667 » |
| Quentchen . . = | | | 10 | 100 | 1.667 » |
| Cent . . . = | | | | 10 | 16.667 centigram. |
| Horn . . . = | | | | | 1.667 » |

Le last de navire est de 4000 livres, le centner de 100, et le stein de 20.

L'ancienne livre de commerce de Mecklembourg était égale à celle de Lubeck et valait 484.6 grammes ; on la divisait en 32 loths = 128 quentchen = 512 pfennig. On se servait également, mais rarement, d'une autre livre appelée poids de ville ou de balance, qui se divisait de même, et valait 5 % de plus que la précédente, soit 5086 grammes.

Le stein a des valeurs variables : le stein de laine, poids lourd, = 22 livres ; le stein de laine, poids léger, = 20 livres ; le stein de chanvre = 20 livres ; le stein de plumes = 10 livres.

L'ancien quintal ou centner était de 112 livres ; le last de navire valait 2 ½ quintaux ; le liespfund de Rostock, 16 livres.

Le poids de pharmacie est la livre de Nuremberg, *voir* Hambourg, et le poids pour peser l'or et l'argent est le marc de Cologne, *voir* Augsbourg.

*Mesures linéaires.* Un ordre du 7 Février 1863 a fixé comme suit la valeur des mesures linéaires du pays :

|           | Pieds | Pouces | Lignes | Lignes de Paris | Rapports |
|-----------|-------|--------|--------|-----------------|----------|
| Aune . . . . = | 2 | 24 | 288 | 254 | 572.98 millimètres. |
| Pied . . . . = | | 12 | 144 | 127 | 286.49 » |
| Pouce . . . = | | | 12 | 10 $^{7}/_{12}$ | 23.874 » |
| Ligne . . . = | | | | 12 $^{7}/_{144}$ | 1.99 » |

On se sert aussi du pied de Lubeck qui = 129 lignes de Paris = 291 millimètres, et du pied de Prusse ou du Rhin qui = 139.13 lignes de Paris = 313.85 millimètres. Le pied de Hambourg a la même valeur que le pied légal de Rostock.

La perche d'arpentage légale doit contenir 16 pieds de Lubeck = 4.656 mètres. On la divise aussi en 10 pieds décimaux à 10 pouces décimaux.

La lieue en usage est celle de Prusse qui = 7.5325 kilomètres.

*Mesures de capacité.* D'après l'ordre du 7 Février 1863, le scheffel ou boisseau légal de Mecklembourg ou de Rostock doit contenir 2832 pouces cubes mecklembourgeois ; la kanne doit en contenir 136 et le pot 68 ; 1 pouce cube mecklembourgeois = 13.6077 centimètres cubes.

En rapportant à ces bases légales les multiples et les autres subdivisions en usage dans le commerce, nous obtenons les tableaux suivants :

1° Mesures employées pour les matières sèches :

| | Scheffel | Fass | Metzen | Rapports |
|---|---|---|---|---|
| Droemt . . . = | 12 | 48 | 192 | 462.44536 litres. |
| Scheffel . . . = | | 4 | 16 | 38.53711 » |
| Fass ou viertel . = | | | 4 | 9.62428 » |
| Metzen ou spint. = | | | | 2.40857 » |

Le last contient 8 droemt ou 96 scheffel, le sac 6 scheffel et la tonne 4 scheffel.

Les mesures employées autrefois pour l'avoine avaient une valeur différente : le droemt d'avoine contenait 525.8 litres; les sous-multiples en proportion.

2° Mesures employées pour les liquides :

| | Oxhoft | Aimes | Ancres | Eimer | Viertel | Stubchen | Kannen | Pots | Oessel | Ort | Rapports |
|---|---|---|---|---|---|---|---|---|---|---|---|
| Foudre . . . = | 4 | 6 | 24 | 30 | 120 | 240 | 480 | 960 | 1920 | 3840 | 8.8831 hectol. |
| Oxhoft. . . . = | | 1½ | 6 | 7½ | 30 | 60 | 120 | 240 | 480 | 960 | 2.2208 » |
| Aime . . . . = | | | 4 | 5 | 20 | 40 | 80 | 160 | 320 | 640 | 1.4805 » |
| Ancre. . . . = | | | | 1¼ | 5 | 10 | 20 | 40 | 80 | 160 | 37.0130 litres. |
| Eimer. . . . = | | | | | 4 | 8 | 16 | 32 | 64 | 128 | 29.6104 » |
| Viertel . . . = | | | | | | 2 | 4 | 8 | 16 | 32 | 7.4026 » |
| Stubchen. . . = | | | | | | | 2 | 4 | 8 | 16 | 3.7013 » |
| Kanne. . . . = | | | | | | | | 2 | 4 | 8 | 1.8507 » |
| Pot ou quartier. = | | | | | | | | | 2 | 4 | 0.9253 » |
| Oessel ou plank. = | | | | | | | | | | 2 | 0.4627 » |
| Ort ou pegel. . = | | | | | | | | | | | 0.2313 » |

Ces mesures sont celles qui sont en usage à Hambourg, mais avec une valeur un peu plus grande.

La valeur de la kanne était autrefois de 1.646 litre.

---

**RUSSIE**, *voir* Odessa, Saint-Pétersbourg et Riga.

---

## SAINT-DOMINGUE.

La piastre forte se divise en 100 centièmes et vaut F. 5.25.

Le quintal = 4 arrobes = 45.4 kil. ; l'arrobe = 25 livres = 11.35 kil.; la livre = 16 onces = 454 grammes; le tonneau = 908 kil.

Le pied = 12 pouces = 305 millimètres. Le yard = 914.38 millimètres.

Le gallon = 4.543 litres.

---

## SAINT-JEAN (Porto-Rico), *voir* Havane (La).

Les monnaies étrangères circulent dans toute l'étendue de l'île, et on détermine leur valeur en les rapportant à la piastre forte d'Espagne qui est seule admise dans les caisses du gouvernement. — Les piastres des Républiques américaines et les dollars perdent de 1 à 3 % relativement à la piastre espagnole.

---

## SAINT-PÉTERSBOURG (Russie).

### Monnaies.

L'unité monétaire est le rouble argent à 100 kopeks. Aux termes d'un ukase du 2/20 Juillet 1810, le rouble doit contenir 83 ⅓ solotnick de fin = 868 millièmes. Cent roubles pesant 5 livres 6 solotnick (1 livre = 409.596 grammes), le rouble argent vaut F. 4.—

15

|  |  | Valeur | Poids | | Titre | |
|---|---|---|---|---|---|---|
| Or.......... | Ducat (1755) au titre de 94 solotnick............... | F. 11.78 | 3.492 | gram. | 997 | mill. |
|  | »      (1763)      »        93       »      ............... | 11.58 | 3.469 | » | 969 | » |
|  | »      (1796)      »        94⅔     »      ............... | 11.83 | 3.484 | » | 986 | » |
|  | Impériale de 10 roubles (1755) au titre de 88 solotnick. | 52.32 | 16.569 | » | 917 | » |
|  | Impériale de 10 roubles (1763) au titre de 88 solotnick. | 41.31 | 13.084 | » | 917 | » |
|  | Impériale de 10 roubles (1801) au titre de 94½ solotnick | 41.31 | 12.184 | » | 984 | » |
|  | Impériale de 10 roubles (1817) au titre de 88 solotnick | 41.31 | 13.084 | » | 917 | » |
|  | Demi-impériale et pièce de 1 rouble en proportion. | | | | | |
|  | On ne frappe plus que des demi-impériales. | | | | | |
| Platine. | Pièce de 3 roubles (1829—1830)............ ............... | 12.— | 10.360 | » | 1000 | » |
|  | Pièce de 6 et de 12 roubles en proportion. | | | | | |
|  | Cette monnaie a été retirée de la circulation. | | | | | |
| Argent.. | Rouble (1755) au titre de 76 solotnick............... | 4.60 | 26.120 | » | 792 | » |
|  | »      (1763)      »        72       »      ............... | 4.— | 23.988 | » | 750 | » |
|  | »      (1798)      »        83⅓     »      ............... | 4.— | 20.730 | » | 868 | » |
|  | »      (1810)      »        83⅓     »      ............... | 4.— | 20.725 | » | 868 | » |
|  | Demi-rouble (poltinik) et quart de rouble (polpolti- | | | | | |
|  | nik) en proportion. | | | | | |
|  | Pièce de 20 kopeks (1763)............... | 0.80 | 4.798 | » | 750 | » |
|  | »               (1798)............... | 0.80 | 4.146 | » | 868 | » |
|  | »               (1810)............... | 0.80 | 4.798 | » | 750 | » |
|  | »               (1813)............... | 0.80 | 4.145 | » | 868 | » |
|  | Pièces de 15, 10 et 5 kopeks, en proportion. | | | | | |

On divisait autrefois le rouble en 10 griwna à 10 kopeks.

Dans les caisses publiques l'or jouit d'une prime de 3 % sur l'argent et l'impériale est comptée à raison de 10 roubles 30 kopeks argent. Les particuliers ont souvent porté cette prime à 5 %.

Il circule en Russie une très-grande quantité de papier-monnaie. La valeur du rouble-papier était, lors de l'émission, égale à celle du rouble argent; mais la dépréciation qu'il a subie a été telle, que le rouble argent valait en 1820 4 roubles-papier; en 1835 il valait légalement 3 roubles-papier 60 kopeks; enfin un ukase de 1839 a déterminé invariablement le rapport suivant : 100 roubles argent = 350 roubles-papier, et 100 roubles en or = 360 ½ roubles-papier. Depuis cette époque 1 rouble argent est compté pour 3 ¼ roubles-papier, soit pour la valeur du rouble papier F. 1.14.

La monnaie de compte était autrefois le rouble-papier appelé aussi rouble-assignation de Banque. Les cotes des changes, les traites, etc., étaient rédigées en roubles-papier; mais depuis le 1/13 janvier 1840 l'usage du rouble argent est seul permis.

La valeur des monnaies étrangères est fixée comme suit :

| Or........ | Pièce de 20 francs............... | = 4 | roubles argent 92 kopeks. | | |
|---|---|---|---|---|---|
|  | Souverain d'Autriche............... | = 8 | » | 69 ¾ | » |
|  | Pièce de 5 thalers de Prusse............... | = 5 | » | 11 ½ | » |
|  | Ducat de Hollande............... | = 2 | » | 93 ⅛ | » |
| Argent. | Pièce de 5 francs.:............... | = 1 | » | 24 | » |
|  | Species thaler d'Autriche............... | = 1 | » | 28 ¼ | » |
|  | Thaler de Prusse............... | = 0 | » | 91 ¼ | » |
|  | Couronne de Brabant............... | = 1 | » | 39 | » |

## Changes.

| Amsterdam . . | ± 168 florins des Pays-Bas............... | pour 100 | roubles argent. |
|---|---|---|---|
| Berlin . . . . | ± 96 ½ thalers............... | »    1 | » |
| Hambourg . . | ± 30 ¼ schilling banco............... | »    1 | » |
| Londres . . . | ± 34 pence sterling............... | »    1 | » |
| Paris . . . . | ± 360 francs............... | »  100 | » |
| Vienne. . . . | ± 158 nouveaux kreutzers............... | »    1 | » |

## Poids.

L'unité est la livre dont la valeur est fixée par des documents officiels à 409.5174 grammes. Un étalon doré a été fabriqué en 1747 et déposé à l'Hôtel des Monnaies de Saint-Pétersbourg.

| | Livres | Lana | Onces | Loths | Solotnik | Dolis | Rapports |
|---|---|---|---|---|---|---|---|
| Poud . . . . . = | 40 | 480 | 640 | 1280 | 3840 | 368640 | 16.381 kilog. |
| Livre. . . . . = | | 12 | 16 | 32 | 96 | 9216 | 409.51 grammes. |
| Lana . . . . . = | | | $1\frac{1}{3}$ | $2\frac{2}{3}$ | 8 | 768 | 34.126 » |
| Once . . . . . = | | | | 2 | 6 | 576 | 25.595 » |
| Loth . . . . . = | | | | | 3 | 288 | 12.797 » |
| Solotnik. . . . = | | | | | | 96 | 4.266 » |
| Doli . . . . . = | | | | | | | 44.4355 milligr. |

Le berkowetz = 10 pouds = 163.81 kil. Le packen = 3 berkowetz. Le tonneau = 6 berkowetz = 60 pouds = 2400 livres = 982.86 kil.

La livre d'artillerie = 489.108 grammes.

La livre médicinale est égale à ⅞ de livre ordinaire = 358.3226 grammes; on la divise en 12 onces, 96 drachmes, 288 scrupules et 5760 grains. On se sert aussi de la livre de Nuremberg, dont la valeur est sensiblement la même.

Les pierres précieuses se pèsent au carat de Hollande qui = 4 grains = 2.051 décigrammes.

La perma de foin = 240 pouds. Le panier de charbon = 24 grilles = 20 pouds. Le char de minerai = 20 pouds.

### Mesures de longueur.

| | Archines | Pieds anglais | Werschocks | Pouces | Lignes | Rapports |
|---|---|---|---|---|---|---|
| Sachine ou toise. . = | 3 | 7 | 48 | 84 | 840 | 2.1336 mètres. |
| Archine ou aune. . = | | $2\frac{1}{3}$ | 16 | 28 | 280 | 711.2 millim. |
| Pied anglais . . . = | | | $6\frac{6}{7}$ | 12 | 120 | 304.8 » |
| Werschock. . . . = | | | | $1\frac{3}{4}$ | $17\frac{1}{2}$ | 44.45 » |
| Pouce . . . . . = | | | | | 10 | 2.54 » |
| Ligne . . . . . = | | | | | | 0.254 » |

On se sert aussi du pied du Rhin qui = 313.85 millimètres; on emploie beaucoup moins le pied russe qui = 0.3492 m., et le pied de Moscou qui = 0.3345 m. L'ancien pied russe était la moitié de l'ancienne archine et se divisait en 16 palez ou doigts = 0.359 m.

Les arpenteurs divisent la sachine en dixièmes.

La werst = 500 sachines = 1.0668 kilomètre.

### Mesures de superficie.

| | Sachines carrées | Archines carrées | Pieds carrés | Pouces carrés | Rapports |
|---|---|---|---|---|---|
| Desaetine impériale. = | 2400 | 21600 | 117600 | — | 1.0925 hectare |
| Sachine carrée. . . = | | 9 | 49 | 7056 | 4.5521 m. car. |
| Archine carrée. . . = | | | $5\frac{4}{9}$ | 784 | 50.5787 déc. car. |
| Pied carré (anglais). = | | | | 144 | 9.2900 » |
| Pouce carré . . . = | | | | | 0.4514 » |

Nous donnons ci-dessus la valeur de la desaetine impériale ou géométrique; il y a aussi la desaetine domestique qui = 3200 sachines carrées = 1.4567 hectare.

### Mesures de solidité et de capacité.

La sachine cube = 27 archines cubes = 343 pieds cubes = 9.6321 mètres cubes.

L'archine cube = 12 $\frac{19}{27}$ pieds cubes = 359.7288 décimètres cubes. Le pied cube = 1728 pouces cubes = 28.3153 décimètres cubes.

Le poids légal de la sachine cube de foin est de 20 pouds; le poids légal de la sachine cube de bois de chauffage est de 320 pouds; quelquefois ce bois se vend par cubes de 1 sachine de base et 10 verschocks de hauteur, soit $\frac{5}{24}$ de sachine cube = 2.0234 stères.

L'unité légale pour les matières sèches est l'osmin de Saint-Pétersbourg.

| | Tschetwert | Osmin | Pajock | Tschetwerick | Tschetwerka | Garnetz | Rapports |
|---|---|---|---|---|---|---|---|
| Kuhl ou sac. . . = | $1\frac{1}{4}$ | $2\frac{1}{2}$ | 5 | 10 | 40 | 80 | 262.15 litres. |
| Tschetwert . . . = | | 2 | 4 | 8 | 32 | 64 | 209.72 » |
| Osmin. . . . . = | | | 2 | 4 | 16 | 32 | 104.86 » |
| Pajock. . . . . = | | | | 2 | 8 | 16 | 52.43 » |
| Tschetwerick . . = | | | | | 4 | 8 | 26.215 » |
| Tschetwerka. . . = | | | | | | 2 | 6.554 » |
| Garnetz . . . . = | | | | | | | 3.277 » |

Le tschetwert doit peser 380 livres russes pour le froment, 354 pour le seigle, 290 pour l'orge, 240 pour l'avoine verte.

Pour les liquides, on se sert principalement du wedro que l'on divise en 100 tscharkeys ; on emploie quelquefois aussi les autres mesures comprises dans le tableau suivant :

| | Pipe | Oxhoft | Ohm | Ancres | Stekar | Wedro | Tschet-werki | Osmuski | Stoff | Tscharkey | Rapports |
|---|---|---|---|---|---|---|---|---|---|---|---|
| Botschka ou tonneau. . = | 1 ¹/₉ | 2 ²/₉ | 3 ⅓ | 13 ⅓ | 26 ⅔ | 40 | 160 | 320 | 400 | 4000 | 491.94 litres |
| Pipe. . . . . . . = | ...... | 2 | 3 | 12 | 24 | 36 | 144 | 288 | 360 | 3600 | 442.746 » |
| Oxhoft ou barrique . . = | | | 1 ½ | 6 | 12 | 18 | 72 | 144 | 180 | 1800 | 221.373 » |
| Ohm ou Aime . . . = | | | | 4 | 8 | 12 | 48 | 96 | 120 | 1200 | 147.582 » |
| Ancre . . . . . = | | | | | 2 | 3 | 12 | 24 | 30 | 300 | 36.90 » |
| Stekar . . . . . = | | | | | | 1 ½ | 6 | 12 | 15 | 150 | 18.45 » |
| Wedro. . . . . = | | | | | | | 4 | 8 | 10 | 100 | 12.299 » |
| Tschetwerki. . . = | | | | | | | | 2 | 2 ¼ | 25 | 3.075 » |
| Osmuski ou kruschka. . = | | | | | | | | | 1 ¼ | 12 ½ | 1.537 » |
| Stoff ou pot. . . = | | | | | | | | | | 10 | 1.23 » |
| Tscharkey . . . = | | | | | | | | | | | 1.23 déc. |

## SAINTE-MARTHE, *voir* Nouvelle-Grenade.

## SALVADOR, *voir* San-Salvador.

## SAN-JOSÉ (Costa-Rica).

La piastre de Costa-Rica a une valeur un peu moindre que celle des autres républiques hispano-américaines. Aux termes d'un décret du 6 Mars 1861, l'aigle nord-américaine = 11 piastres, la pièce de 20 francs = 4.2 piastres, la livre sterling = 5.3 piastres, l'once forte de 16 piastres = 17.4 piastres ; il en résulterait que la piastre de Costa-Rica vaut environ F. 4.75.

Les poids et mesures sont ceux en usage en Espagne. Une loi votée par le Congrès, le 6 Novembre 1857, autorise le gouvernement à établir le système métrique.

## SAN-JOSÉ (Guatemala), *voir* Santiago de Guatemala.

## SAN-SALVADOR.

La piastre forte se divise en 8 réaux ou en 100 centièmes ; elle vaut F. 5.40 ; le réal = F. 0.67°50.

Les poids et mesures sont ceux en usage en Espagne, *voir* Madrid.

## SANTIAGO (Chili).

*Monnaies.* Le double étalon monétaire était autrefois établi au Chili ; la piastre forte d'argent valait F. 5.34°41, et le quadruple, once ou doublon en or de 16 piastres valait F. 85.51. Mais aux termes d'une loi du 9 Janvier 1851, on a cessé de frapper ces monnaies, et l'argent est devenu l'unique étalon. La piastre d'argent a exactement la même valeur que notre pièce de 5 francs, tandis que la piastre d'or ne vaut que F. 4.71°82. Une loi du 28 Juillet 1860 a, en outre, réduit la valeur réelle des monnaies divisionnaires d'argent de 8 %, de sorte que la pièce de 20 cents ne vaut que F. 0.92.

|                                                                          | Valeur | Poids | | Titre |
|---|---|---|---|---|
| **Or** Doublon ou quadruple de 16 piastres fortes | F. 85.51 | 30.537 | gram. | 758 mill. |
| Les ½, ¼ de doublon et la piastre d'or en proportion. | | | | |
| Condor de 10 piastres courantes (1851) | 47.18 | 15.253 | » | 900 » |
| Le doublon de 5, l'écu de 2 piastres et la piastre d'or en proportion. | | | | |
| **Argent.** Piastre forte de 8 réaux antérieure à 1851 | 5.34 | 26.597 | » | 904 » |
| Pièces de 4 et de 2 réaux, de ½ et de ¼ réal en proportion. | | | | |
| Piastre courante de 100 cents (1851), ou condor d'argent | 5.— | 25.— | » | 900 » |
| Pièces de 50, 20, 10 et 5 cents en proportion. | | | | |
| Pièces de 20 cents (1860) | 0.92 | 4.60 | » | 900 » |
| Pièces de 10 et 5 cents en proportion. | | | | |

On comptait autrefois en piastres fortes à 8 réaux à 34 maravédis de plate. Maintenant on compte en piastres courantes à 100 cents ou centavos. La piastre courante = F. 5. La piastre forte est comptée pour 106 cents courants; la prime s'élève même à 8 et 10 % dans le commerce. L'once d'or du Chili vaut 17.25, et celle des autres républiques hispano-américaines, 16 à 16.50 piastres courantes.

Un décret du 25 Août 1862 porte que l'Hôtel des Monnaies paiera, à raison de 715 piastres, le kilo d'or fin des monnaies étrangères qui lui seront offertes à la vente. Ce prix supposerait à la piastre d'or une valeur de F. 4.80.

*Poids et Mesures.* On employait autrefois ceux de Castille, *voir* Madrid ; mais un décret du 29 Janvier 1848 a prescrit l'adoption du système métrique français et a fixé comme suit les rapports des anciennes mesures avec les nouvelles.

Arrobe = 11.5 kil. Livre = 460 grammes. Once = 16 adarmes = 28.7 grammes. Adarme = 3 tomines = 36 grains.

Vare = 836 millim. Pied = 279 millim. Cuadra = 125.39 mètres.

Vare carrée = 0.6990 mètre carré. Pied carré = 0.0776 mètre carré. Cuadra carrée = 157.21 ares.

Vare cube = 0.584 mètre cube. Cuartillo = 1.1 litre. Fanègue = 12 almudes = 97 litres.

Ces évaluations sont sensiblement les mêmes que celles que nous avons données à l'article *Madrid* ; la fanègue seule a une contenance différente. Il en est de même de l'arrobe, mesure que l'on divise en 4 cuartos, et qui vaut 35.552 litres.

Un cajou de minerai = 2944 kil.

---

## SANTIAGO de GUATEMALA.

*Monnaies.* L'once d'or ou quadruple de 16 piastres ou 8 écus vaut F. 81.35, ce qui fait pour la piastre d'or F. 5.07. La piastre d'argent ou dollar, du poids de 27 grammes au titre de 900 millièmes, = F. 5.41. On divise la piastre en 8 réaux ou 100 cents.

Un décret du 20 Novembre 1858 a fixé comme suit la valeur des monnaies étrangères :

| En Or | Piastres | Réaux | En Argent | Piastres | Réaux |
|---|---|---|---|---|---|
| Dollar nord-américain | 1 | — | Dollar nord-américain | 1 | — |
| Souverain anglais | 4 | 7 | Shilling anglais | 0 | 2 |
| Napoléon français | 3 | 7 | Franc français | 0 | 1 ½ |
| Doublon espagnol de 100 réaux | 5 | — | Pièce de 5 pécettes espagnoles | 1 | — |
| Condor de 10 piastres du Chili | 9 | 2 | | | |
| Condor de la Nouvelle-Grenade | 9 | 7 | | | |

Ces rapports indiquent pour la piastre d'or une valeur d'environ F. 5.16.

Depuis 1859, la piastre d'argent n'est plus que du poids de 492 grains, au titre de 900 millièmes, ce qui lui donne une valeur intrinsèque de F. 4.88.

---

## SARDAIGNE (Ile de)

Les monnaies, poids et mesures sont ceux du nouveau royaume d'Italie, *voir* Turin.

Autrefois on comptait en livre sarde que l'on divisait soit en 4 réaux, soit en 20 sous à 12 deniers. La livre sarde = F. 1.92.

Livre = 406.5 grammes : elle se divisait en 12 onces, et l'once en 4 quarts, 8 huitièmes, et 16 seizièmes. Cantaro = 100 livres.

Palme = 262.5 millièmes. Aune = 8 palmes. Canne = 10 palmes. Trabucco =
12 palmes. Le starello de Cagliari = 4 corbule = 16 imbuti = 49.2 litres. Le starello
de Sassari est la moitié de celui de Cagliari. La restière ou rasière = 3 ½ starelli.

---

**SAXE,** *voir* Dresde et Leipsig.

---

**SIAM**, *voir* Bangkok.

---

**SICILE,** *voir* Palerme.

---

**SINGAPORE** (Indes Anglaises).

*Monnaies.* La seule monnaie qui ait cours légal est la piastre que l'on divise en
100 cents. Le gouvernement avait adopté pendant quelque temps les roupies de la
Compagnie; mais les réclamations que souleva cette mesure l'obligèrent à y renoncer.
La piastre = F. 5.40.

Les souverains anglais sont comptés pour 4 piastres 60 à 65 cents.
Les doublons espagnols           »        14    »        50    »
Les roupies de la Compagnie sont comptées à raison de 224 roupies pour 100 piastres.
Les florins de Hollande              »             264 florins   »   100    »
La monnaie de compte est également la piastre ou dollar.
Le change sur Londres se cote à 50 deniers sterling plus ou moins par piastre.

*Poids.* Sont ceux de Calcutta : on se sert également du picul qui = 100 catties =
133 ⅓ livres avoirdupois = 60.472 kil. Le catty = 16 taels = 604.72 grammes. Le
coyan qui sert pour peser le sel, le sagou et le riz = 40 piculs = 2418.88 kil. On
compte quelquefois le coyan de sel pour 50 ou 52 piculs.

Le catty qui sert à peser l'or et l'argent = 20 buncals : le buncal = 16 mians ou
mayans = 53.91 grammes; son poids est égal à celui de 2 piastres espagnoles; le mian
= 12 sagas = 2.9043 grammes.

*Mesures.* Le covid ou astah = 457.2 millim.

Le coyan qui est aussi une mesure de capacité = 40 piculs ou sacs = 800 gantangs = 35.6 hectolitres.

Les étoffes se vendent par corge qui se compose de 20 pièces.

---

**SMYRNE** (Turquie d'Asie).

*Monnaies.* On emploie à Smyrne trois espèces de monnaies :

1° La monnaie légale dans laquelle la livre turque vaut 100 piastres; c'est celle
dont nous avons indiqué la valeur à l'art. *Constantinople,* émission de 1845. La piastre
= 40 paras. La valeur de la pièce de 20 francs française étant fixée à 86 piastres et celle
de la livre sterling à 110 piastres, la piastre ressort, dans le premier cas à F. 0.23ᶜ25, et
dans le second à F. 0.22ᶜ93. Cette monnaie est seule admise pour le paiement des droits
de douane et des impôts ; elle sert pour la vente des denrées dont le prix est tarifé ; la
banque ottomane l'emploie dans ses écritures.

2° La monnaie de change dans laquelle la livre turque est comptée pour 116 piastres, le napoléon pour 100 et la livre sterling pour 127 ¼. La piastre ressort
ainsi à F. 0.20. Cette monnaie sert pour la vente de la plupart des marchandises et
pour les écritures commerciales.

3° La monnaie tarif dans laquelle la livre turque est comptée pour 123 ½ piastres, le napoléon pour 106 ½ et la livre sterling pour 127 ¼. La piastre ressort ainsi à F. 0.19. Cette monnaie sert pour la vente de plusieurs articles d'importation tels que spiritueux, café, riz, sucre et articles manufacturés.

### Changes.

| | | |
|---|---|---|
| Londres . . . ± 124 piastres............................................................................ pour | 1 livre sterling. | |
| Marseille . . . ± 198 paras..................................................................... » | 1 franc. | |
| Trieste. . . . ± 490 » ........................................................................... » | 1 florin. | |

*Poids.* Le cantaro ou quintal = 7 ½ batmans = 45 okes = 100 rottoli = 57.82 kil. l'oke = 4 tchequis = 380 drachmes = 1.2848 kil. On divise quelquefois l'oke en 400 drachmes, comme à Constantinople. Le tchequi qui, ainsi qu'on le voit ci-dessus, vaut généralement 95 drachmes, contient, quand il sert à peser l'opium 250 drachmes = 803 grammes, et, quand il sert à peser les toisons rousses et les poils de chameaux, 800 drachmes ou 2 okes = 2.5696 kil.

Le teffé ou tessé qui sert à peser la soie de Brousse = 610 drachmes = 1.9593 kil.

Le métikal que l'on emploie pour peser l'huile de rose et les marchandises précieuses = 1 ½ drachme = 4.818 grammes.

*Mesures.* On se sert du pik de Constantinople qui = 687.3 millim.

Les liquides se vendent au poids.

Les grains se mesurent avec le kiloz. Le kiloz de Constantinople qui devrait être seul en usage depuis le 17 Novembre 1841 = 35.11 litres ; le kiloz de blé pèse environ 28 kilogr., celui d'orge 22 et celui de sézame 21 ; mais on se sert encore du kiloz de Smyrne qui contient 1 ½ kiloz de Constantinople et = 52.67 litres.

---

**STETTIN,** *voir* Dantzig.

---

**STOKHOLM** (Suède).

### Monnaies.

Les monnaies qui circulent en Suède sont les suivantes :

| | | Valeur | Poids | Titro |
|---|---|---|---|---|
| Or......... | Ducat (1835) (½ en proportion)..................................... F. | 11.69 | 3.486 gram. | 976 mill. |
| | Ducat (1838 et 1839) (½ en proportion) ..................... | 11.67 | 3.481 » | 976 » |
| Argent. | Rigsdaler de 48 skilling (1777)...................................... | 5.69 | 29.146 » | 878 » |
| | Double-plott (⅔ rigsdaler), et le plot (⅓ rigsdaler) en proportion. | | | |
| | Pièces de 8, 4 et 2 skilling d'une valeur réelle proportionnelle, mais à bas titre. | | | |
| | Speciesrigsdaler de 48 skilling (1830) ........................ | 5.65 | 33.883 » | 750 » |
| | Pièces de 24, 12, 6 et 4 skilling, en proportion. | | | |
| | Rigsdaler de 100 oere (1855)......................................... | 1.42 | 8.502 » | 750 » |
| | Spéciesrigsdaler ou pièces de 4 nouveaux rigsdaler et pièces de 2 rigsdaler, de ½ de ¼ et de ¹⁄₁₀ rigsdaler, en proportion. | | | |

Il circule une grande quantité de papier monnaie ou de billets de banque dont la valeur est fixée à raison de 1 rigsdaler-banco = 1 ½ rigsdaler d'argent = F. 2.12. On se sert également dans le commerce de détail d'un autre papier monnaie appelé rigsgäld, qui ne vaut que les ⅔ des autres billets de banque, ce qui fait ressortir le rigsdaler-rigsgäld = 1 rigsdaler d'argent = F. 1.42.

On comptait autrefois en spiéces-rigsdaler et en rigsdaler-banco, divisés l'un et l'autre en 48 skilling, et dont les valeurs étaient celles qui précèdent. Le skilling se subdivisait en 4 stübers ou en 12 ronds ; mais une loi du 3 Février 1855 a établi comme suit le système monétaire de la Suède :

L'unité monétaire est le rigsdaler-rigsmynt (rixdale monnaie du royaume) que l'on divise en 100 oere ; le rigsdaler-rigsmynt est égal à ¼ de spécies-rigsdaler, à ⅔ rigsdaler-banco et à 1 rigsdaler-rigsgäld ; il = F. 1.41ᶜ68 ; l'oere = F. 0.01ᶜ417.

On frappe en argent des pièces de 4, 2, 1, ½, ¼, ¹/₁₀ rigsdaler, et en cuivre des pièces de 5, 2, 1 et ½ oere. On ne frappe plus de pièces d'or ; les ducats sont considérés comme marchandise, et leur valeur suit le cours du change.

### Changes.

| | | | | | |
|---|---|---|---|---|---|
| Amsterdam ± 151 | Rigsdaler-rigsmynt | | pour | 100 | florins de Hollande. |
| Berlin......... ± 272 | » | » | » | 100 | thalers de Prusse. |
| Copenhague ± 202 | » | » | » | 100 | thalers danois. |
| Hambourg.. ± 133 | » | » | » | 100 | marcs banco. |
| Londres...... ± 17.90 | » | » | » | 1 | livre sterling. |
| Lubeck........ ± 108.20 | » | » | » | 100 | marcs courants. |
| Paris........... ± 72.10 | » | » | » | 100 | francs. |
| Pétersbourg ± 268 | » | » | » | 100 | roubles argent. |

#### NOUVEAU SYSTÈME DE POIDS ET MESURES.

Une loi du 31 Janvier 1855 a institué le nouveau système de poids et mesures qui suit.

*Poids.* L'unité est l'ancienne livre de victuailles que l'on divise en 100 orts et l'ort en 100 grains. Cette livre = 425.0508 grammes. Le quintal = 100 livres = 42.505 kil. Le last = 100 quintaux = 4250.508 kil. L'ancien poids médicinal a été maintenu.

*Mesures de longueur.* L'unité est l'ancien pied que l'on divise en 10 pouces et le pouce en 10 lignes. Le pied = 296.9018 millim. La perche (stäng) = 10 pieds = 2.969 mètres. La corde (ref) = 10 perches = 29.69 mètres. On continue à compter 36000 pieds au mille; le mille = donc 10.6884 kilomètres.

*Mesures de surface.* On emploie les carrés ayant pour côtés les unités de longueur qui précèdent. Ainsi le pied carré = 100 pouces carrés = 10000 lignes carrées = 8.8151 décimètres carrés. La perche carrée = 100 pieds carrés = 8.8151 mètres carrés. La corde carrée = 100 perches carrées = 881.5068 mètres carrés.

*Mesures de volume.* L'unité est le pied cube ; on l'emploie aussi bien pour les liquides que pour les matières sèches. Le pied cube = 10 cannes = 1000 pouces cubes = 26.1721 litres ou décimètres cubes. La canne = 2.6172103 litres ou décimètres cubes.

#### ANCIEN SYSTÈME DE POIDS ET MESURES.

*Poids.* L'unité de poids était la livre de commerce ordinaire, appelée aussi poids de balance ou de victuailles (wiktualjewigt, skalpund).

| | | Liespund | Livres | Onces | Lods | Qvintin | As | Rapports |
|---|---|---|---|---|---|---|---|---|
| Skeppund . . . | = | 20 | 400 | 6400 | 12800 | 51200 | — | 170.02 kilog. |
| Liespund. . . . | = | | 20 | 320 | 640 | 2560 | — | 8.501 » |
| Livre. . . . . | = | | | 16 | 32 | 128 | 8848 | 425.0508 grammes. |
| Once. . . . . | = | | | | 2 | 8 | 553 | 26.5657 » |
| Lod . . . . . | = | | | | | 4 | 276 ½ | 13.2828 » |
| Qvintin . . . . | = | | | | | | 69 ⅛ | 3.3207 » |
| As . . . . . | = | | | | | | | 4.8039 centigr. |

Le quintal contient 100 livres de commerce, quelquefois 120.
Le stein de laine = 32 livres. La pesée d'étain = 165 livres.
Outre la livre d'ordinaire ou de victuailles, on emploie encore les poids suivants :

| | | |
|---|---|---|
| La livre marc poids de ville (landstadtwigt, uppstadwigt)............ | = 357.9 | grammes. |
| » marc poids de fer, d'étape, d'entrepôt ou d'exportation (jernwigt, stapelstadswigt)............................................... | = 340.— | » |
| » marc des mines (bergwerwigt)............................................... | = 375.7 | » |
| » marc poids de fer brut (rajernwigt............................................. | = 486.7 | » |
| » marc poids de cuivre brut (rakopparwigt)............................... | = 377.2 | » |
| Le skeppund de l'entrepôt de fer et du magasin de la ville = 421 livres marcs de ville.................................................... | = 151.7 kil. | |
| » de fer ou de cuivre = 320 livres marcs poids de ville........................................................................ | = 108.4 | » |
| » des mines pour les fers en barres ou ouvrés = 442 livres marcs des mines.................................... | = 166.1 | » |
| » de fonte et de minerai = 520 livres marcs poids de cuivre............................................................. | = 195.4 | » |

Le skepplast ou last de navires = 1951 kil.
La livre de pharmacie est celle de Nuremberg, *voir* Hambourg.

*Mesures de longueur*. L'unité était le pied de 12 pouces.

| | Aunes | Pieds | Pouces | Lignes | Rapports |
|---|---|---|---|---|---|
| Toise ou famn . = | 3 | 6 | 72 | 864 | 1.7814 mètres. |
| Aune ou aln. . = | | 2 | 24 | 288 | 593.8036 millim. |
| Pied ou fot . . = | | | 12 | 144 | 296.9018 » |
| Pouce ou tum . = | | | | 12 | 24.7418 » |
| Ligne ou linic . = | | | | | 2.0618 » |

La perche contient 16 pieds.
Le mille contient 6000 toises ou 36000 pieds = 10.6884 kilomètres.

*Mesures de superficie*. — On se servait autrefois des mesures suivantes :

| | Spannland | Halfspann | Fjerdingar | Perches carrées | Aunes carrées | Pieds carrés | Rapports |
|---|---|---|---|---|---|---|---|
| Tunna ou tunneland. . = | 2 | 4 | 8 | 218 3/4 | 14000 | 56000 | 49.3528 ares |
| Spannland . . . = | | 2 | 4 | 109 3/8 | 7000 | 28000 | 24.6764 » |
| Halfspann ou fjerdedel = | | | 2 | 54 11/16 | 3500 | 14000 | 12.3382 » |
| Fjerdingar . . . = | | | | 27 11/32 | 1750 | 7000 | 6.1691 » |
| Perche carrée. . = | | | | | 64 | 256 | 22.5613 mèt. car. |
| Aune carrée . . = | | | | | | 4 | 35.2520 déc. car. |
| Pied carré . . . = | | | | | | | 8.8130 » |

*Mesures de capacité pour les matières sèches*. Voici les anciennes mesures en usage.

| | Spann | Halfspann | Fjerdingar | Kappar | Kannar | Stop | Qwarter | Ort | Rapports |
|---|---|---|---|---|---|---|---|---|---|
| Tunna ou tonne. . = | 2 | 4 | 8 | 32 | 56 | 112 | 448 | 1792 | 146.5 litres. |
| Spann . . . . . = | | 2 | 4 | 16 | 28 | 56 | 224 | 896 | 73.25 » |
| Halfspann ou fjerdedelstunna = | | | 2 | 8 | 14 | 28 | 112 · | 448 | 36.625 » |
| Fjerdingar. . . = | | | | 4 | 7 | 14 | 56 | 224 | 18.313 » |
| Kappar. . . . = | | | | | 1¾ | 3½ | 14 | 56 | 4.578 » |
| Kannar. . . . = | | | | | | 2 | 8 | 32 | 2.616 » |
| Stop. . . . . = | | | | | | | 4 | 16 | 1.308 » |
| Qwarter . . . = | | | | | | | | 4 | 3.27 décilit. |
| Ort ou jungfruar. . = | | | | | | | | | 0.817 » |

Les rapports ci-dessus sont ceux des mesures rases ; mais à chaque tonne d'avoine, de froment, de seigle, d'orge et de pois, on ajoute 4 kappar en sus, ce qui lui donne une contenance de 36 kappar = 164.81 litres. 5 de ces tonnes sont réputées égales à 6 tonnes danoises. A chaque tonne de malt ou drèche on ajoute 6 kappar.

*Mesures de capacité pour les liquides*. L'unité était la tonne.

| | Pipes | Oxhufwud | Aimes | Tonnes | Embar | Ancres | Kannar | Stop | Qwarter | Jungfruar | Rapports |
|---|---|---|---|---|---|---|---|---|---|---|---|
| Foudre. . . = | 2 | 4 | 6 | 7½ | 12 | 24 | 360 | 720 | 2880 | 11520 | 9.418 hectol. |
| Pipe. . . . = | | 2 | 3 | 3¾ | 6 | 12 | 180 | 360 | 1440 | 5760 | 4.709 » |
| Oxhufwud. . = | | | 1½ | 1⅞ | 3 | 6 | 90 | 180 | 720 | 2880 | 2.354 » |
| Aime . . . = | | | | 1¼ | 2 | 4 | 60 | 120 | 480 | 1920 | 156.96 litres. |
| Tonne . . . = | | | | | 1⅗ | 3⅕ | 48 | 96 | 384 | 1536 | 125.573 » |
| Embar ou eimer . = | | | | | | 2 | 30 | 60 | 240 | 960 | 78.483 » |
| Ancre . . . = | | | | | | | 15 | 30 | 120 | 480 | 39.242 » |
| Kannar. . . = | | | | | | | | 2 | 8 | 32 | 2.616 » |
| Stop. . . . = | | | | | | | | | 4 | 16 | 1.308 » |
| Qwarter . . = | | | | | | | | | | 4 | 3.27 décil. |
| Jungfruar ou ort. = | | | | | | | | | | | 0.817 » |

La tonne de poix et de goudron ne contient guère que 124 litres.
La toise cube avait 6 pieds de côté et contenait par conséquent 216 pieds cubes = 5.6512 stères. La corde de bois de chauffage ne contenait que 108 pieds cubes = 2.8256 stères.

---

## STUTTGARDT (Wurtemberg).

On compte dans tout le royaume en florins à 60 kreutzers à 4 pfennig au pied de 52 ½ à la livre d'argent fin. Ce florin vaut F. 2.11°64 : il a remplacé, depuis la convention du 24 Janvier 1857, l'ancien florin au pied de 24 ½ dont la valeur était sensiblement la même, *voir* Zollverein.

*Poids.* Depuis le 1ᵉʳ Janvier 1860 on emploie la livre de 500 grammes que l'on divise en 32 loths à 4 quentins, ou en 500 grammes subdivisés en décigrammes, centigrammes et milligrammes.

Autrefois la livre légère de 32 loths à 4 quentins ne valait que 467.728 grammes ; le quintal contenait 104 livres légères ou 100 livres lourdes (poids idéal) et = 48.6437 kil.

Le marc de Cologne qui est exactement égal à la moitié de la livre légère, servait pour les métaux précieux, *voir* Augsbourg. La livre médicinale était celle de Nuremberg, *voir* Hambourg.

*Mesures de longueur.* Le pied = 10 pouces = 100 lignes = 0.2865 mètre. La perche ou ruthe = 10 pieds. L'aune que l'on divise en ¼ ⅛ ¹/₁₆ = 614.25 millim.

On se servait aussi autrefois de la petite perche qui = 12 pieds du Rhin = 3.7662 mètres et de la grande perche qui = 15 pieds du Rhin = 4.7078 mètres.

Le mille contient 26000 pieds = 7.4488 kilomètres.

*Mesures de superficie.* On emploie maintenant l'arpent ou morgen qui = 4 viertelmorgen = 384 perches carrées = 31.5175 ares. La perche ou ruthe carrée = 100 pieds carrés = 8.2077 mètres carrés.

Autrefois on divisait le morgen en 150 perches carrées de 16 pieds de côté, ce qui donnait le même total de 38400 pieds carrés.

Le juchart ou journée contient 1 ¼ morgen nouveau.

Voici les noms et les valeurs de quelques anciennes mesures de superficie.

Ancien grand morgen = 256 anciennes grandes perches carrées = 400 anciennes petites perches carrées = 57600 pieds carrés du Rhin = 56.7383 ares.

Ancien petit morgen = 150 anciennes grandes perches carrées = 234 ⅜ anciennes petites perches carrées = 33750 pieds carrés du Rhin = 33.2451 ares.

Grande perche carrée = 225 pieds carrés du Rhin = 22.1634 mètres carrés.

Petite perche carrée = 144 pieds carrés du Rhin = 14.1846 mètres carrés.

*Mesures de solidité.* On emploie dans le commerce du bois de chauffage, le messklaffter ou scheitholzklaffter qui se divise en 4 viertel ou quarts, 8 achtel ou huitièmes 16 ecklein, et a 6 pieds de long et de haut sur 4 de bûche, soit 144 pieds cubes = 3.386 stères. Le viertel a 6 pieds de long 1 ½ de haut et 4 de bûche = 36 pieds cubes = 0.8465 stère.

*Mesures de capacité pour les matières sèches.* L'unité des mesures est le scheffel ou boisseau qui, dans le commerce des grains, se divise comme suit :

| | Simri | Vierling | Achtel | Maslein | Echlin | Viertelein | Rapports | |
|---|---|---|---|---|---|---|---|---|
| Scheffel . . . . = | 8 | 32 | 64 | 128 | 256 | 1024 | 177.23 | litres. |
| Simri. . . . . = | | 4 | 8 | 16 | 32 | 128 | 22.15 | » |
| Vierling ou viertel. = | | | 2 | 4 | 8 | 32 | 5.538 | » |
| Achtel . . . . = | | | | 2 | 4 | 16 | 2.77 | » |
| Maslein . . . . = | | | | | 2 | 8 | 1.385 | » |
| Ecklein . . . . = | | | | | | 4 | 6.923 | décilitres. |
| Viertelein . . . = | | | | | | | 1.73 | » |

Le charbon et la chaux se mesurent à l'eimer ou aime qui = 4 scheffel, zuber ou kufe = 16 imi = 160 maas = 640 schoppen ou quarts = 293.93 litres.

*Mesures de capacité pour les liquides.* Ces mesures ont des valeurs différentes suivant qu'elles servent au vin sur lie ou au moult de vin (elles prennent alors les noms de truebeichmass ou mostgemass), ou qu'elles servent au vin clair (elles prennent alors les noms de helleichmass, lautereichmass, ou weingemass).

| | Eimer | Imi | Mass | Schoppen | Mesures pour vin clair, | Mesures pour vin sur lie. |
|---|---|---|---|---|---|---|
| Foudre . . . . . = | 6 | 96 | 960 | 3840 | 17.636 hectolitres. | 18.407 hectolitres. |
| Eimer ou aime . . = | | 16 | 160 | 640 | 293.93 litres. | 306.79 litres. |
| Imi . . . . . = | | | 10 | 40 | 18.37 » | 19.17 » |
| Mass . . . . . = | | | | 4 | 1.837 » | 1.917 » |
| Schoppen ou quarts . = | | | | | 4.593 décilitres. | 4.793 » |

Ces deux espèces de mesures sont dans le rapport de 160 trubeichmass = 167 helleichmass. Dans le commerce de détail on emploie aussi le schenkmass qui = 4 schoppen schenkmass = 1.67 litre.

**SUÈDE**, *voir* Stockholm.

**SUISSE**, *voir* Bâle, Genève, Neuchâtel et Zurich.

**SUMATRA**, *voir* Achem et Padang.

**SURATE** (INDES-ANGLAISES).

*Monnaies.* Les monnaies effectives et les monnaies réelles sont celles que nous avons données à l'article *Bombay.*

1 lac de roupies = 100000 roupies ; 1 cror = 100 lacs ; 1 padan = 100 cror : 1 nil = 100 padans.

*Poids.* Les unités sont le candy et le maund dont les valeurs varient suivant les marchandises qu'ils servent à peser.

| | Grand harra | Candy | Maunce | Petit harra | Maund | Seer | Pice | Rapports | |
|---|---|---|---|---|---|---|---|---|---|
| Bhaur ou bahar. = | $1^{1}/_{7}$ | $1^{1}/_{5}$ | 2 | $3^{3}/_{7}$ | 24 | 960 | 28800 | 408.19 | kil. |
| Grand harra. . = | | $1^{1}/_{20}$ | $1^{3}/_{4}$ | 3 | 21 | 840 | 25200 | 357.166 | » |
| Candy . . = | | | $1^{2}/_{3}$ | $2^{9}/_{7}$ | 20 | 800 | 24000 | 340.16 | » |
| Maunce . . = | | | | $1^{5}/_{7}$ | 12 | 480 | 14400 | 204.09 | » |
| Petit harra . = | | | | | 7 | 280 | 8400 | 119.055 | » |
| Maund . . = | | | | | | 40 | 1200 | 17.008 | » |
| Seer . . = | | | | | | | 30 | 425.2 | gram. |
| Pice . . = | | | | | | | | 14.1733 | » |

Le candy de coton et d'oliban ............... contient 21 maunds de Surate.
   » de curcuma et de soufre............ » 22 » »
   » de poivre et de bois de sandal.... » 21 » de Bombay.
Le maund d'huile de ricin et de safran .... » $40\frac{1}{4}$ seers
   » de sucre brut........................ » 41 »
   » » en pain.................. » $43\frac{1}{4}$ »
   » de gomme.......................... » 44 »
   » d'huile de noix de coco et de coton » 42 »

Le pherra ou parah est une mesure employée dans le commerce des grains ; on la considère comme pesant 34 kilog.; elle se divise en 20 pallies.

L'or et l'argent se pèsent au moyen des poids suivants :

| | Massa | Valls | Ruttees | Chonvels | Rapports | |
|---|---|---|---|---|---|---|
| Tolla . . . = | 12 | 32 | 96 | 576 | 12.149 | gram. |
| Massa . . . = | | $2\frac{2}{3}$ | 8 | 48 | 1.0124 | " |
| Vall . . . = | | | 3 | 18 | 3.7964 | décigr. |
| Ruttee . . = | | | | 6 | 1.265 | " |
| Chonvel . . = | | | | | 2.109 | centigr. |

Les perles et les pierres précieuses se pèsent à l'aide de poids ayant à peu près les mêmes dénominations, mais des valeurs différentes.

| | Tank | Valls | Ruttee | Vassa | Rapports | |
|---|---|---|---|---|---|---|
| Tolla . . . = | 4 | 32 | 96 | 1920 | 17.702 | gram. |
| Tank . . . = | | 8 | 24 | 480 | 4.4256 | » |
| Vall . . . = | | | 3 | 60 | 5.5319 | décig. |
| Ruttee . . . = | | | | 20 | 1.844 | » |
| Vassa . . . = | | | | | 9.22 | milligr. |

*Mesures linéaires.* Le cubit ou hath qui ne sert qu'à mesurer les nattes de bambou se divise en 18 tussoos et = 530.85 millim. Le guz employé pour l'aunage des étoffes = 24 tussoos = 702.7 millim. Le guz des ouvriers = 24 tussoos = 609.6 millim. Le guz employé pour le mesurage des bois de charpente = 20 vussas = 200 viswasecs = 690 millim.

*Mesures de superficie.* Le bogga est un carré de 20 vussas de côté = 400 vussas carrées = 24.5817 ares.

*Mesures de capacité.* Il n'en existe pas, toutes les marchandises, même les liquides, se vendant au poids.

---

**SYDNEY** (AUSTRALIE).

*Monnaies.* Les monnaies qui ont cours en Australie sont les monnaies anglaises et les piastres espagnoles et mexicaines dont la valeur légale est de 50 deniers.

Il y a à Sydney un Hôtel des monnaies qui frappe, depuis 1855, des souverains en or semblables aux souverains anglais, et portant l'inscription : *Sydney-Mint et Australia.* Divers particuliers ont émis des penny et half-penny-tokens dont la circulation a lieu sans difficulté.

On compte, comme à Londres, en livres sterling à 20 shellings à 12 deniers; autrefois on comptait en livres courantes d'Australie, dont 6 valaient 5 livres sterling.

*Poids et mesures*, comme à Londres.

---

**SYRIE**, *voir* Alep.

---

**TÉNÉRIFFE**, *voir* Canaries (Iles).

---

**TOSCANE**, *voir* Florence et Livourne.

---

**TRIESTE** (ILLYRIE).

*Monnaies.*

Les monnaies sont celles qui sont en usage à Vienne.
Les changes se cotent de deux manières différentes :

*Cours des Changes, cote des Banquiers.*

| | NOUVEAUX FLORINS | | | ANCIENS FLORINS. | | | | | |
|---|---|---|---|---|---|---|---|---|---|
| Amsterdam . . | ± 0 Florin 84 Kreutzers ou | | | 0 Florin 51 Kreutzers........ | | | pour | 1 florin hollandais. |
| Augsbourg . . | ± 84 » 50 » | | | 84 $^5/_8$ » | | | » | 100 » au pied de 52 ½ |
| Constantinople. | ± 7 » 75 » | | | 7 » 45 » | | | » | 100 piastres. |
| Francfort . . | ± 84 » 48 » | | | 84 $^1/_2$ » | | | » | 100 florins au p. de 52½ |
| Gênes. . . . | ± 0 » 40 » | | | 0 » 25 » | | | » | 1 livre italienne. |
| Hambourg . . | ± 0 » 76 » | | | 0 » 46 » | | | » | 1 marc banco. |
| Londres . . . | ± 9 » 85 » | | | 9 » 55 » | | | » | 1 livre sterling. |
| Messine . . . | ± 5 » 12 » | | | 5 » 7 » | | | » | 1 once. |
| Naples . . . | ± 1 » 71 » | | | 1 » 50 » | | | » | 1 ducat. |
| Paris . . . . | ± 0 » 40 » | | | 0 » 24 » | | | » | 1 franc. |
| Rome. . . . | ± 2 » 16 » | | | 2 » 9 » | | | » | 1 écu. |
| Venise . . . | ± 99 » 65 » | | | 99 $^5/_8$ » | | | » | 300 livres autrichien[nes] |
| Vienne . . . | ± 4 à 6 % d'escompte. | | | | | | | |

*Cours des Changes, cote des Courtiers.*

| | | | | | | |
|---|---|---|---|---|---|---|
| Amsterdam . . | ± 83 nouveaux florins 85 kreutzers ............ pour | 100 florins hollandais. |
| Augsbourg . . | ± 84 » 68 » ............ » | 1 » au pied de 52½ |
| Constantinople. | ± 510 paras ............ » | 1 » au pied de 45. |
| Francfort . . | ± 84 nouveaux florins 75 » ............ » | 100 » au pied de 52½ |
| Gênes. . . . | ± 120 » ............ » | 300 livres italiennes. |
| Hambourg . . | ± 74 » 95 » ............ » | 100 marcs banco. |
| Londres . . . | ± 9 » 85 » ............ » | 1 livre sterling. |
| Messine . . . | ± 5 » 12 » ............ » | 1 oncie. |
| Naples . . . | ± 1 » 71 » ............ » | 1 ducat. |
| Paris . . . . | ± 121 » ............ » | 300 francs. |
| Rome. . . . | ± 2 » 19 » ............ » | 1 écu. |
| Venise . . . | ± 104 » ............ » | 300 livres autrichien[nes] |

*Poids et mesures.*

On emploie ceux de Vienne et quelquefois les suivants.

Certaines marchandises, entre autres le goudron de Dalmatie, se pèsent dans le commerce de détail à la libbra peso sottile de Venise, et dans le commerce de gros à la libbra peso grosso. La première = 301.3 grammes, et la seconde = 477.05 grammes. Une ordonnance du 1er Janvier 1858 a fixé la valeur de la libbra peso grosso à 0.8517 livre de Vienne.

On se sert aussi pour le mesurage des étoffes, des mesures suivantes dont la valeur légale a été déterminée par la même ordonnance.

| | | | | |
|---|---|---|---|---|
| Aune ou braccio de Venise pour la laine...... = | 0.8789 | aune de Vienne........ = | 684.84 | millim. |
| » pour la soie........ = | 0.8214 | » | ........ = | 640.03 | » |
| Aune de Brabant................................... = | 0.8750 | » | ........ = | 681.80 | » |

Une ordonnance du 17 Mai 1861 a rendu obligatoire l'usage de l'aune de Vienne.

Les grains se mesurent au stajo ou staro qui = 82.61 litres, suivant l'évaluation officielle adoptée pendant la domination française, et au polonick qui = 30.3676 litres.

On emploie, dans le commerce des liquides, les mesures suivantes:

L'orna qui est égale à l'eimer de Vienne et contient 12 scudele ou 40 boccali nouveaux = 56.60 litres. Le boccale nouveau est égal au mass impérial de Vienne et équivaut à 1.415 litre.

La barila ou ancienne orna qui contient 36 anciens boccali = 46 ⅔ nouveaux boccali = 66.03 litres. Le décret du 1er Janvier 1858 a fixé sa valeur à 1 ⅙ eimer de Vienne de 40 mass impériaux.

Le conzo vaut, d'après le même décret, 1 ½ eimer de Vienne.

Une barila d'huile d'olive doit peser 106 à 107 livres de Vienne, soit environ 60 kilog.; elle contient 5 ½ caffiso.

---

# TRIPOLI.

*Monnaies.* Les monnaies turques ont cours dans toute la régence de Tripoli, *voir* Constantinople. Le maboub = 20 piastres; la piastre = 40 paras = de 22 ⅙ à 23 centimes. Le rial sebili de Tunis = 3 piastres. Des pièces d'argent appelées ghersch (nom que l'on donne aussi à la piastre) ont une valeur de F. 0.96; le ½ ghersch = F. 0.43; le ¼ ghersch = F. 0.21.

On compte en piastres turques et quelquefois en mitcal draham de R'damès qui = 9 rials de Tunis = F. 6.21, en mitcal draham de Insalah qui = F. 2.76, en mitcal draham de R'at = F. 5.17, et en rial de R'at = F. 3.45.

*Poids.* Le cantaro ou quintal = 100 rottoli ou livres = 49.76 kil. Le rottolo se divise en 16 onces ou okies, et l'once en 10 drachmes ou derhems à 16 kharoubas. L'oke = 2 ½ rottoli = 40 onces ou okies = 400 drachmes = 1.244 kil.

Dans le commerce des métaux précieux, l'once se divise en 6 ⅔ méticals mumini à 24 kharoubas = 31.1 grammes. Le métical mumini sert à peser l'or ouvré; il = 4.665 grammes; le métical aghis qui sert à peser l'or en poudre = 4.082 grammes; le métical egdezi = 4.27 grammes; le métical de El-Ouad = 4.175 grammes.

*Mesures de longueur.* Le dreah de Turquie ou pick pour draps, toiles, soieries, coton, = 3 palmes = 671.05 millim. L'arbi-dreah ou petit pick, pour les rubans et les toiles d'Alexandrie, de l'Egypte et du Levant, pour les toiles et les draps de la régence de Tripoli, = 483.35 millim.

*Mesures de capacité.* Les grains se vendent à l'ueba qui = 4 temen ou quarts = 16 orbah = 32 nufs orbah = 107.346 litres. L'ueba de froment pèse 210 rottoli = 104.5 kil., et celui d'orge, 150 rottoli = 74.65 kil. La mesure autrefois en usage était le caffiso ou kafiz qui = 20 tiberi = 326.7 litres.

Le barile de vins et spiritueux = 24 bozze = 64.80 litres. L'herbaia d'huile = 6 caraffas et pèse 9.33 kil.

## TUNIS.

*Monnaies.* La circulation monétaire se compose de pièces turques, dont il est à peu près impossible de déterminer la valeur d'une manière exacte, d'anciennes pièces tunisiennes non moins irrégulières, de pièces étrangères, principalement françaises, et de pièces tunisiennes nouvelles, frappées sur les bases suivantes. En or, le boumia de 100 piastres; le boukamsin de 50 piastres; le bouacherim de 20 piastres; le bouachra de 10 piastres. En argent, le boukamsa de 5 piastres; le bouarba de 4 piastres; le boutleta de 3 piastres; le bourialin de 2 piastres, et le bourial ou simplement rial d'une piastre. Le boukamsa de 5 piastres doit peser une demi-once au titre de 900 millièmes, ce qui donne à la piastre une valeur de F. 0.62ᶜ88. En 1855, le gouvernement émit des pièces d'or d'une valeur nominale de 100 piastres, mais d'une valeur réelle de 80 piastres seulement. Les réclamations que souleva cette mesure furent telles, que, dès l'année suivante, la refonte des pièces nouvelles fut ordonnée par le bey.

On compte en piastres que l'on divise en 16 caroubes à 3 fels, ou en 52 aspres à 2 burben.

*Poids.* Il y en a de trois sortes :

Le rottel-kaddari ou livre pour les légumes= 20 onces ou ukies= 639.45 grammes.

Le rottel-souky ou livre pour la viande, les fruits, l'huile, etc., = 18 onces = 568.45 grammes.

Le rottel-attari ou livre pour les métaux y compris l'or et l'argent = 16 onces = 506.9 grammes.

Le quintal est de 100 rottel; le quintal de coton pèse 110 et 150 rottel-attari, le quintal de fer, 150 rottel-attari.

*Mesures de longueur.* Pick arabe, pour les toiles et les cotonnades = 488 millimètres. Pick hendash pour les lainages = 673 millimètres. Pick turc ou de Stamboul pour les soieries = 637 millimètres. Le pick s'appelle aussi draa.

*Mesures de capacité.* Les grains se mesurent au cafiso ou kaffls qui = 16 whibas ou uebas = 192 sahas ou zahs = 5.284 hectolitres.

Les vins se vendent au mataro ou mitre qui = 9.85 litres. Dans le commerce de gros on se sert du millerole de Marseille qui = 6 ½ mataros de vin = 64 litres.

L'huile se vend au mattaro, mitre ou metal qui = 19.69 litres. Un mataro d'huile = 2 mataros de vin et pèse environ 32 rottel = 18.19 kil.

A Soussa, village près de Tunis, qui produit presque toute l'huile qui s'exporte de la Régence, le mattaro contient 24 litres; mais le commerce étranger ne fait guère usage que du mattaro de Tunis.

---

## TURIN (ITALIE).

### MONNAIES.

Une convention conclue le 23 Décembre 1865 entre la France, la Belgique, l'Italie et la Suisse, a modifié sur certains points l'économie du système monétaire en vigueur jusqu'ici dans ces quatre Etats. Les différents articles dans lesquels aurait dû figurer le résumé de cette convention étant imprimés au moment de sa promulgation, nous exposerons ici l'économie du nouveau système qu'elle institue.

La France, la Belgique, l'Italie et la Suisse sont constituées à l'état d'Union pour ce qui regarde le poids, le titre, le module et le cours de leurs espèces monnayées d'or et d'argent. Il n'est rien innové, quant à présent, dans la législation relative à la monnaie de billon, pour chacun des quatre Etats.

Ces Etats s'engagent à ne laisser fabriquer à leur empreinte, aucune monnaie d'or dans d'autres types que ceux des pièces de cent francs, de cinquante francs, de vingt francs, de dix francs et de cinq francs, conforme au modèle usité actuellement en France. (Voir le tableau ci-après).

Ils admettront sans distinction dans leurs caisses publiques les pièces d'or fabriquées sous les conditions d'uniformités réglées par la convention dans l'un ou l'autre des quatre Etats, sous réserve toutefois d'exclure les pièces dont le poids aurait été réduit par le frai de demi pour cent au-dessous des tolérances indiquées ci-après, ou dont les empreintes auraient disparu.

Ils s'obligent à ne fabriquer ou ne laisser fabriquer de pièces d'argent de cinq francs que dans les conditions portées dans le tableau, et à recevoir réciproquement ces pièces dans leurs caisses publiques, sous réserve d'exclure celles dont le poids aurait été réduit par le frai de un pour cent au-dessous de la tolérance indiquée ou dont les empreintes auraient disparu.

Ils ne fabriqueront désormais de pièces de deux francs, de un franc, de cinquante centimes et de vingt centimes, que dans les conditions de poids, de titre, de tolérance et de diamètre déterminées ci-après.

Ces pièces devront être refondues par les gouvernements qui les auront émises lorsque leurs empreintes auront disparu, ou lorsqu'elles seront réduites par le frai de cinq pour cent au-dessous des tolérances admises.

Les pièces de même valeur fabriquées dans des conditions différentes de celles qui sont adoptées par l'Union, devront être retirées de la circulation avant le 1er Janvier 1869. Ce délai est prorogé jusqu'au 1er Janvier 1878 pour les pièces de deux francs et de un franc émises en Suisse en vertu de la loi du 31 Janvier 1860.

Les nouvelles pièces divisionnaires d'argent auront cours légal, entre les particuliers de l'Etat qui les aura fabriquées, jusqu'à concurrence de cinquante francs pour chaque paiement. L'Etat qui les a mises en circulation les recevra de ses nationaux sans limitation de quantité, et les caisses publiques de chacun des quatre pays accepteront les monnaies divisionnaires fabriquées par un ou plusieurs des autres Etats contractants, jusqu'à concurrence de cent francs pour chaque paiement, sous les réserves relatives au frai et à la conservation des empreintes. Ces dispositions s'étendront jusqu'au 1er Janvier 1878 aux pièces suisses de un franc et de deux francs frappées en vertu de la loi du 31 Janvier 1860·

Chacun des gouvernements contractants s'engage à reprendre des particuliers ou des caisses publiques des autres Etats les monnaies d'appoint en argent qu'il a émises, et à les échanger contre une égale valeur de monnaie courante (pièces d'or ou pièces de cinq francs d'argent), à condition que la somme présentée à l'échange ne sera pas inférieure à cent francs. Cette obligation sera prolongée pendant deux années à partir de l'expiration du traité.

Les Etats contractants s'engagent à n'émettre de monnaies divisionnaires, y compris celles déjà émises sur les bases posées par la convention, que pour une valeur correspondant à six francs par habitant, ce qui équivaut aux chiffres suivants : pour la France, 239 millions ; pour la Belgique, 32 millions ; pour l'Italie, 141 millions ; pour la Suisse, 17 millions.

Les pièces d'or et d'argent devront désormais porter le millésime de leur fabrication.

Le droit d'accession à la présente convention est réservé à tout autre Etat qui en accepterait les obligations et qui adopterait le système monétaire de l'Union, en ce qui concerne les espèces d'or et d'argent.

La présente convention restera en vigueur jusqu'au 1er Janvier 1880 ; si, un an avant ce terme, elle n'a pas été dénoncée, elle demeurera obligatoire pendant une nouvelle période de quinze années, et ainsi de suite, de quinze ans en quinze ans, à défaut de dénonciation.

CONDITIONS DE FABRICATION DES MONNAIES DE L'UNION :

| Nature des pièces | Poids droit | Tolérance de poids | Titre droit | Tolérance du titre | Diamètre |
|---|---|---|---|---|---|
| Or...... F.100 | 32 25806 gram. | 1 millième. | 900 millièm. | 2 millièmes. | 35 millim. |
| » 50 | 16.12903 » | 1 » | 900 » | 2 » | 28 » |
| » 20 | 6.45161 » | 2 » | 900 » | 2 » | 21 » |
| » 10 | 3.22580 » | 2 » | 900 » | 2 » | 19 » |
| » 5 | 1.61290 » | 3 » | 900 » | 2 » | 17 » |
| Argent » 5 | 25.— — » | 3 » | 900 » | 2 » | 37 » |
| » 2 | 10.— — » | 5 » | 835 » | 3 » | 27 » |
| » 1 | 5.— — » | 5 » | 835 » | 3 » | 23 » |
| » 0.50 | 2.50 — » | 7 » | 835 » | 3 » | 18 » |
| » 0.20 | 1.— — » | 10 » | 835 » | 3 » | 16 » |

Les dispositions qui précèdent sont conformes, pour ce qui est du nouveau royaume d'Italie, à celles qu'avait édictées une loi du 24 Août 1862. Aux termes de cette loi, les pièces de 5 livres ne sont frappées que pour le compte et sur la demande des particuliers.

En Italie, la monnaie de bronze se compose de pièces de 10 centimes, du poids de 10 gram. et de pièces de 5, 2 et 1 centimes d'un poids proportionnel. Leur alliage est formé de 960 parties de cuivre et de 40 parties d'étain avec tolérance de 5 millièmes en plus ou en moins pour chacun de ces deux métaux.

L'article 11 de la loi du 24 Août 1862 porte qu'à dater du 1er Janvier 1863, les écritures, tant publiques que privées, devront être tenues, dans toute l'étendue du nouveau royaume d'Italie, en livres et en centimes de la monnaie italienne; cette disposition avait été édictée, pour la Sardaigne, par une loi du 26 Octobre 1826.

Voici la liste des monnaies qui circulaient autrefois dans les Etats Sardes :

|  |  | Valeur | Poids | Titre |
|---|---|---|---|---|
| **Or....** Carlino de Sardaigne de 5 doppiette ou 25 lire (1768)..... | | F. 49.32 | 16.054 gram. | 892 mill. |
| Demi-carlino et dopietta en proportion. | | | | |
| Doppia de Savoie et Piémont à 24 lire (1786)................ | | 28.46 | 9.116 » | 906 » |
| Carlino de 5 doppie ou 120 lire en proportion. | | | | |
| Quadruple ou genovine de Gênes de 4 doppie ou 96 lire (1790)............ | | 79.04 | 25.177 » | 911 » |
| Quadruple de Gênes, sous la République Ligurienne, de 96 lire (1798)............ | | 79.63 | 25.221 » | 917 » |
| Pièce de 20 francs dite Marengo (an IX)............ | | 20.— | 6.452 » | 900 » |
| Doppia ou pistole de 20 lire nuove (1816)............ | | 20.— | 6.452 » | 900 » |
| Doppia de 40 lire ou quadruple de 80 lire en proportion. | | | | |
| **Argent.** Scudo de Sardaigne de 2 ½ lire (1768) (½ et ¼ en proportion)............ | | 4.70 | 23.587 » | 896 » |
| Scudo de Savoie et Piémont de 6 lire (1775)............ | | 7.08 | 35.164 » | 906 » |
| Scudo de Gênes (1790) (½, ¼ et ⅛ en proportion) et de la République Ligurienne de 8 lire (1798) (½ et ¼ en proportion)............ | | 6.57 | 33.238 » | 889 » |
| Scudo de 5 francs de la Gaule subalpine (an IX)........... | | 5.— | 25. — » | 900 » |
| Scudo de 5 lire (1816) (pièces de 2 et 1 lire et de 50 et 25 centesimi en proportion)............ | | 5.— | 25. — » | 900 » |

L'examen de ce tableau montre que la valeur de la lire a varié plusieurs fois.

En 1768, la lire valait en monnaie d'or F. 1.97 et en monnaie d'argent F. 1.88.

En 1786, sa valeur n'est plus que de F. 1.18.

En 1790, elle est abaissée à F. 0.82.

Depuis 1801, sa valeur est égale à celle du franc de France. Antérieurement à cette réforme, on comptait en lire à 20 soldi à 12 denari. On comptait aussi en lire fuori-banco, ou lire hors de banque, à 20 soldi à 12 denari. Le rapport fixe de 5 lire nuove pour 6 lire fuori-banco donnait à cette dernière une valeur de F. 0.83 ⅓.

POIDS ET MESURES.

Le système métrique français est en vigueur dans les Etats Sardes depuis le 1er Janvier 1846.

*Anciens poids.* L'unité était la livre.

|  | Livres | Onces | Marcs | Ottavi | Denari | Grani | Granottini | Rapports |  |
|---|---|---|---|---|---|---|---|---|---|
| Rubbio . . . . . . = | 25 | 37½ | 300 | 2400 | 7200 | — | — | 9.22 | kilogr. |
| Livre . . . . . . = | | 1½ | 12 | 96 | 288 | 6912 | 165888 | 368.8445 | grammes. |
| Marc . . . . . . = | | | 8 | 64 | 192 | 4608 | 110592 | 245.8963 | » |
| Once . . . . . . = | | | | 8 | 24 | 576 | 13824 | 30.7370 | » |
| Ottave . . . . . . = | | | | | 3 | 72 | 1728 | 3.8421 | » |
| Denaro . . . . . . = | | | | | | 24 | 576 | 1.2807 | » |
| Grano . . . . . . = | | | | | | | 24 | 5.3363 | centigram. |
| Granottino . . . . = | | | | | | | | 2.2235 | milligram. |

Le titres des métaux précieux s'exprimait en divisant l'once, pour l'or en 24 carats à 24 grains, et pour l'argent en 12 deniers à 24 grains.

La livre de pharmacie = 12 onces = 96 drammes = 288 scrupoli = 5760 grani = 307.37 grammes.

*Anciennes mesures de longueur.* Le piede liprando = 12 oncie = 144 punti de 12 atomi chacun = 513.77 millim. L'once = 42.814 millim. Le trabucco = 6 piede liprandi = 3.083 mètres. La pertica ou perche = 12 piede liprandi = 6.165 mètres.

Le piede manuale = 8 oncie = 342.51 millimètres. Le raso ou aune = 1 ¾ piede manuale = 14 onces = 599.37 millim. La tesa ou toise = 5 piede manuali = 1.7126 mètre.

Le miglio = 800 trabucci = 2.466 kilom.

*Anciennes mesures de superficie* La giornata = 100 tavole ou pertiches carrées = 400 trabucci carrés = 14400 piede liprandi carrés = 38.0095 ares. Le trabucco carré = 9.5024 mètres. Le piede liprando carré = 144 oncie carrées = 26.3955 décim. carrés.

*Anciennes mesures de capacité.* Les matières sèches se mesuraient en sacco ou sac qui = 5 emine = 10 quartieri = 40 coppi = 960 cucchiari = 115.0278 litres.

Les liquides se mesuraient au carro qui = 10 brente = 360 pintes = 720 boccali = 1440 quartini = 492.8 litres.

---

**TURQUIE,** *voir* Constantinople.

---

**URUGUAY,** *voir* Monte-Video.

---

**VALACHIE.**

### Monnaies.

Il n'y a pas de monnaie nationale; les monnaies étrangères sont acceptées d'après le tarif suivant :

| | piastres | | paras |
|---|---|---|---|
| Pièce de 20 francs | 54 | — | paras |
| Souverain anglais | 67 | » | — » |
| Demi-impériale russe | 54 | » | — » |
| Rouble argent | 10 | » | 20 » |
| Livre turque de 100 piastres, en banque | 63 | » | — » |
| dº dº dans les caisses de l'État | 60 | » | 30 » |
| Icossar d'argent de 20 piastres turques | 12 | » | 10 » |
| Ducat autrichien, en banque | 32 | » | 20 » |
| dº dans les caisses de l'État | 31 | » | 20 » |
| Florin autrichien | 6 | » | 30 » |

La valeur de la piastre est de F. 0.37ᶜ037.

La monnaie de billon est toute autrichienne.

On compte en piastres ou lee ou leü à 40 paras. Le haut commerce compte aussi en ducats d'Autriche à 32 piastres, et en zwanziger ou pièces de 20 kreutzers autrichiens.

### Changes.

| | | | | | | |
|---|---|---|---|---|---|---|
| Constantinople. . . | ± | 57 | piastres valaques | | pour 100 | piastres turques. |
| Gênes . . . . . . | ± | 2 | » 28 paras | | » | 1 lire italienne. |
| Londres . . . . . | ± | 67 | » 25 » | | » | 1 livre sterling. |
| Marseille . . . . | ± | 2 | » 27 » | | » | 1 franc. |
| Paris. . . . . . . | ± | 2 | » 28 » | | » | 1 » |
| Trieste. . . . . . | ± | 6 | » 20 » | | » | 1 florin. |
| Vienne. . . . . . | ± | 6 | » 22 » | | » | 1 » |

### Poids et Mesures

Une loi d'Octobre 1864 rend obligatoire dans les Principautés Unies, à partir du 1ᵉʳ Janvier 1866, le système décimal de poids et mesures, tel qu'il existe en France. Les dénominations françaises ont été conservées,

*Anciens poids.* Le cantar ou quintal = 44 okas = 53.9 kil. On le compte quelquefois pour 45 okas. L'oka se divise en 4 littras de 100 drames, et vaut 1.225 kil. Le cantar de bois de chauffage contient 200 okas.

*Anciennes mesures de longueur.* La sagène ou toise = 10 palmes = 100 pouces = 1000 lignes = 1.962 mètre. La sagène était plus communément divisée en 8 palmes, la palme en 10 pouces et le pouce en 12 lignes ; le palme avait, dans ce cas, une valeur de 245 millim. La perche = 3 sagènes.

L'halibin ou aune pour le drap et la soie = 701.3 millim. L'endèse ou aune pour les toiles = 662.3 millim. Le kot = 666.5 millim. Le pik = 663.3 millim.

Le mille = 4000 sagènes = 7.848 kilomètres. La poste est légalement de 7000 sagènes = 13.734 kilom.

*Anciennes mesures de superficie.* Le pogom ou arpent est un rectangle de 24 perches de longueur sur 6 de large = 1296 sagènes carrées = 49.8888 ares.

*Anciennes mesures de capacité.* Pour les grains : le kilo ou chilo = 2 mirze = 16 dimerlis = 256 okas = 3.936 hectolitres. Le dimerli = 24.6 litres. A Galatz en Moldavie, le kilo = 4.25 hectol.; à Ibraïla en Valachie, il = 6.6 hectol., et se divise en 20 banitzas ou en 400 okas. Un quilo de bon froment pèse à Ibraïla, à peu de chose près, 400 okas, soit 4900 kilogrammes.

Les liquides se vendent au viadra ou vedro qui = 10 okas = 14.15 litres. L'oka se divise en 4 littras et en 400 drames. Un vedro de vin jeune contient suivant les qualités, 11, 12 ou 13 okas. On divise le littra en 100 drames ou en ½ en ¼, et en ⅛. A Ibraïla le vedro est compté pour 12.5 litres, et par suite l'oka pour 1.25 litre.

---

**VALENCE,** *voir* Alicante.

---

**VALPARAISO,** *voir* Santiago.

---

**VARSOVIE** (POLOGNE).

### Monnaies

Les monnaies qui circulent maintenant en Pologne sont les monnaies russes, *voir* St-Pétersbourg. On a opéré le retrait des anciennes monnaies polonaises, dont voici les principales :

| | | Valeur | Poids | Titre |
|---|---|---|---|---|
| Or | Ducat (1766) | F. 11.81 | 3.489 gram. | 983 mill. |
| | Nouveau ducat de 25 florins ou zlot (1815) | 15.48 | 4.904 » | 917 » |
| Argent. | Speciesthaler de 8 florins (1765) | 5.19 | 28.052 » | 833 » |
| | Les pièces de 4, 2, 1, ½, ¼, florins ont une valeur proportionnelle. | | | |
| | Thaler de 8 florins (1787) | 4.97 | 27.502 » | 812 » |
| | Pièces de 10 florins ou zlot (1815) | 5.99 | 31.066 » | 868 » |
| | Pièces de 5 et de 1 florin, d'une valeur proportion. | | | |

Le florin ou zlot de 1815 est tarifé à 15 kopecks argent soit F. 0.60 ; sa valeur réelle est de F. 0.59°92.

On comptait autrefois en florins à 30 gros à 10 deniers ; le gros se divisait dans le principe en 18 deniers. Plus anciennement on comptait en thaler prussien de 6 florins au pied de 14, ce qui donnait à ce florin la valeur de F. 0.61°86.

Depuis 1841, il est défendu de compter autrement qu'en roubles argent russes à 100 kopecks ; le rouble argent = F. 4. —

### Poids et mesures

Les poids et mesures russes sont obligatoires depuis 1849 ; on fait cependant encore usage des poids et mesures polonais prescrits par la loi du 13 Juin 1818.

*Anciens poids.* La livre ou funt fut fixée en 1818 pour tout le royaume à 405504 milligrammes français ; c'était à peu près le poids de la livre dite de Pologne ou de Cracovie qui valait 405.9 grammes. Elle fut divisée comme suit :

| | Onces | Loths | Skoyciecs | Drachmes | Scrupules | Grains | Granikows | Milligrammows | Rapports | |
|---|---|---|---|---|---|---|---|---|---|---|
| Livre . . . . . = | 16 | 32 | 48 | 128 | 384 | 9216 | 50688 | 405504 | 405.504 | gram. |
| Once . . . . . = | | 2 | 3 | 8 | 24 | 576 | 3168 | 25344 | 25.344 | » |
| Loth ou lutow. = | | | 1½ | 4 | 12 | 288 | 1584 | 12672 | 12.672 | » |
| Skoyciec . . . = | | | | 2 | 8 | 192 | 1056 | 8448 | 8.448 | » |
| Drachme. . . = | | | | | 3 | 72 | 396 | 3168 | 3.168 | » |
| Scrupule. . . = | | | | | | 24 | 132 | 1056 | 1.056 | » |
| Grain . . . . = | | | | | | | 5½ | 44 | 4.4 | contig. |
| Granikow . . . = | | | | | | | | 8 | 8. — | millig. |
| Milligrammow. = | | | | | | | | | 1. — | » |

L'ancienne livre de Varsovie même ne pesait que 378.85 grammes.

Le centnar ou quintal = 4 pierres à 25 livres. La pierre forte qui sert pour la laine est de 32 livres, et le quintal lourd de laine = par conséquent 128 livres.

La livre médicinale = 358.51 grammes.

*Anciennes mesures de longueur.* L'unité était le pied.

| | Lokiec | Stopa | Calow | Liniow | Millimetrow | Rapports | |
|---|---|---|---|---|---|---|---|
| Sazen ou toise. . . . = | 3 | 6 | 72 | 864 | 1728 | 1.728 | mètre. |
| Lokiec ou aune.. . . = | | 2 | 24 | 288 | 576 | 0.576 | » |
| Stopa ou pied. . . . = | | | 12 | 144 | 288 | 0.288 | » |
| Calow ou pouce. . . = | | | | 12 | 24 | 0.024 | » |
| Liniow ou ligne. . . = | | | | | 2 | 0.002 | » |
| Millimetrow. . . . . = | | | | | | 0.001 | » |

Dans les mesures d'arpentage l'aune ou lokiec se divisait différemment :

| | Pretow | Lokiec | Precikow | Laweck | Calow | Rapports | |
|---|---|---|---|---|---|---|---|
| Sznur ou chaine. . . = | 10 | 75 | 100 | 1000 | 1800 | 43.20 | mètres. |
| Pretow ou perche . . = | | 7½ | 10 | 100 | 180 | 4.32 | » |
| Lokiec ou aune . . . = | | | 1⅓ | 13⅓ | 24 | 576. — | millim. |
| Precikow . . . . . . = | | | | 10 | 18 | 432. — | » |
| Laweck . . . . . . . = | | | | | 1⅘ | 43.2 | » |
| Calow ou pouce. . . = | | | | | | 24. — | » |

Le precikow ou pied des géomètres = donc 1½ stopa ou pied ordinaire.

Le mille = 8 werstes = 29633 stopa ou pieds = 8.5343 kilomètres.

*Anciennes mesures de superficie* Le wloka ou hufe = 30 morgen ou arpents = 16.7962 hectares. Le morgen = 3 sznur carrés = 300 pretow carrés = 67.500 pieds carrés = 55.9872 ares.

*Anciennes mesures de capacité.* Les matières sèches se mesuraient comme suit :

| | Cwierci | Garniec | Kwarti | Kwarterki | Rapports | |
|---|---|---|---|---|---|---|
| Korzec. . . . . . . = | 4 | 32 | 128 | 512 | 128 | litres. |
| Cwierci ou wiert. . . = | | 8 | 32 | 128 | 32 | » |
| Garniec ou garcy. . . = | | | 4 | 16 | 4 | » |
| Kwarti. . . . . . . = | | | | 4 | 1 | » |
| Kwarterki . . . . . = | | | | | 25 | centilitres. |

Le korzec valait autrefois 117.59 litres et 2 korzec formaient 1 kloda.

Le tonneau ou beczka = 100 kwarti, et le last = 30 korzec = 384 kwarti.

Les liquides se mesuraient au tonneau ou beczka à 25 garniec ou garcy de 4 kwarti chacun ; le tonneau = donc 100 litres. Le stangiew = 2 tonneaux. La valeur du garniec n'était autrefois que de 3.793 litres.

---

**VENEZUELA**, *voir* Caracas.

## VENISE (Italie).

### Monnaies

Les monnaies du nouveau royaume d'Italie, celles qui ont été frappées sous la domination française et pendant l'indépendance de Venise en 1848 (les unes et les autres sont identiques aux monnaies françaises), enfin les monnaies autrichiennes actuelles, circulent en Vénétie concurremment avec les monnaies suivantes :

| | | Valeur | Poids | Titre |
|---|---|---|---|---|
| Or......... | Soverano de 40 lire autrichiennes (1823)(½ en proport.) | F. 35.13 | 11.332 gram. | 900 mill. |
| | Sequin de Venise .............................................. | 11.94 | 3.495 » | 1000 » |
| Argent. | Scudo ou écu de 6 lire autrichiennes (1823)............... | 5.20 | 25.986 » | 900 » |
| | Demi écu de 3 lire, égal au florin d'Autriche, et pièce d'une lire, en proportion. | | | |

On compte maintenant en lire italiennes à 100 centimes qui = F. 1. —
On comptait anciennement en lire vénitiennes qui = F. 0.51. Puis on compta en lire autrichiennes à 20 sous à 5 centimes, ou simplement à 100 centimes = F. 0.87. Depuis 1824, on comptait en florins au pied de 20 à 100 sous autrichiens = F. 2.60 ; en 1857 on substitua à ce florin le nouveau florin au pied de 45, qui = F. 2.47. Une loi du 1er Mai 1858 fixa ainsi le rapport de ces monnaies de compte : 100 lire autrichiennes = 35 florins au pied de 45, ce qui donne à la lire autrichienne, la valeur de F. 0.86c42 ; le sou autrichien vaut donc F. 0.02c47. Cependant on a conservé dans la pratique l'ancien rapport de 1 florin = 3 lire autrichiennes, rapport qui était suffisamment exact, lorsqu'il s'agissait du florin au pied de 20.

### Changes

| | | | | | |
|---|---|---|---|---|---|
| Amsterdam. . . . . | ± | 76 | sous autrichiens ..................... pour | 1 | florin hollandais. |
| Augsbourg. . . . . | ± | 75 | » ..................... » | 1 | » au pied de 52 ½ |
| Florence. . . . . . | ± | 39 | » ..................... » | 1 | lire italienne. |
| Hambourg . . . . . | ± | 74 | » ..................... » | 1 | marc banco. |
| Londres . . . . . . | ± | 1008 | » ..................... » | 1 | livre sterling. |
| Paris. . . . . . . . | ± | 40 | » ..................... » | 1 | franc. |
| Vienne . . . . . . . | ± | 99½ | » ..................... » | 1 | florin au pied de 45. |

### Poids et mesures

Le système métrique français est légalement en usage dans toute la Vénétie.

*Anciens Poids.* On se servait, récemment encore, de la livre neuve italienne qui était égale au kilogramme, mais que l'on divisait en 10 onces, en 100 gros, en 1000 deniers, et en 10000 grains.

On se servait également de la livre légère ou peso sottile et de la livre lourde ou peso grosso. La première était employée à peser le café, le sucre, le thé, le riz, les couleurs et en général les épiceries et les drogueries ; on la divisait comme suit :

| | | | Onces | Sazi | Carati | Grains | Rapports | |
|---|---|---|---|---|---|---|---|---|
| Livre peso sottile. . . . | = | | 12 | 72 | 1728 | 6912 | 301.3 | grammes. |
| Once | » | . . . . | 6 | | 144 | 576 | 25.1 | » |
| Sazio | » | . . . . | | | 24 | 96 | 4.185 | » |
| Carato | » | . . . . | | | | 4 | 17.437 | centigram. |
| Grain | » | . . . . | | | | | 4.359 | » |

Le peso grosso sert à peser tous les objets qui ne se pèsent pas au peso sottile ; en voici les divisions :

| | | | Marcs | Onces | Sazi | Carati | Grains | Rapports | |
|---|---|---|---|---|---|---|---|---|---|
| Livre peso grosso. . . . | = | | 2 | 12 | 72 | 2304 | 9216 | 447.05 | grammes. |
| Marc | » | . . . . | | 6 | 36 | 1152 | 4608 | 238.53 | » |
| Once | » | . . . . | | | 6 | 192 | 768 | 39.75 | » |
| Sazio | » | . . . . | | | | 32 | 128 | 6.626 | » |
| Carato | » | . . . . | | | | | 4 | 20.7 | centigrammes |
| Grain | » | . . . . | | | | | | 5.17 | » |

Dans le pratique on comptait 12 livres peso grosso = 19 livres peso sottile.
Le quintal est de 100 livres. La charge ou carica = 4 quintaux = 400 livres peso sottile.

Dans le commerce de la soie on faisait usage d'une livre qui valait 307.44 grammes; on la divisait en 12 onces, en 72 sazi et en 1485 carats.

Le marc qui sert à peser l'or, l'argent et les pierres précieuses est égal à la moitié de la livre peso grosso et se divise en 8 onces, 32 quarts, 192 deniers, 1152 carats, 4608 grains et vaut 238.53 grammes.

Les titres s'évaluaient en millièmes. Antérieurement on divisait le marc en 24 carats à 32 parties pour l'or et en 12 deniers à 24 grains pour l'argent.

La pharmacie employait la livre peso sottile qu'elle divisait en 12 onces, en 96 drachmes, en 288 scrupules et en 5760 grains.

*Mesures de longueur.* Le pied = 12 onces ou pouces = 144 lignes = 1440 decimi = 347.7 millim. Le passo ou pas = 5 pieds. Le pas agraire = 4 pieds. Le cavezzo ou grande perche = 6 pieds. Le chebbo ou petite perche = 4 ½ pieds. Le braccio pour les soieries = 638.7 millim.; le braccio pour les lainages = 683.4 millim.; on les divise l'un et l'autre en 6 palmes ou en douzièmes.

Le mille vénitien = 1000 pas = 1.7387 kilom.

*Mesures de superficie.* Le passo carré = 25 pieds carrés. Le chebbo carré = 20 ¼ pieds carrés = 2.4486 mètres carrés. La tavola ou cavezzo carré = 36 pieds carrés = 4.3531 mètres carrés. Le campo di valvasone = 640 tavole = 23040 pieds carrés = 27.86 ares. Le migliajo = 1000 pas carrés = 25000 pieds carrés = 30.23 ares.

*Mesures de capacité pour les matières sèches.* En 1803, on prescrivit l'usage, dans tout le royaume Lombardo-Vénitien, des mesures suivantes: La soma égale à l'hecto-litre se divisant en 10 mine, en 100 pintes et en 1000 coppi; la pinte était donc égale au litre. On employait également le moggio qui = 4 stari ou staji = 333.25 litres. Le staro = 2 mezzeni = 4 quarti = 16 quartaroli = 83.31 litres. Le sacco = 1 ½ staro.

Le staro de raisin de Corinthe doit peser 260 livres légères, et le staro de froment, 132 livres lourdes.

*Mesures de capacité pour les liquides.* On employait les suivantes:

| | Anfora | Biconcio | Mastelli | Secchi | Bozze | Boccali | Quartucci | Rapports | |
|---|---|---|---|---|---|---|---|---|---|
| Botta ou pipe. . . = | 1 ¼ | 5 | 10 | 60 | 240 | 640 | 960 | 648.— | litres. |
| Anfora . . . . = | | 4 | 8 | 48 | 192 | 512 | 768 | 518.4 | » |
| Biconcia . . . = | | | 2 | 12 | 48 | 128 | 192 | 129.6 | » |
| Mastello ou concia . = | | | | 6 | 24 | 64 | 96 | 64.8 | » |
| Secchio. . . . = | | | | | 4 | 10 ⅔ | 16 | 10.8 | » |
| Bozza . . . . = | | | | | | 2 ⅔ | 4 | 2.7 | » |
| Boccale. . . . = | | | | | | | 1 ½ | 1.012 | » |
| Quartuccio . . . = | | | | | | | | 6.75 | décil. |

Le mastello ou concia porte également le nom de barilla.

Le migliajo d'huile = 40 miri = 612.5 litres; il doit peser 1000 livres peso grosso; mais il en pèse en réalité 1210. La botta d'huile = 2 migliaji.

---

**VERA-CRUZ,** *voir* Mexico.

---

# VIENNE (Autriche.)

## *Monnaies.*

L'unité monétaire est le florin. On trouvera à l'article *Zollverein* des renseignements sur la valeur du florin autrichien telle qu'elle a été fixée par la convention du 24 Janvier 1857; nous nous bornerons à donner ici le tableau des principales monnaies qui circulent dans l'étendue de l'empire.

| | Valeur | Poids | Titre |
|---|---|---|---|
| Or......... Ducat ad legem imperii (quadruples et doubles en prop.) F. | 11.86 | 3.491 gram. | 986 mill. |
| Ducat de Hongrie ou de Kremnitz.................................................. | 11.90 | 3.491 » | 990 » |
| Souverain de Lombardie de 40 lire (1823) = 13 ⅓ florins | 35.13 | 11.332 » | 900 » |
| Demi-souverain en proportion. | | | |
| Sequin de Venise (½ et ¼ en proportion)........................ | 11.94 | 3.495 » | 1000 » |
| Couronne (1857) (½ en proportion) ................................ | 34.37 | 11.111 » | 900 » |

|  | Valeur | Poids | Titre |
|---|---|---|---|
| Argent. Speciesthaler de 2 florins (1723)...... | F. 5.20 | 28.064 gram. | 833 mill. |
| Florin ou gulden de 60 kreutzers (½ en proportion)...... | 2.60 | 14.032 » | 833 » |
| Zwanziger de 20 kreutzers...... | 0.87 | 6.682 » | 583 » |
| Zehner de 10 kreutzers...... | 0.43 | 3.898 » | 500 » |
| Pièce de 5 » ...... | 0.22 | 2.227 » | $437\frac{1}{2}$ » |
| d° de 6 » (1848 et 1849)...... | 0.26 | 2.227 » | $437\frac{1}{2}$ » |
| d° de 3 » ...... | 0.13 | 1.701 » | 344 » |
| Les pièces de 30, 17, 15 et 7 kreutzers sont retirées de la circulation. |  |  |  |
| Florin d'Union de 100 neukreutzers (1857)...... | 2.47 | 12.346 » | 900 » |
| Pièces de 3, 2, 1½, en proportion. |  |  |  |
| ¼ florin ou pièce de 25 neukreutzers...... | 0.62 | 5.384 » | 520 » |

Les monnaies du nouveau système de 1857 se désignent sous le nom de Valeur autrichienne.

Les thalers levantins ou thalers de Marie-Thérèse (1780) sont égaux aux speciesthalers de 1723.

Les monnaies antérieures à 1857 s'échangent dans les caisses de l'État, d'après un tarif qui les fait jouir d'une bonification de 5 % sur les monnaies nouvelles.

On a vu à l'article *Zollverein* que l'or n'est considéré que comme marchandise; la valeur des couronnes varie suivant le prix de la livre d'or. Tous les six mois le gouvernement fixe le prix pour lequel il les reçoit dans ses caisses.

Il circulait des billets de banque de 1 à 100 florins, appelés Wiener-währung ou valeur de Vienne; 2½ florins billets = 1 florin de convention; d'où le florin valeur de Vienne = F. 1.04.

On comptait autrefois en rixdalle ou reichthaler (monnaie fictive) de 1 ½ florin ou 90 kreutzers, valant F. 3.90; et en florin de convention au pied de 20 ou reichgulden, de 60 kreutzers à 4 pfennigs, valant F. 2.60.

Depuis le 1er Novembre 1858, on ne doit plus compter qu'en florin au pied de 45 ou valeur autrichienne. Ce florin se divise en 100 neukreutzers et vaut F. 2.46c91.

Un décret du 27 Avril 1858 a fixé comme suit le rapport des anciennes monnaies avec la nouvelle: nous indiquons en outre la valeur en francs de ces anciennes monnaies telle qu'elle résulte de ces rapports.

| 100 florins de convention au pied de 20...... | = 105 florins valeur autrichienne | = F. 259.26 |
|---|---|---|
| 100 » ancienne valeur de Vienne...... | = 42 » » » | = 103.30 |
| 100 » de monnaie d'empire au pied de 24 | = $87\frac{1}{2}$ » » » | = 216.05 |
| 100 » polonais de Cracovie...... | = 25 » » » | = 61.73 |
| 100 livres autrichiennes...... | = 35 » » » | = 86.42 |

*Cours des Changes en Février* 1861

| Amsterdam | ± 125 | florins valeur de banque...... pour | 100 florins courants. |
|---|---|---|---|
| Augsbourg. | ± 126 | » » ...... » | 100 » d'Augsbourg. |
| Berlin | ± 220 | » » ...... » | 100 thalers de Prusse. |
| Buckarest | ± 291 | paras valaques...... » | 1 florin de convention. |
| Constantinople | ± 474 | paras turcs...... » | 1 » » |
| Francfort s/M. | ± 126.30 | florins valeur de banque...... » | 100 florins du Sud. |
| Gênes | ± 176.50 | » » ...... » | 300 lire italiennes. |
| Hambourg. | ± 111.50 | » » ...... » | 100 marcs banco. |
| Livourne | ± 176.60 | » » ...... » | 300 lire italiennes. |
| Londres | ± 148 | » » ...... » | 10 livres sterling. |
| Marseille | ± 58.40 | » » ...... » | 100 francs. |
| Milan | ± 176.40 | » » ...... » | 300 lire italiennes. |
| Paris | ± 58.50 | » » ...... » | 100 francs. |
| Trieste | ± 98.50 | » » ...... » | 100 florins de banque. |
| Venise | ± 145.50 | » » ...... » | 100 florins val. autrich. |

On voit, par ce tableau, que les émisions exagérées de papier monnaie faites par l'Autriche depuis quelques années, avaient fait baisser, en Février 1861, la valeur du florin de banque à environ F. 1.70. Aujourd'hui, 13 Septembre 1866, le change de Vienne sur Paris est à 51.50 florins papier pour 100 francs; ce qui représente une valeur de F. 1.94 pour un florin papier, tandis que le pair est, comme on le sait, de F. 2.47.

## Poids

|              |     | Stein | Livres | Vierlings | Onces | Loths | Quenten | Pfennig | Rapports |       |
|--------------|-----|-------|--------|-----------|-------|-------|---------|---------|----------|-------|
| Quintal      | =   | 5     | 100    | 400       | 1600  | 3200  | 12800   | 51200   | 56.01    | kil.  |
| Stein ou pierre | = |     | 20     | 80        | 320   | 640   | 2560    | 10240   | 11.2     | »     |
| Livre        | =   |       |        | 4         | 16    | 32    | 128     | 512     | 560.1    | gramm. |
| Vierling     | =   |       |        |           | 4     | 8     | 32      | 128     | 140.—    | »     |
| Once         | =   |       |        |           |       | 2     | 8       | 32      | 35.—     | »     |
| Loth         | =   |       |        |           |       |       | 4       | 16      | 17.5     | »     |
| Quenten      | =   |       |        |           |       |       |         | 4       | 4.376    | »     |
| Pfennig      | =   |       |        |           |       |       |         |         | 1.094    | »     |

Le karch ou charge contient 400 livres. Le saum est de 275 livres; cependant le saum d'acier de Styrie n'est que de 250 livres; on le divise en 2 layel.

La livre de chocolat ne contient que 28 loths.

La livre de pharmacie = 12 onces = 96 drachmes = 288 scrupules = 5760 grains = 420.009 grammes.

Le marc qui sert à peser les matières d'or et d'argent n'est pas exactement la moitié de la livre; il pèse 280.644 grammes et se divise en 16 loths à 4 quenten à 4 pfennig ou deniers. Le pfennig se subdivise en demies et en quarts et en 256 richtpfennigtheile. On compte 5 marcs de Vienne = 6 marcs de Cologne. On se sert également de ce dernier pour peser l'or et l'argent; le rapport précédent lui suppose une valeur, à Vienne, de 233.87 grammes. Enfin on fait usage du ducat dont le poids est égal à celui du ducat, monnaie d'or, soit 3.4906 grammes; on le divise en 60 grains, mandel, ou as-ducat. Le grain = 5.817662 centigram.

Le carat de pierres précieuses = 4 grains = 48 ½ richtpfennigtheile = 2.061 décigrammes. Le titre des matières d'or et d'argent s'évaluait à l'aide du marc que l'on divisait en 24 carats à 12 grains pour l'or, et en 16 loths à 18 grains pour l'argent. Il s'exprime maintenant plus généralement en millièmes.

## Mesures de longueur.

|                   |     | Pieds | Pouces | Lignes | Points | Rapports |        |
|-------------------|-----|-------|--------|--------|--------|----------|--------|
| Toise ou klafter  | =   | 6     | 72     | 864    | 10368  | 1.897    | mètres. |
| Pied ou fuss      | =   |       | 12     | 144    | 1728   | 316.1    | millim. |
| Pouce             | =   |       |        | 12     | 144    | 26.34    | »      |
| Ligne             | =   |       |        |        | 12     | 2.195    | »      |
| Point             | =   |       |        |        |        | 0.183    | »      |

Le pouce se divise aussi en huitièmes; dans les opérations de recrutement il se divise en 4 raies.

Les ingénieurs font usage d'une perche qui contient 10 pieds = 3.161 mètres; ils divisent le pied en 10 pouces et en 100 lignes.

L'aune légale de l'empire employée pour le mesurage des étoffes = 2.465 pieds = 779.2 millim. On la divise en ½, ¼, ⅛, ¹/₁₀ ou bien en ⅓, ⅙, ¹/₁₂.

Le faust ou poing = 4 pouces = 10.54 millim.

Le mille = 4000 toises = 24000 pieds = 7.5865 kilom.

## Mesures de superficie.

|                       |     | Klafters carrés | Pieds carrés | Pouces carrés | Lignes carrées | Points carrés | Rapports |                |
|-----------------------|-----|-----------------|--------------|---------------|----------------|---------------|----------|----------------|
| Ruthe ou perche carrée. | = | 2⁷/₂₅         | 100          | 14400         | —              | —             | 9.9921   | mètres carrés. |
| Klafter ou toise carrée. | = |              | 36           | 5184          | —              | —             | 3.5972   | »   »          |
| Pied carré.           | =   |                 |              | 144           | 20736          | 2985984       | 9.9921   | décim. carrés  |
| Pouce carré           | =   |                 |              |               | 144            | 20736         | 693.8946 | mill. carrés.  |
| Ligne carrée          | =   |                 |              |               |                | 144           | 4.8187   | »   »          |
| Point carré           | =   |                 |              |               |                |               | 0.0335   | »   »          |

## Mesures agraires.

Le joch ou jochart, mesure légale de tout l'empire, = 3 metzen = 1600 toises carrées = 57.5544 ares. Le metze ou mesure de semences ou aussaat = 533 ½ toises carrées = 19.1848 ares.

Le trait ou stricht de Bohême est la moitié du joch.

Pour les concessions de mines, on se sert du gruben feldmaass qui $= 4.5123$ hectares. Les vignobles se mesurent à l'aide du petit rahel qui contient 400 toises carrées ou ¼ joch $= 14.3886$ ares, et du grand rahel qui contient 600 toises carrées $= 21.5829$ ares.

*Mesures de capacité pour les matières sèches.*

La toise cube $= 216$ pieds cubes $= 6.822409$ mètres cubes.
Le pied cube $= 1728$ pouces cubes $= 31.585229$ décimètres cubes.

| | Metzen | Vierteln | Achteln | Massel | Futtermassel | Becher | Rapports |
|---|---|---|---|---|---|---|---|
| Muth . . . . = | 30 | 120 | 240 | 480 | 1920 | 3840 | 18.4488 hectol. |
| Metze ou boisseau . = | | 4 | 8 | 16 | 64 | 128 | 61.496 litres. |
| Viertel . . . = | | | 2 | 4 | 16 | 32 | 15.374 » |
| Achtel . . . = | | | | 2 | 8 | 16 | 7.69 » |
| Massel ou muhlmassel = | | | | | 4 | 8 | 3.843 » |
| Futtermassel . = | | | | | | 2 | 9.61 décilitres. |
| Becher . . . = | | | | | | | 4.80 » |

Le becker se subdivise lui-même en ¼, ⅛, 1/16, 1/32. Le huitième de becker appelé aussi getreideprobmetze ou metze d'épreuve $= 6$ centilitres.

La farine, qui se vend maintenant au poids, se mesurait autrefois à l'aide du strich dont 31 forment un muth.

La stubich de charbon $= 2$ boisseaux ou metze. Le muthel de chaux $= 2$ ½ boisseaux.
La corde de bois à brûler est la moitié de la toise cube et $= 3.41$ stères.

*Mesures de capacité pour les liquides.*

L'unité est le mass impérial ou effectif d'Autriche, appelé reichmass ou achtring, dont 41 forment 1 eimer et qui $= 1.415$ litre.
Le mass usuel ou ordinaire, mesure de compte, dont 40 forment 1 eimer $= 1.45$ litre.

| | Dreiling | Fass | Eimer | Viertel | Mass imp. | Kannes | Seidel | Pfiff | Rapports |
|---|---|---|---|---|---|---|---|---|---|
| Foudre. . . . = | 1 1/15 | 3 ⅓ | 32 | 128 | 1312 | 2624 | 5248 | 10496 | 18.565 hectol. |
| Dreiling . . . = | | 3 | 30 | 120 | 1230 | 2460 | 4920 | 9840 | 17.404 » |
| Fass de vin . . = | | | 10 | 40 | 410 | 820 | 1640 | 3280 | 5.801 » |
| Eimer . . . . = | | | | 4 | 41 | 82 | 164 | 328 | 58.014 litres. |
| Viertel. . . . = | | | | | 10 ¼ | 41 | 82 | 164 | 14.504 » |
| Mass impérial. . = | | | | | | 2 | 4 | 8 | 1.415 » |
| Kanne . . . . = | | | | | | | 2 | 4 | 7.08 décil. |
| Seidel . . . . = | | | | | | | | 2 | 3.54 » |
| Pfiff. . . . . = | | | | | | | | | 1.769 » |

L'eimer de bière contient 42 ½ mass impériaux $= 60.137$ litres.
Le fass ou tonneau de bière ne contient que 2 eimer de bière $= 85$ mass impériaux $= 120.275$ litres.
Le grand seidel est de 3 pfiff $= 5.307$ décilitres.

---

# ZOLLVEREIN.

## MONNAIES.

On donne le nom de Zollverein à l'association douanière formée par tous les États de la Confédération Germanique; moins l'Autriche, le Mecklembourg, les duchés de Holstein et de Lauenbourg, la principauté de Lichtenstein et les trois villes libres et hanséatiques de Brême, Hambourg et Lubeck. Les provinces de la Prusse qui sont en dehors de la Confédération, n'en font pas moins partie du Zollverein.

Le 30 Juillet 1838, les États qui formaient alors le Zollverein conclurent une convention destinée à établir entre eux un système uniforme de monnaies. Ce système avait pour base le marc de Cologne dont le rapport en poids français fut fixé à 233.855 grammes. On admit deux tailles légales : celle de 14 thalers au marc d'argent fin, et celle de 24 ½ florins au marc d'argent fin ; le thaler représentait ainsi 1 ¾ florin, et le florin 4/7 du thaler.

La taille de 14 thalers au marc d'argent fin était seule légale dans les États ci-après
Prusse, Saxe Royale, Hesse Électorale, Saxe-Weimar-Eisenach, Saxe-Altenbourg
Saxe-Gotha, Schwarzbourg-Rudolstadt (principauté inférieure), Schwarzbourg-Sonders-
hausen (principauté inférieure), Reuss-Greitz, Reuss-Schleitz, Reuss-Lobenstein-
Ebersdorf ;
La taille de 24 ½ florins était seule légale dans les États ci-après :
Bavière, Wurtemberg, Bade, Hesse-Ducale, Saxe-Meiningen, Saxe-Cobourg, Nassau,
Schwarzbourg-Rudolstadt (principauté supérieure), Francfort-sur-le-Mein.
Le titre de la monnaie d'association fut fixé à %₁₀ d'argent et ¹/₁₀ de cuivre.
En conséquence, dans les États du Nord de l'Allemagne, qui avaient adopté la taille de
14 thalers, on frappa des pièces de 1 thaler (le thaler = 30 gros ou silbergroschen) du
poids de 18.56 grammes, au titre de ⁹⁰⁰/₁₀₀₀, valant F. 3.71 ; et des pièces de deux thalers,
de ¹/₆, ¹/₁₂ et ¹/₂₄ en proportion. Dans les États du Sud de l'Allemagne, qui avaient adopté
la taille de 24 ½ florins, on frappa des pièces de 60 kreutzers, du poids de 10.6057
grammes, au titre de ⁹⁰⁰/₁₀₀₀, valant F. 2.10 ; et des pièces de 2 florins et de ½ florin
en proportion.
On frappa, en outre, une pièce commune, appelée monnaie d'association, valant
2 thalers ou 3 ½ florins = F. 7.35, et qui était admise dans tous les États de l'association.
La nécessité de mettre leur système monétaire en harmonie avec la nouvelle livre
de 500 grammes adoptée par tout le Zollverein, amena les États de la Confédération
Germanique à modifier la combinaison de 1838. L'Autriche restée jusque-là en dehors
de ce mouvement d'unification finit par s'y rallier. Une convention signée le 24 Janvier
1857 par la plupart des États de l'Allemagne, divisa ces États en trois zônes, ayant
chacune une unité monétaire différente, il est vrai, mais dont les rapports sont assez
simples pour que la circulation des nouvelles monnaies puisse avoir lieu sans difficulté
d'un pays dans l'autre.
Voici l'économie du nouveau système :
L'argent est le seul étalon monétaire.
Avec une livre de 500 grammes d'argent fin on frappe 30 thalers dans les États du
Nord de l'Allemagne, 45 florins en Autriche, et 52 florins ½ dans les États du Sud ; ces
monnaies sont au titre de 900 millièmes ; elles se trouvent être dans le rapport suivant

| | | |
|---|---|---|
| 1 thaler .................. = 1½ florin d'Autriche | 2 thalers .................. = 3 florins d'Autriche |
| 1 » .................. = 1¾ » du Sud...... | 4 » .................. = 7 » du Sud |
| 1 florin d'Autriche = ²/₃ thaler..................... | 3 florins d'Autriche... = 2 thalers |
| 1 » » = 1¹/₆ florin du Sud...... | 6 » » .... = 7 florins du Sud |
| 1 florin du Sud....... = ⁴/₇ thaler..................... | 7 florins du Sud........... = 4 thalers |
| 1 » » ........ = ⁶/₇ florin d'Autriche | 7 » » ......... = 6 florins d'Autriche |

### § I. *États du Nord.*

Ces États sont : royaume de Prusse, à l'exception du territoire de Hohenzollern,
royaume de Saxe et de Hanovre, électorat de Hesse, grand-duché de Saxe, duchés
de Saxe-Altenbourg, Saxe-Gotha, Brunswick, Oldenbourg avec Birkenfeld, Anhalt-
Dessau-Cöthen et Anhalt-Bernbourg, principautés de Schwarzbourg-Sondershausen et
Schwarzbourg-Rudolstadt (principauté inférieure), Waldeck et Pyrmont, Reuss, branche
ainée, et Reuss, branche cadette, Schaumbourg-Lippe et Lippe.
Le thaler au pied de 30 à la livre de 500 grammes, adopté dans les États de l'Allemagne
du Nord, dont la Prusse est le centre, pèse 18.5185 grammes (27 thalers pèsent une
livre) ; il vaut F. 3.70.37 ; c'est une différence d'environ F. 0.00.82 en moins sur la
valeur de l'ancien thaler à la taille de 14 au marc de Cologne ; mais on ne tient pas
compte de cette différence qui est censée compenser le frai des anciennes pièces.
Le thaler se divise en 30 gros d'argent ou silbergroschen à 12 pfennigs. Le gros
= F. 0.12.35 ; le pfennig = F. 0.01.03.
On frappe des pièces de 1 et de 2 thalers qui servent à la fois de monnaie locale et de
monnaie d'union. Les autres divisions sont seulement locales.

## § II. *Autriche et possessions autrichiennes.*

Cette zône comprend tout l'empire d'Autriche et la principauté de Lichtenstein.

Le florin à la taille de 45 à la livre de 500 grammes d'argent fin, adopté en Autriche, pèse 12.3457 grammes (40 ½ florins pèsent 1 livre); il vaut F. 2.46c91; c'est une différence de F. 0.12c93 en moins sur la valeur de l'ancien florin autrichien au pied de 20 au marc de Cologne, soit de 5.235 %, mais cette différence ne doit être comptée d'après les règlements que pour 5 %; 100 florins de convention au pied de 20 = 105 florins nouveaux.

Le nouveau florin se distingue des autres florins en usage jusqu'ici, par l'addition des mots : Valeur autrichienne ; il se divise en 100 kreutzers nouveaux ; 1 kreutzer nouveau = F. 0.02c47.

On frappe des pièces de 3 et de 1 ½ florins qui servent à la fois de monnaie locale et de monnaie d'union; les autres divisions sont seulement locales.

L'Autriche peut, par exception, continuer de frapper comme monnaie commerciale des thalers dits levantins, avec l'effigie de Marie-Thérèse et le millésime de 1780.


## § III. *États du Sud.*

Ces États sont : royaumes de Bavière et de Wurtemberg, grands-duchés de Bade et de Hesse, duché de Saxe-Meiningen, principauté de Saxe-Cobourg, territoire prussien de Hohenzollern, duché de Nassau, principauté supérieure de Schwarzbourg-Rudolstadt, langrawiat de Hesse-Hombourg et ville libre de Francfort.

Le florin à la taille de 52 ½ à la livre de 500 grammes d'argent fin, adopté par les États du Sud de l'Allemagne, dont la Bavière est le centre, pèse 10.582 grammes (47 ¼ florins pèsent une livre); il vaut F. 2.11c64 ; c'est une différence de F. 0.00c48 en moins sur la valeur de l'ancien florin au pied de 24 ½ au marc de Cologne d'argent fin ; mais on ne tient pas compte de cette différence qui est censée compenser le frai des anciennes pièces.

Le florin du Sud se divise en 60 kreutzers à 4 pfennigs ; le kreutzer = F. 0.03c53 ; le pfennig = F. 0.00c88.

On frappe des pièces de 3 ½ et de 1 ¾ florins qui servent à la fois de monnaie locale et de monnaie d'union ; les autres divisions sont seulement locales.

Indépendamment des différentes monnaies énumérées ci-dessus, il a été convenu que l'on frapperait sous le nom de thalers d'union (vereins thaler) des pièces de 1 et de 2 thalers semblables à celles qu'émettent les États du Nord. Ces pièces sont reçues dans les caisses publiques, et ont cours obligatoire dans tous les États qui ont signé la convention de 1857. Les pièces de 1 et 2 thalers frappées par ces États pour leur circulation particulière, et les mêmes pièces, frappées, soit depuis la convention de 1838, soit antérieurement, à la taille de 14 au marc, jouissent de la même faveur.

Les plus petites divisions admissibles des monnaies principales sont : 1° à la taille de 30 thalers, la pièce de ⅙ de thaler ; 2° à la taille de 45 florins, la pièce de ¼ de florin ; 3° à la taille de 52 ½ florins, la pièce de ¼ de florin.

Indépendamment de ces divisions, les États contractants sont autorisés à frapper, pour les appoints, une petite monnaie de billon tant en argent qu'en cuivre, plus légère que ne le comporte le pied monétaire du pays. Cette monnaie ne doit pas valoir, en argent, plus de la moitié de la plus petite division de la monnaie courante, et en cuivre, plus de 6 et 5 pfennigs, ou de 4 centièmes, ou de 2 kreutzers, suivant les systèmes monétaires. Personne n'est, d'ailleurs, tenu de recevoir de la monnaie de billon en paiement pour une somme égale à la valeur de la plus petite monnaie de bon aloi.

On remarque que dans cette convention il n'est pas question de monnaies d'or ; nous en avons donné la raison : l'argent est adopté comme étalon monétaire, tandis que l'or n'est considéré que comme marchandise, et ne peut avoir cours forcé. Toutefois, pour faciliter les transactions, les États contractants sont convenus d'émettre des pièces d'or désignées sous le nom de couronnes et de demi-couronnes. On frappe avec une livre de 500 grammes d'or pur 50 couronnes et 100 demi-couronnes; elles sont au titre de $^{900}/_{1000}$ et pèsent par conséquent 11.1111 grammes et 5.5556 grammes ; leur valeur est déterminée par le rapport de l'offre et de la demande ; celle de la couronne

est environ de 9 thalers 5 silbergroschen dans le Nord, de 13 florins 6 kreutzers en Autriche, et de 16 florins dans le Sud ; en monnaie française elle est de F. 34.37 ; c'est un
peu plus que les trois rapports précédents. Il est convenu, d'ailleurs, que ces monnaies
d'or peuvent être reçues en paiement dans les caisses publiques, à un cours, dit cours
de caisse, fixé d'avance pour la durée de six mois ; ce cours ne doit pas dépasser la
valeur du cours moyen établi dans les cotes officielles de la Bourse ; il pourra être
modifié pendant la durée de la période et être rétabli quand le Gouvernement le jugera
convenable.

L'Autriche s'est exceptionnellement réservé le droit d'émettre, jusqu'à la fin de 1865,
des ducats en or, qui correspondent à 0.3442 couronne, soit F. 11.86.

Aucun État ne peut émettre de papier-monnaie ayant cours forcé, à moins d'être
en mesure de l'échanger de tout temps contre de la monnaie d'argent.

Le papier-monnaie, ou les autres effets destinés à circuler comme monnaie, émis
par l'État lui-même ou par des établissements placés sous son autorité, ne peuvent
énoncer que des valeurs en argent et en monnaie légale du pays.


## TABLEAU DES MONNAIES DE L'ALLEMAGNE

### Frappées conformément à la convention du 24 Janvier 1857

---

### Monnaies d'Union

| | Valeur | Poids légal | Titre |
|---|---|---|---|
| Or....... Couronne, (sans valeur correspondante fixe en monnaie d'argent).......... | F. 34.37 | 11.111 gram. | 900 mill. |
| Demi-couronne, (sans valeur correspondante fixe en monnaie d'argent)........... | » 17.18 | 5.556 » | 900 » |
| Argent. Pièces de 1 et de 2 thalers d'Union, semblables à celles qu'émettent les États du Nord. | | | |

### États du Nord

| | Valeur | Poids légal | Titre |
|---|---|---|---|
| Argent. Thaler de 30 silbergroschen au pied de 30............. | » 3.70 | 18.519 » | 900 » |

Les pièces de 1 et de 2 thalers servent à la fois de monnaie locale et de monnaie d'Union.
Les autres divisions sont seulement locales ; la plus
petite division autorisée est le ⅙ de thaler.

### Autriche et possessions Autrichiennes

| | Valeur | Poids légal | Titre |
|---|---|---|---|
| Argent. Florin valeur autrichienne de 100 neukreutzers au pied de 45............. | » 2.47 | 12.346 » | 900 » |

Les pièces de 3 et de 1½ florins servent, à la fois, de
monnaie locale et de monnaie d'Union.
Les autres divisions sont seulement locales ; la plus
petite division autorisée est le ¼ florin.

### États du Sud

| | Valeur | Poids légal | Titre |
|---|---|---|---|
| Argent. Florin de 60 kreutzers, au pied de 52 ½............. | » 2.12 | 10.582 » | 900 » |

Les pièces de 3 ⅓ et de 1 ¾ florins servent, à la fois,
de monnaie locale et de monnaie d'Union.
Les autres divisions sont seulement locales ; la plus
petite division autorisée est le ¼ florin.

Billon. Les pièces de billon ne doivent pas valoir plus de la
moitié de la plus petite division de la monnaie courante.

Cuivre.. Les pièces de cuivre ne doivent pas valoir plus de
6 pfennigs dans le Nord, de 4 neukreutzers en
Autriche et de 2 kreutzers dans le Sud.

## POIDS

Afin de faciliter la perception des droits de Douane, l'Union allemande a substitué aux poids locaux la livre de 500 grammes, dont voici les multiples et sous-multiples.

| | Livres | Loths | Quentins | Zent | Horn | Rapports |
|---|---|---|---|---|---|---|
| Quintal . . . . = | 100 | 3000 | 30000 | 300000 | 3000000 | 50.— kil. |
| Livre . . . . = | | 30 | 300 | 3000 | 30000 | 500.— gram. |
| Loth. . . . . = | | | 10 | 100 | 1000 | 16.667 » |
| Quentin ou quentchen = | | | | 10 | 100 | 1.667 » |
| Zent ou dixième . = | | | | | 10 | 16.667 centig. |
| Horn ou grain. . = | | | | | | 1.667 » |

Dans les ports prussiens, les 100 livres de liquides sont réputées représenter, en moyenne, environ 41 litres.

---

## ZURICH (Suisse).

*Monnaies.* Voir pour le système monétaire actuel de la Suisse les articles *Bâle* et *Turin.*

On compte en francs à 100 centimes ou rappen. On comptait autrefois en florin de Zurich à 60 kreutzers qui valait F. 2.36. Deux florins formaient un thaler ou écu.

*Nouveaux Poids et Mesures.* Nous avons donné à l'article *Bâle* le nouveau système de poids et mesures adopté par l'Assemblée fédérale le 23 Décembre 1851.

*Anciens Poids.* La livre ordinaire, poids de mercier ou poids fort = 18 onces = 36 loth = 144 quenten = 528.6 grammes. La livre, poids d'Antorf ou poids faible qui servait pour peser l'or, l'argent, etc. = 2 mares = 16 onces = 32 loth = 128 quenten = 512 pfennig ou deniers = 8704 as = 469.8 grammes.

*Anciennes Mesures de longueur.* Le pied = 12 pouces = 30 centim. L'aune = 2 pieds. La ruthe ou perche = 10 pieds. Le pied des architectes = 301.38 millim.

*Anciennes Mesures de superficie.* La ruthe ou perche carrée = 100 pieds carrés = 9.0015 mètres carrés. Le juchart valait pour le mesurage des terres 400 perches carrées, des jardins 360 perches carrées, des prés et vignes 320 perches carrées.

*Anciennes Mesures de capacité.* Le malter de grains = 4 müt = 16 viertel = 64 vierling = 256 maessli = 576 immi et valait : pour le blé et les fruits secs 3.308 hectolitres; pour l'avoine et les légumes 3.346 hectol.; pour la chaux 3.241 hectol. Le malter de charbon de bois = 2 korbe et contient ras 28 viertel, et comble 36 viertel.

Le mass de charbon de terre = 3.038 hectol. Le mass de sel = 4 viertel = 0.921 hectol.

Les liquides se mesurent à l'aide de 3 eimers différents :

L'eimer stadmass, mesure de ville, = 4 viertel = 30 kopf = 60 mass = 120 quartli = 240 stotzen = 98.55 litres.

L'eimer lautermass, mesure de vin clair, se divise comme le précédent, mais est de 1/9 plus grand et = 109.5 litres.

L'eimer truebesmass, mesure de vin sur lie, = 4 viertel = 32 kopf = 64 mass = 128 quartli = 256 stotzen = 116.8 litres.

Le mass d'huile ou de miel = 2 becker = 1.375 litre.

# TABLE

TABLE

9 782329 789804